いつでもそばに
イタリア語

単語×文法で身に付く4500語

上野 貴史

朝日出版社

はじめに

　新しい言語を学習するときに、単語の暗記は必要不可欠なものですが、この作業は容易なものではありません。特に、動詞・形容詞・名詞の語尾が変化するイタリア語では、単語だけを暗記しても、それを使用するということにおいてはさらに困難なものとなります。例えば、動詞の不定詞を覚えたからといって、実際の会話では活用した形を使うのですから、動詞の変化形も覚えないと余り役に立ちません。

　そこで、本書は、**単語を実際の場面で使えるようにする**、ということを念頭に置きながら、単語を暗記していくというような構成を取りました。具体的には、各ページに、**品詞ごとの意味分野でまとめた単語を重要度により二種類に分けて掲載**し、**必要最低限の文法説明**と、そのページまでに既習した単語を使って文を作ってみるという**練習問題**、という構成となっています。単語に関しては、**熟語表現をできるだけ多く掲載**し、動詞については構文全体として捉えられるようにしてあります。全体としては、最も単純な「名詞句を作る」ということから「接続法を使用した表現」までという文法項目を段階的に習得していくという流れとなっています。さらに、巻末に**日本語索引**と**イタリア語索引**を掲載し、日伊・伊日辞典の代用とすることも可能となっています。

　このように、ただの単語集とは異なり、かなり欲張りな作りとなっているため、本書の利用の方法は様々です。例えば、

1) **イタリア語を最初から学ぶ方**は...Unità 1 から順番に、各ページの単語を覚え、練習問題を解いていく。この作業を繰り返して、実際に使える単語の暗記と文法の習得が行えます。

2) **文法事項はマスターしている方**は...各ページの単語を繰り返し覚えていく。すべて覚えたら、巻末の「日本語索引」・「イタリア語索引」で覚えているかチェックするのも良いでしょう。

3) **辞書代わりに使いたい方**は...巻末の「日本語索引」・「イタリア語索引」を辞書のように活用できます。

など、その他、色々な方法で活用していただければありがたく思います。

　最後に、本書を作成するにあたり、この機会を与えて頂いた、国立音楽大学の一ノ瀬俊和先生、索引作成の作業の手伝いをして頂いた、広島大学大学院文学研究科博士課程前期言語学2年生の武内康佳さん・広島大学文学部言語学3年生の佐々木瞳さん、そして長期間本書の出版にあたり最後までおつきあいくださった朝日出版社の山中亮子さんに心より御礼申し上げます。

平成28年9月

著者

目　次

- はじめに
- 略号

Unità 1　　　　　　　　　　　　　　　　　　　　　　　2
1　不定冠詞
- ● 住居（名詞）

2　名詞の複数形
- ● 家具（名詞）● 人間関係①（名詞）

3　定冠詞
- ● 調度品（名詞）● 運動施設（名詞）

4　ecco【ほら～がある】
- ● 文房具（名詞）● 植物（名詞）

5　指示形容詞 questo【この～】
- ● 食事（名詞）● 道路（名詞）

6　指示形容詞 quello【あの～】
- ● 店舗（名詞）● 職業①（名詞）

7　所有形容詞
- ● 家族（名詞）● 一般建築物（名詞）

Unità 2　　　　　　　　　　　　　　　　　　　　　　　9
1　指示代名詞 questo【これは～】
- ● 基本動詞 essere　● 公共建築物・施設（名詞）● 疑問代名詞①

2　指示代名詞 quello【あれは～】
- ● 文化建築物・施設（名詞）● 交通施設（名詞）● 疑問形容詞①

3　所有代名詞
- ● アクセサリー・小物（名詞）

4　名詞句［名詞＋形容詞］①
- ● 動物（名詞）● 色（形容詞）

5　名詞句［名詞＋形容詞］②
- ● 職業②（名詞）● 国籍・国民①（形容詞）

6　名詞句［形容詞＋名詞］①
- ● 職業③（名詞）● 前置形容詞①

7 名詞句［形容詞＋名詞］②
- ● 経済施設・飲食店（名詞）● 前置形容詞②

8 名詞句［形容詞＋名詞］③
- ● 人間関係②（名詞）● 前置形容詞③

Dati Italiani 1　イタリア人の姓名・イタリアの都市　17

Unità 3　21

1 主語人称代名詞
- ● 職業④（名詞）● 国籍・国民②（形容詞）

2 主語と補語の一致
- ● 職業⑤（名詞）● 性格①（形容詞）● 疑問代名詞②

3 基数形容詞
- ● 食器・調理器具（名詞）● 容器（名詞）

4 序数形容詞
- ● 国・地域（名詞）● 種類（名詞）

5 部分冠詞
- ● 飲み物（名詞）● 果物（名詞）

6 名詞句［形容詞＋名詞］④
- ● 料理（名詞）● 調味料（名詞）● 数量①（形容詞）

7 数量表現［不定冠詞 ＋ 名詞 ＋ di］
- ● 食べ物（名詞）● 単位（名詞）

Unità 4　28

1 前置詞 di ①
- ● 衣類（名詞）● 材質（名詞）

2 前置詞 di ②
- ● ヨーロッパ都市・地方（名詞）● イタリア地方・都市（形容詞）

3 前置詞 in ①
- ● 都市区分（名詞）● 地理（名詞）

4 前置詞 in ②
- ● 交通手段（名詞）● 通貨（名詞）

5 前置詞 con・目的語人称代名詞強勢形
　● 野菜（名詞）
6 前置詞 a ①
　● 方角（名詞）● スポーツ（名詞）
7 前置詞 a ②・冠詞前置詞
　● 地理 ②（名詞）
8 前置詞 da
　● 郵便（名詞）
9 前置詞 per/ su/ fra/ tra
　● 大陸・地域（名詞）● 国（名詞）● 位置（名詞）
10 存在表現【〜がある】①
　● 物・製造（名詞）● デザート（名詞）● 不定形容詞：数量
11 存在表現【〜がある】②
　● 趣味・楽器（名詞）● 場所①（副詞）● 位置関係①（前置詞句）
　● 疑問形容詞②

Dati Italiani 2　イタリアの料理　39

Unità 5　43
1 **avere**
　● 基本動詞 avere　● 体の部位①（名詞）● 程度①（形容詞）
2 **avere ＋ 名詞**
　● 感覚（名詞）● 疑問詞①
3 **avere ＋ 名詞 ＋ 前置詞**
　● 判断・評価（名詞）● 体の部位②（名詞）
4 不定形容詞：グループ全体
　● 時間・時期（名詞）● 一日の時間帯（名詞）
5 不定形容詞：漠然とした数量
　● 情報（名詞）● 概数（名詞）
6 同等比較
　● 感情（形容詞）● 程度②（形容詞）● 形状（形容詞）

7 優等・劣等比較
- 容姿・風貌（形容詞） ● 調子（副詞） ● 比較級（形容詞）
- 比較級（副詞）

8 相対最上級
- 味・食の状態（形容詞） ● 性格②（形容詞） ● 相対最上級（形容詞）

9 絶対最上級
- 位置（形容詞） ● 絶対最上級（形容詞） ● 量・程度（副詞）

10 時間
- 分量（名詞） ● 概数（副詞）

Unità 6 53

1 **-are 動詞** ①
- 発話（動詞） ● 文学（名詞）

2 **-are 動詞** ②
- 学習（動詞） ● 科目（名詞）

3 直接目的語人称代名詞非強勢形
- 感覚・感情①（動詞）

4 間接目的語人称代名詞非強勢形
- 基本動詞 portare ● 場所②（副詞）

5 **-ere 動詞** ①
- 感覚・感情②（動詞） ● 計量・測定（名詞）

6 **-ere 動詞** ②
- 移動①（動詞） ● 時①（副詞） ● 疑問副詞①

7 代名詞的小辞
- 基本動詞 mettere ● 自然物（名詞）

8 目的語人称代名詞結合形
- 基本動詞 prendere ● 曜日（名詞）

9 **-ire 動詞** ①
- 開始・継続（動詞） ● 仕事（名詞） ● 仕事関連（名詞） ● 疑問副詞②

10 **-ire 動詞** ②
- 知覚（動詞） ● 一般概念（名詞）

11 **-ire 動詞** ③
- 制作（動詞） ● 終了（動詞）

12 **-ire 動詞 ④**
   ● 認知①（動詞）● 時（名詞）● 疑問副詞③

Dati Italiani 3　音楽用語とイタリアの音楽家 ……………………………… 65

Unità 7 ……………………………………………………………………………… 69
1 **再帰動詞 ①**
   ● 日常活動①（動詞）
2 **再帰動詞 ②**
   ● 日常活動②（動詞）● 月名（名詞）● 推量（副詞）
3 **-rre 動詞**
   ● -rre 動詞（動詞）● 人生（名詞）● 頻度・序列（形容詞）
4 **指示形容詞**
   ● 教育施設（名詞）● 形状（名詞）● 指示形容詞
5 **(essere) ＋ 形容詞 ＋ da ＋ 名詞・INF**
   ● 判断①（形容詞）● 書類（名詞）
6 **(essere) ＋ 形容詞 ＋ di ＋ 名詞**
   ● 材料（名詞）● 数量②（形容詞）
7 **(essere) ＋ 形容詞 ＋ a ＋ 名詞・INF**
   ● 性格③（形容詞）● 時②（副詞）
8 **(essere) ＋ 形容詞 ＋ per ＋ 名詞**
   ● 判断②（形容詞）● 身体的状況（形容詞）
9 **essere ＋ 形容詞 ＋ con ＋ 名詞**
   ● 判断③（形容詞）● 可能性・確実性（形容詞）
10 **可能**
   ● 基本動詞 potere　● 趣味・娯楽（動詞）● 文化・芸術（名詞）
11 **義務**
   ● 基本動詞 dovere　● 読み書き（動詞）● コミュニケーション（名詞）

Unità 8 ……………………………………………………………………………… 80
1 **fare ①**
   ● 基本動詞 fare　● 頻度（副詞）

2　**fare ②**
　●時③（副詞）●疑問副詞④
3　**fare ③**
　●衛生（用品）（名詞）
4　**stare**
　●状態（動詞）●身分①（名詞）
5　**volere**
　●願望（動詞）●不定代名詞　●様態①（副詞）
6　**sapere**
　●認知②（動詞）●思考（名詞）
7　**dare**
　●授与（動詞）●四季（名詞）
8　**dire**
　●発言（動詞）●人間の属性①（名詞）●時（形容詞）
9　**andare**
　●移動②（動詞）
10　**venire**
　●移動③（動詞）●特別な日（名詞）
11　**uscire / salire**
　●移動④（動詞）●様態②（副詞）●位置関係②（前置詞句）
12　**rimanere**
　●停留（動詞）●関係（前置詞句）
13　**tenere**
　●身体的動作①（動詞）●場所の状況（形容詞）
14　**spegnere / sedere**
　●日常活動③（動詞）●家電製品（名詞）
15　**scegliere / togliere**
　●身体的動作②（動詞）●選択（動詞）●身分②（名詞）
16　**porre**
　●基本動詞 porre　●感情（名詞）
17　**bere**
　●飲食・調理（動詞）●肉類（名詞）

18 **trarre**
　● 身体的動作③（動詞）● 衣料関係（名詞）● 買い物（形容詞）

Dati Italiani 4　美術・建築・文学 …………………………………… 98

Unità 9 ……………………………………………………………………… 102
　1　過去分詞
　　　● 行動・実行（動詞）● 交通・旅行（動詞）
　2　近過去 ①
　　　● 旅行関連（名詞）● コンピュータ①（名詞）
　3　否定表現
　　　● 配布（動詞）● コンピュータ②（名詞）● 否定（副詞）
　4　近過去 ②
　　　● 発生（動詞）● 社会的事象①（名詞）
　5　近過去 ③
　　　● 戦闘・武器（名詞）
　6　間接目的語＋動詞＋主語／主語＋(間接目的語)＋動詞＋補語
　　　● ［間接目的語 ＋ 動詞 ＋ 主語］型
　　　● ［主語 ＋ (間接目的語) ＋ 動詞 ＋ 補語］型
　7　近過去 ④
　8　近過去 ⑤
　　　● 経済活動（動詞）● 経済活動①（名詞）● 疑問詞②
　9　等位接続詞
　　　● 等位接続詞
　10　非人称動詞
　　　● 非人称動詞　● 天候（非人称動詞）● 序列（副詞）
　11　非人称表現
　　　● 天候（名詞）● 天候（形容詞）
　12　ジェルンディオ
　　　● 感覚・感情③（動詞）● 身分③（名詞）
　13　進行相
　　　● 身体的動作④（動詞）● 魚介類（名詞）

14 使役表現
　　● 使役（動詞）　● 電話（名詞）　● 地理（形容詞）
15 受動態 ①
　　● 発見・確認（動詞）　● 結合（動詞）　● 天体（名詞）
16 受動態 ②
　　● 伸縮（動詞）　● 学校・学習（名詞）

Unità 10　　　　　　　　　　　　　　　　　　　　　　　118

1 直説法未来形 ①
　　● 受領（動詞）　● 人間の属性②（名詞）
2 直説法未来形 ②
　　● 指示（動詞）　● 時①（前置詞句）　● 位置関係③（前置詞句）
3 直説法前未来
　　● 要求（動詞）　● 経済活動②（名詞）
4 動詞＋di＋INF ①
　　● 他動詞＋di＋INF
5 動詞＋di＋INF ②
　　● 自動詞＋di＋INF　● 再帰動詞＋di＋INF
6 動詞＋a＋INF
　　● 他動詞＋a＋INF　● 自動詞＋a＋INF　● 再帰動詞＋a＋INF
7 動詞＋(a)＋人＋di/a＋INF
　　● 動詞＋a＋人＋di＋INF　● 動詞＋人＋di＋INF　● 動詞＋人＋a＋INF
8 不定詞表現
　　● 動詞＋(前置詞)＋INF
9 非人称・受け身の si
　　● 移動・変化（名詞）　● 時②（前置詞句）
10 命令法 ①
　　● 応答（動詞）　● 配置（動詞）　● 疑問詞③
11 命令法 ②
　　● コンピュータ（動詞）　● 料理（動詞）
12 命令法 ③
　　● 許可（動詞）　● 決断（動詞）

Dati Italiani 5　著名なイタリア人 130

Unità 11 133
1 **関係代名詞 ①**
   - ● 健康（動詞）● 皮膚・臓器（名詞）● 指示代名詞
2 **関係代名詞 ②**
   - ● 人間の一生（動詞）● 日常活動④（動詞）
3 **半過去 ①**
   - ● 利用・習慣（動詞）● 収集（動詞）
4 **半過去 ②**
   - ● 社会的活動（動詞）● 社会的事象②（名詞）
5 **半過去 ③**
   - ● 思考（動詞）● 維持（動詞）● 自然（形容詞）
6 **大過去**
   - ● 判断（動詞）
7 **動詞 + che 節（直説法）①**
   - ● 時④（副詞）● 従属接続詞①
8 **動詞 + che 節（直説法）②**
   - ● 表明（動詞）
9 **essere + 形容詞 +che 節（直説法）**
   - ● 切符・席の種類（名詞）● 人間関係（形容詞）
10 **副詞節 ①**
   - ● 存在（動詞）● 宗教（名詞）● 従属接続詞②
11 **副詞節 ②**
   - ● 身体的動作（名詞）● 症状（名詞）● 技術関係（形容詞）
12 **直説法の表現**
   - ● 攻撃・防御（動詞）

Unità 12 145
1 **条件法現在 ①**
   - ● 参加（動詞）● 信用・参加（名詞）
2 **条件法現在 ②**
   - ● 学校（動詞）● 治療（名詞）

3 条件法過去
　● 政治（名詞）● 社会・政治関係（形容詞）
4 関係副詞
　● 法律（名詞）● 経済関係（形容詞）
5 接続法現在
　● 信用（動詞）
6 接続法過去
7 接続法半過去
　● 状態の変化①（動詞）● 自動車（名詞）
8 接続法大過去
　● 状態の変化②（動詞）● デザイン（名詞）
9 接続法（非人称動詞）
　● [間接目的語 ＋ 動詞 ＋ che 節（接続法）]（非人称動詞）● 文化（形容詞）
10 接続法の表現 ①
　● 計算・計量（動詞）● 銀行・金融（名詞）
11 接続法の表現 ②
　● 身体的行為（名詞）
12 接続法の表現 ③
　● 議論（動詞）● スポーツ関連（名詞）
13 手紙
　● 言語（名詞）

Dati Italiani 6　イタリアの映画 158

・動詞の活用形 162
1　直説法現在形
2　直説法未来形
3　直説法半過去形
4　命令法現在形
5　条件法現在形
6　接続法現在形
7　接続法半過去

・イタリア語索引 174
・日本語索引 189

略　号

　＿　：アクセントの位置（特に注意が必要な名詞にのみ記載）
　㊚　：男性名詞（特に注意が必要な名詞にのみ記載）
　㊛　：女性名詞（特に注意が必要な名詞にのみ記載）
　㊁　：単数形で用いられる名詞
　㊍　：複数形（特に注意が必要なもののみ記載）
　㊇　：単複同形または単数形のみの名詞・形容詞
　㊪　：複合時制で使用する助動詞
　㊛　：過去分詞（不規則変化のものを記載）
　㋛　：ジェルンディオ（不規則変化のものを記載）
　1. 2...　：注意する規則変化動詞（巻末の活用表を参照）
　①. ②...　：不規則変化動詞（巻末の活用表を参照）
　<isc>　：isc 型変化をする動詞
　＜　＞　：直説法現在1人称単数でのアクセントの位置（注意すべきものを記載）
　INF　：不定詞

いつでもそばに
イタリア語
単語×文法で身に付く 4500 語

Unità 1

1 不定冠詞

● 住居（名詞）

- **camera/stanza** 部屋 - dei bambini 子供部屋 *stanza* sotterranea 地下室
- **sala**（大きめの）部屋   □ **soggiorno** リビングルーム   □ **salotto** 客間
- **studio**(複 studi) 書斎   □ **cucina** 台所   □ **bagno** バスルーム
- **doccia**(複 docce) シャワー   □ **porta** ドア・門 - principale 正門
- **chiave** 女 鍵   □ **ingresso/entrata** 入り口   □ **uscita** 出口 - di sicurezza 非常口
- **finestra** 窓   □ **corridoio**(複 corridoi) 廊下   □ **scala** 階段
- **ascensore** 男 エレベーター   □ **soffitto** 天井   □ **tetto** 屋根   □ **parete** 女（内）壁
- **muro**（外）壁   □ **giardino** 庭 - pubblico 公園   □ **corte** 女 中庭
- **parcheggio**(複 parcheggi) 駐車場

- **pianta della casa** 間取り   □ **salone** 男 大広間   □ **pavimento** 床   □ **campanello** チャイム
- **servizi** 男複（アパートなどの）浴室と台所   □ **lavandino** 洗面台   □ **gabinetto** トイレ
- **water** 男不 便器   □ **cancello** 鉄柵門   □ **soglia** 敷居   □ **pianterreno/ piano terra** 1階
- **primo/secondo piano** 2／3階   □ **balcone** 男 バルコニー   □ **terrazza/terrazzo** テラス
- **interno** 部屋番号 - tre 3号室   □ **cortile** 男 中庭   □ **garage** 男不 ガレージ   □ **pozzo** 井戸

文法 ── **不定冠詞**（特定しない具体的なある一つのものにつける）

□ **un**	+ [s＋子音／z 以外で始まる] 男性単数名詞	*un* giardino
□ **uno**	+ [s＋子音／z で始まる] 男性単数名詞	*uno* studio
□ **una**	+ [子音で始まる] 女性単数名詞	*una* porta
□ **un'**	+ [母音で始まる] 女性単数名詞	*un'*uscita

★不定冠詞をつけて言ってみよう！★

1) 台所	c_____	2) 書斎	s_____
3) 出口	u_____	4) 窓	f_____
5) 庭	g_____	6) 客間	s_____
7) ドア	p_____	8) 階段	s_____
9) 廊下	c_____	10) 鍵	c_____
11) 内壁	p_____	12) 部屋	c_____
13) シャワー	d_____	14) 外壁	m_____
15) 風呂	b_____	16) 床	p_____

2 名詞の複数形

● 家具（名詞）

- m**o**bile 男 家具 □ l**e**tto ベッド □ libr**e**ria 本棚 □ t**a**volo テーブル
- t**a**vola（主に食事用の）テーブル □ b**a**nco (複) banchi 机 - di scuola 学習机
- s**e**dia 椅子 - a d**o**ndolo ロッキングチェア - a rotelle 車椅子 □ poltr**o**na 肘掛け椅子

- arredam**e**nto 家具（総称） □ arm**a**dio (複) armadi 洋服ダンス □ cass**e**tto 引き出し
- scaff**a**le 男 (本) 棚 □ cred**e**nza 食器棚 □ tavol**i**no 小テーブル
- scriv**a**nia (書き物の) 机 □ div**a**no ソファー □ sdr**a**io 女 不 デッキチェア
- cusc**i**no 枕・クッション □ t**e**nda カーテン □ t**a**ppeto カーペット □ panch**i**na ベンチ

● 人間関係①（名詞）

- u**o**mo (複) uomini 男・人 □ d**o**nna 女 bella - 美人 - di casa 主婦
- bamb**i**no/bamb**i**na 赤ん坊 □ creat**u**ra 子供・被造物 □ gi**o**vane 男女 若者
- rag**a**zzo/rag**a**zza 少年／少女 □ giovan**o**tto/giovan**o**tta 青年
- anzi**a**no/anzi**a**na 高齢者 □ c**o**ppia ペア・カップル - di sposi 夫婦
- sp**o**so/sp**o**sa 花婿／花嫁 □ avvers**a**rio (複) avversari/avvers**a**ria ライバル
- am**i**co/am**i**ca (複) amiche 友だち □ nem**i**co/nem**i**ca (複) nemiche 敵

- m**a**schio (複) maschi 男性 □ f**e**mmina 女性 □ neon**a**to/neon**a**ta 新生児
- inf**a**nzia 児童 □ adolesc**e**nte 男女 青年 □ ad**u**lto/ad**u**lta 大人
- c**o**niugi 男 (複) 夫婦 □ fidanz**a**to/fidanz**a**ta 婚約者 □ am**a**nte 男女 愛人
- gem**e**llo/gem**e**lla 双子 □ sc**e**mo/sc**e**ma 愚か者

文法 — 名詞の複数形

	単数形	複数形	単数形	複数形
男性名詞	-o	-i	tavolo	tavoli
	-e	-i	mobile	mobili
女性名詞	-a	-e	tavola	tavole

★ 単数形と複数形を言ってみよう！ ★

1) 男   u____ → ____   2) 女   d____ → ____   3) 椅子   s____ → ____
4) 少年 r____ → ____   5) 女友達 a____ → ____ 6) 肘掛け椅子 p____ → ____
7) 若者 g____ → ____   8) 赤ん坊 b____ → ____ 9) 机   b____ → ____

前ページの解答 1) una cucina 2) uno studio 3) un'uscita 4) una finestra 5) un giardino 6) un salotto
7) una porta 8) una scala 9) un corridoio 10) una chiave 11) una parete 12) una camera 13) una doccia
14) un muro 15) un bagno 16) un pavimento

Unità 1

3 定冠詞

● 調度品（名詞）

□vaso 壺　□orologio(複 orologi) 時計 - da polso 腕時計　□bandiera 旗
□specchio(複 specchi) 鏡　□pittura (広義に) 絵画　□quadro (額に入った) 絵
□ritratto 肖像画　□statua 像 - di bronzo 銅像　□lampada 照明器具
□luce(女) 照明 alla - del sole 公然と　□forno オーブン - a microonde 電子レンジ

□cassaforte(女) 金庫　□calendario(複 calendari) カレンダー　□vignetta イラスト
□manifesto/cartello ポスター　□cornice(女) 額　□riscaldamento 暖房
□candela ろうそく　□fozrnello コンロ - a gas ガスコンロ
□stufa ストーブ - elettrica 電気ストーブ - a petrolio/gas 石油／ガスストーブ

● 運動施設（名詞）

□stadio(複 stadi) スタジアム　□piscina プール　□campo グラウンド
□palestra 体育館・スポーツジム

文法 定冠詞（話題となっている場面でただ一つに決まるものにつける）

□il	＋［子音で始まる］男性単数名詞	*il* vaso
□lo	＋［s＋子音／z で始まる］男性単数名詞	*lo* specchio
□l'	＋［母音で始まる］男性単数名詞	*l'*orologio
□i	＋［子音で始まる］男性複数名詞	*i* quadri
□gli	＋［s＋子音／z・母音で始まる］男性複数名詞	*gli* stadi / *gli* amici
□la	＋［子音で始まる］女性単数名詞	*la* pittura
□l'	＋［母音で始まる］女性単数名詞	*l'*entrata
□le	＋　女性複数名詞	*le* lampade

★単数形と複数形に定冠詞をつけて言ってみよう！★

1) 壺　　　v_____ →_____　　2) 時計　　　o_____ →_____
3) 鏡　　　s_____ →_____　　4) スタジアム s_____ →_____
5) 絵画　　p_____ →_____　　6) 像　　　　s_____ →_____
7) 旗　　　b_____ →_____　　8) オーブン　f_____ →_____
9) プール　p_____ →_____　　10) 男　　　　u_____ →_____
11) 児童　　i_____ →_____　　12) 花嫁　　　s_____ →_____
13) 絵　　　q_____ →_____　　14) グラウンド c_____ →_____

前ページの解答　1) uomo → uomini 2) donna → donne 3) sedia → sedie 4) ragazzo → ragazzi
5) amica → amiche 6) poltrona → poltrone 7) giovane → giovani 8) bambino/a → bambini/e
9) banco → banchi

4 ecco 【ほら～がある】

● 文房具（名詞）

□**libro** 本 - di testo 教科書　□**foglio**(複 fogli) 紙片 - risposte 解答用紙
□**quaderno** ノート　　　□**nota** メモ　□**penna** ペン - a sfera ボールペン
□**matita** 鉛筆 - colorata 色鉛筆　　　　□**gomma** 消しゴム
□**dizionario**(複 dizionari)/**vocabolario**(複 vocabolari) 辞書

□**biro**男不 ボールペン　□**riga**(複 righe) 定規　□**forbici**女複 はさみ　□**colla** のり
□**scotch**男不 セロハンテープ　□**agenda** 手帳　□**scheda**（整理・分類用の）カード
□**pila** 電池

● 植物（名詞）

□**pianta** 植物　□**albero** 木　□**marrone**男(複 marroni/不) クリ　□**fiore**男 花
□**rosa** バラ　□**erba** 草　□**frutto**（果）実　□**seme**男 種　□**foglia** 葉
□**ramo** 枝　□**radice**女 根　□**raccolta** 収穫

□**arancio**(複 aranci) オレンジの木　□**ciliegio**(複 ciliegi) 桜の木　□**olivo** オリーブの木
□**cipresso** 糸杉　□**ghianda** どんぐり　□**girasole**男 ひまわり　□**garofano** カーネーション
□**dente di leone**男 タンポポ　□**glicine**男 フジ　□**gladiolo** グラジオラス　□**prato** 芝生
□**vendemmia** ブドウの収穫

表現 ────── **ecco** ① ──────
□**Ecco** + 名詞 ～がある　*Ecco un arancio.* ほらオレンジの木が一本ある

★Ecco を使って、「ほら～が一つある」と言ってみよう！★

1) ほら本が一冊ある　　　　Ecco _____ l_____ .
2) ほらペンが一本ある　　　Ecco _____ p_____ .
3) ほら鉛筆が一本ある　　　Ecco _____ m_____ .
4) ほらノートが一冊ある　　Ecco _____ q_____ .
5) ほら消しゴムが一つある　Ecco _____ g_____ .
6) ほら辞書が一冊ある　　　Ecco _____ d_____ .
7) ほらバラが一本ある　　　Ecco _____ r_____ .
8) ほら種が一つある　　　　Ecco _____ s_____ .
9) ほら木が一本ある　　　　Ecco _____ a_____ .
10) ほら葉が一枚ある　　　　Ecco _____ f_____ .

前ページの解答　1) il vaso → i vasi 2) l'orologio → gli orologi 3) lo specchio → gli specchi
4) lo stadio → gli stadi 5) la pittura → le pitture 6) la statua → le statue 7) la bandiera → le bandiere
8) il forno → i forni 9) la piscina → le piscine 10) l'uomo → gli uomini 11) l'infanzia → le infanzie
12) la sposa → le spose 13) il quadro → i quadri 14) il campo → i campi

Unità 1

5 指示形容詞 questo 【この〜】

● 食事（名詞）

- □ **pasto** 食事　□ **colazione**㊛ 朝食　□ **pranzo** 昼食　□ **cena** 夕食
- □ **cucina** 料理 - italiana イタリア料理　□ **antipasto** 前菜
- □ **piatto** (皿に盛った) 料理 primo/secondo - 一／二皿目の料理　□ **ricetta** レシピ
- □ **lista** メニュー　□ **sapore**㊚/**gusto** 味

- □ **merenda** おやつ　□ **contorno** （野菜の）付け合わせ　□ **dessert**㊚㊛ デザート
- □ **apertivo** 食前酒　□ **digestivo** 食後酒　□ **menu**㊚㊛ メニュー　□ **dieta** ダイエット

● 道路（名詞）

- □ **strada** 道路 - statale 国道　□ **via** 道 - Bergamo ベルガモ通り in/per - 途中で
- □ **viale**㊚ 並木道　□ **passaggio**(㊠ passaggi) 通路 di - すばやく
- □ **semaforo** 信号　□ **angolo** 角 in ogni - 至る所に　□ **curva** カーブ
- □ **galleria** トンネル

- □ **autostrada** 高速道路 - del Sole 太陽道路（ミラノとナポリを結ぶ高速道路）
- □ **marciapiede**㊚ 歩道　□ **incrocio**(㊠ incroci) 交差点　□ **strisce pedonali**㊛㊠ 横断歩道
- □ **zona pedonale** 歩行者天国　□ **cartello stradale** 道路標識

指示形容詞 questo

□ **questo**	＋男性単数名詞	*questo* pasto
□ **quest'**	＋［母音で始まる］男性単数名詞	*quest'* angolo
□ **questi**	＋男性複数名詞	*questi* piatti
□ **questa**	＋女性単数名詞	*questa* cena
□ **quest'**	＋［母音で始まる］女性単数名詞	*quest'* autostrada
□ **queste**	＋女性複数名詞	*queste* cucine

★questo を適当な形にして意味を言ってみよう！★

1) (　　) strada　　2) (　　) viale　　3) (　　) semafori
4) (　　) angolo　　5) (　　) via　　6) (　　) ricetta
7) (　　) piatti　　8) (　　) gusto　　9) (　　) antipasto
10) (　　) cucine

前ページの解答　1) un libro 2) una penna 3) una matita 4) un quaderno 5) una gomma
6) un dizionario 7) una rosa 8) un seme 9) un albero 10) una foglia

6 指示形容詞 quello 【あの～】

● 店舗（名詞）

□ **neg*o*zio**(複 negozi) 店　□ **bottega**(複 botteghe)（仕事場を兼ねた）店・工房
□ **libreria** 本屋　□ **mercato** 市場　a buon - 安い　□ **farmacia** 薬局
□ **edicola** 新聞雑誌売店

□ **magazzini**男複 商店　grandi - デパート　□ **supermercato** スーパーマーケット
□ **locale**男 店・娯楽施設　　□ **centro commerciale** ショッピングセンター
□ **chiosco**(複 chioschi) キオスク　□ **rosticceria** 総菜屋　□ **forno** パン屋
□ **pasticceria** ケーキ屋　□ **macelleria** 肉屋　□ **lavanderia** クリーニング店
□ **parrucchiere**男 美容院　□ **istituto di bellezza** エステティックサロン
□ **discoteca**(複 discoteche) ディスコ　□ **distributore di benzina**男 ガソリンスタンド

negozio di + 名詞：〜店

□ *negozio di* barbiere 理髪店　　□ *negozio di* calzature 靴屋
□ *negozio di* abbigliamento 衣料品店　□ *negozio di* fiori 花屋
□ *negozio di* frutta 果物屋　　□ *negozio di* verdure 八百屋

● 職業 ①（名詞）

□ **cameriere**男/**cameriera** ウエイター／ウエイトレス
□ **commesso/commessa** 店員

□ **cuoco**(複 cuochi)/**cuoca**(複 cuoche) 料理人　□ **barista**男女(複 baristi/e) バリスタ
□ **cassiere**男/**cassiera** レジ係　□ **libr*a*io**(複 librai)/**libr*a*ia** 本屋
□ **macell*a*io**(複 macellai) 肉屋　□ **barbiere**男/**barbiera** 理髪師　□ **sarto/sarta** 仕立屋

文法　指示形容詞 quello

□ **quel**	＋［子音で始まる］男性単数名詞	*quel* **n**egozio
□ **quello**	＋［s＋子音/z で始まる］男性単数名詞	*quello* **z**oo
□ **quell'**	＋［母音で始まる］男性単数名詞	*quell'* **a**dulto
□ **quei**	＋［子音で始まる］男性複数名詞	*quei* **m**agazzini
□ **quegli**	＋［s＋子音/z・母音で始まる］男性複数名詞	*quegli* **a**rmadi
□ **quella**	＋［子音で始まる］女性単数名詞	*quella* **l**ibreria
□ **quell'**	＋［母音で始まる］女性単数名詞	*quell'* **e**dicola
□ **quelle**	＋　女性複数名詞	*quelle* **b**otteghe

★ **quello** を適当な形にして意味を言ってみよう！★

1) (　　) mercato　2) (　　) farmacia　3) (　　) librerie　4) (　　) cameriera
5) (　　) commessa　6) (　　) angolo　7) (　　) negozio　8) (　　) stadio

前ページの解答　1) questa「この道路」2) questo「この並木道」3) questi「これらの信号」
4) quest'「この角」5) questa「この道」6) questa「このレシピ」7) questi「これらの料理」
8) questo「この味」9) quest'「この前菜」10) queste「これらの料理」

Unità 1

7　所有形容詞

● 家族（名詞）

- **famiglia** 家族
- **famigliare**(男)(女) 家族（一人一人）
- **parente**(男)(女) 親戚
- **genitori**(男)(複) 親
- **padre**(男)/**papà**(男)/**babbo** 父
- **madre**(女)/**mamma** 母
- **figlio**(男)(複 figli)/**figlia** 息子／娘　- minore 末っ子　- unico/a 一人っ子
- **marito** 夫
- **moglie**(女)(複 mogli) 妻
- **fratello** 兄弟　- maggiore/minore 兄／弟
- **sorella** 姉妹　- maggiore/minore 姉／妹
- **nonno/nonna** 祖父／祖母
- **zio/zia** 叔父／叔母
- **nipote**(男)(女) 甥／姪／孫
- **cugino/cugina** いとこ
- **suocero/suocera** 姑／舅

● 一般建築物（名詞）

- **edificio**(複 edifici) 建物
- **costruzione**(女) 建造物
- **villa** 邸宅・別荘
- **casa** 家　La *Casa* Bianca ホワイトハウス　a - mia 私の家に
- **appartamento** マンション・アパート
- **palazzo** 大邸宅・ビル
- **casetta** 小屋
- **villetta** 庭付き一戸建て住宅

文法 ── 所有形容詞

		男性単数	男性複数	女性単数	女性複数
一人称単数	私の	**mio**	**miei**	**mia**	**mie**
二人称単数	君の	**tuo**	**tuoi**	**tua**	**tue**
	あなたの	**Suo**	**Suoi**	**Sua**	**Sue**
三人称単数	彼（女）の	**suo**	**suoi**	**sua**	**sue**
一人称複数	私たちの	**nostro**	**nostri**	**nostra**	**nostre**
二人称複数	君たちの	**vostro**	**vostri**	**vostra**	**vostre**
三人称複数	彼（女）たちの	**loro**			

★所有形容詞を使ってイタリア語にしてみよう！★

1) m____ m____ 私の母
2) s____ p____ 彼の父
3) t____ m____ 君の妻
4) i m____ f____ 私の兄弟たち
5) la l____ s____ 彼らの妹
6) la n____ z____ 私たちのおばさん
7) i S____ f____ あなたの息子たち
8) il v____ a____ 君たちのアパート
9) la m____ v____ 私の別荘
10) il s____ p____ 彼女のビル

前ページの解答　1) quel「あの市場」2) quella「あの薬局」3) quelle「あれらの本屋」4) quella「あのウエイトレス」5) quella「あの店員」6) quell'「あの角」7) quel「あの店」8) quello「あのスタジアム」

Unità 2

1 指示代名詞 questo 【これは〜】

● 基本動詞

☐ **essere**[12] (過 stato) 〜である

● 公共建築物・施設（名詞）

☐ **corte** 囡 裁判所・宮廷　　☐ **polizia**（国家）警察
☐ **prigione** 囡 刑務所　　☐ **albergo**(男)(alberghi)/**hotel** 男不 ホテル
☐ **banca**(複 banche) 銀行　*Banca* d'*Italia* イタリア銀行（イタリアの中央銀行）
☐ **ospedale** 男 病院　　☐ **parco**(複 parchi) 公園 - dei divertimenti 遊園地
☐ **ufficio postale**/(**ufficio della**) **posta** 郵便局
☐ **piazza** 広場　*Piazza* della Repubblica 共和国広場（ローマにある広場）

☐ **ufficio pubblico** 役所　☐ **municipio**(複 municipi)/**comune** 市役所　☐ **tribunale** 男 裁判所
☐ **commissariato** 警察署　☐ **ambasciata** 大使館　☐ **buca delle lettere** ポスト
☐ **ufficio del telefono** 電話局　☐ **clinica**(複 cliniche) 診療所　☐ **pronto soccorso** 救急病院
☐ **reception** 囡不 フロント　☐ **cimitero** 墓地
☐ **gabinetti pubblici** 男複/ **bagno pubblico** 公衆便所　☐ **lunapark** 男不 遊園地

● 疑問代名詞 ①

☐ **che cosa** / **che** / **cosa** なに？　*Che* è questo? これは何ですか？
☐ **quale** どれ？　*Qual* è il tuo quaderno? どれが君のノートですか？

文法

指示代名詞 questo

	男性単数	男性複数	女性単数	女性複数
☐ **questo**	quest**o** (quest' +母音)	quest**i**	quest**a** (quest' +母音)	quest**e**

★イタリア語にしてみよう！★

1) これは何ですか？　　　　　　C_____ c_____ è q_____?
2) これは市役所です　　　　　　Q_____ è il c_____.
3) これは裁判所です　　　　　　Q_____ è la c_____.
4) これらは銀行です　　　　　　Q_____ sono le b_____.
5) これらはホテルです　　　　　Q_____ sono gli a_____.
6) これは病院です　　　　　　　Q_____ è un'o_____.
7) これは郵便局ですか？　　　　Q_____ è una p_____?
8) これは薬局ではありません　　Q_____ non è una f_____?
9) どれがあなたのペンですか？　Q_____ è la S_____ p_____?
10) これが私の本です　　　　　Q_____ è il m_____ l_____.

前ページの解答　1) mia madre/mamma　2) suo padre/papà　3) tua moglie　4) i miei fratelli　5) la loro sorella　6) la nostra zia　7) i Suoi figli　8) il vostro appartamento　9) la mia villa　10) il suo palazzo

Unità 2

2 指示代名詞 quello 【あれは～】

● 文化建築物・施設（名詞）

- □ **biblioteca**(複) biblioteche) 図書館 □ **museo** 博物館・美術館 - d'arte 美術館
- □ **galleria** 美術館 *Galleria* Nazionale d'Arte Moderna 国立近代美術館（ローマにある美術館）
- □ **teatro** 劇場 □ **cinema**(男)(不) 映画館 □ **chiesa** 教会 - cattolica カトリック教会
- □ **duomo** 大聖堂 □ **castello** 城 portone del - 城門 □ **palazzo** (reale) 宮殿
- □ **torre**(女) 塔 □ **monumento** 記念建造物
- □ **fontana** 噴水 - di Trevi トレヴィの泉（ローマにあるバロック時代の噴水）

- □ **basilica**(複) basiliche)（古代ローマ・初期キリスト教の）教会 □ **tempio**(複) tempi) 神殿・寺
- □ **campana**（教会などの）鐘 □ **zoo**(男)(不) 動物園 □ **acquario**(複) acquari) 水族館・水槽
- □ **patrimonio**(複) patrimoni) 文化遺産

● 交通施設（名詞）

- □ **stazione**(女) 駅 la *Stazione* Termini テルミニ駅（ローマの中央駅） □ **fermata** 停留所
- □ **aeroporto** 空港 □ **porto** 港 □ **binario**(複) binari) プラットホーム・線路
- □ **ponte**(男) 橋 *Ponte* Vecchio ヴェッキオ橋（フィレンツェのアルノ川に架かる橋）

- □ **passaggio**(複) passaggi) **a livello** 踏切 □ **biglietteria** 切符売り場
- □ **area di servizio** サービスエリア □ **macchinetta obliteratrice** 自動改札機

● 疑問形容詞 ①

- □ **che** 何の？ *Che* ora è? 何時ですか？
- □ **quale** どの？・どんな？ *Quale* quadro hai? どの絵を君は持っているの？

指示代名詞 quello

	男性単数	男性複数	女性単数	女性複数
□ **quello**	quello	quelli	quella	quelle

★イタリア語にしてみよう！★

1) あれは映画館です   Q___ è un c___.   2) あれは大聖堂です   Q___ è un d___.
3) あれらは橋です   Q___ sono p___.   4) あれは教会です   Q___ è una c___.
5) あれらは塔です   Q___ sono t___.   6) あれは何ですか   C___ è q___.
7) あれは駅です   Q___ è la s___.   8) 何時ですか？   C___ ora è?
9) あれは何番線から出発しますか？   Da q___ b___ parte quello?

前ページの解答   1) Che cosa è questo? 2) Questo è il comune. 3) Questa è la corte.
4) Queste sono le banche. 5) Questi sono gli alberghi. 6) Questo è un'ospedale. 7) Questa è una posta?
8) Questa non è una farmacia. 9) Qual è la Sua penna? 10) Questo è il mio libro.

3　所有代名詞

● アクセサリー・小物（名詞）

- □ **borsa**（ハンド）バッグ　- a tracolla ショルダーバッグ　　□ **valigia** スーツケース
- □ **portafoglio**(男)(不) 財布　　□ **fazzoletto** ハンカチ　　□ **occhiali**(男)(複) 眼鏡
- □ **ombrello** 傘

- □ **borsetta**（小型の）ハンドバッグ　□ **zaino** リュックサック　□ **bastone**(男) ステッキ
- □ **gioiello** 宝石　　□ **anello** 指輪　　□ **collana** ネックレス
- □ **orecchini**(男)(複) イヤリング・ピアス　□ **pettine**(男) くし　□ **spazzola** ブラシ
- □ **forcina per capelli** ヘアピン　□ **fiammifero** マッチ　□ **accendino** ライター

表現 — 応対表現 ①

- □ **Sì.** はい　□ **Va bene!** オーケー　□ **D'accordo!** 賛成　□ **Volentieri!** 喜んで
- □ **Esatto!** その通り　□ **Come no!/ Perché no!/ Certo (che sì).** もちろん
- □ **Tutt'altro!** いや、全然　□ **Grazie (mille).**（本当に）ありがとう
- □ **Prego.** どういたしまして・どうぞ　□ **No.** いいえ　□ **Figurati!/ Si figuri!** とんでもない
- □ **Di niente.** どういたしまして　□ **Ma no!/ Ma va!/ Macché!** まさか

文法 — 所有代名詞

		男性単数	男性複数	女性単数	女性複数
一人称単数	私のもの	□ il mio	□ i miei	□ la mia	□ le mie
二人称単数	君のもの	□ il tuo	□ i tuoi	□ la tua	□ le tue
	あなたのもの	□ il Suo	□ i Suoi	□ la Sua	□ le Sue
三人称単数	彼（女）のもの	□ il suo	□ i suoi	□ la sua	□ le sue
一人称複数	私たちのもの	□ il nostro	□ i nostri	□ la nostra	□ le nostre
二人称複数	君たちのもの	□ il vostro	□ i vostri	□ la vostra	□ le vostre
三人称複数	彼（女）たちのもの	□ il loro	□ i loro	□ la loro	□ le loro

★イタリア語にしてみよう！★

1) この鞄は私のです　　　　　　　　　　Q_____ b_____ è la m_____.
2) あれらのスーツケースは彼らのです　　Q_____ v_____ sono le l_____.
3) この財布は君の？　　　　　　　　　　Q_____ p_____ è il t_____?
4) このハンカチは私たちのではない　　　Q_____ f_____ non è il n_____.
5) この眼鏡は私のです　　　　　　　　　Q_____ o_____ sono i m_____.
6) オーケー　　V_____ b_____!　　7) その通り　　　　　E_____!
8) 喜んで　　V_____!　　　　　　　　9) どういたしまして　P_____.

前ページの解答　1) Quello è un cinema. 2) Quello è un duomo. 3) Quelli sono ponti.
4) Quella è una chiesa. 5) Quelle sono torri. 6) Che/Cosa è quello? 7) Quella è la stazione.
8) Che ora è? 9) Da quale binario parte quello?

Unità 2

4 名詞句［名詞 + 形容詞］①

● 動物（名詞）

- □ **a**nimale 男 動物　□ **b**estia 動物・獣　□ **c**ane 男/**c**agna 犬　*cane* lupo シェパード
- □ **g**atto/**g**atta 猫　□ **c**avallo 馬　□ **u**ccello 鳥　□ **p**enna 羽
- □ **p**esce 男 魚 - rosso 金魚　□ **m**osca(複 mosche) ハエ　□ **c**anto 鳴き声

- □ **b**estiame 男 家畜　□ **s**cimmia 猿　□ **c**agnolino 子犬
- □ **c**ucciolo/**c**ucciola 子犬・動物の子　□ **c**oniglio(複 conigli)/**c**oniglia ウサギ
- □ **b**ovini 男複 牛　□ **p**orco/**p**orca 豚　□ **p**ecora 羊　□ **e**lefante 男/**e**lefantessa 象
- □ **t**igre 女 トラ　□ **l**upo/**l**upa オオカミ　□ **l**eone 男/**l**eonessa ライオン
- □ **o**rso/**o**rsa 熊　□ **u**ccellino 小鳥　□ **a**natra アヒル　□ **c**anarino カナリア
- □ **r**ana カエル　□ **f**arfalla 蝶　□ **z**anzara 蚊　□ **a**la(複 ali) 翼　□ **c**oda 尾

● 色（形容詞）

- □ **b**ianco(複 bianchi/e) 白い　□ **c**andido 純白の　□ **g**rigio(複 grigi/grigie) 灰色の
- □ **n**ero 黒い　□ **m**arrone(複 marroni/不) 茶色の　□ **b**runo 褐色の
- □ **r**osso 赤い - fiammante 真っ赤な　□ **g**iallo 黄色の　□ **v**erde 緑色の giallo - 黄緑色の
- □ **a**zzurro 青い　□ **b**lu 不 (濃い) 青色の　□ **s**curo 濃い　□ **p**allido 薄い
- □ **t**rasparente 透明な　□ **c**hiaro 明るい　□ **a**llegro 生き生きとした

- □ **b**eige 不 ベージュ色の　□ **v**iola 不 紫の　□ **r**osa 不 ピンク色の
- □ **a**rancione 不 オレンジ色の　□ **c**eleste 水色の　□ **d**orato 金色の　□ **a**rgenteo 銀色の
- □ **c**arico(複 carichi/e) 鮮烈な　□ **c**olorato カラフルな

文法 — 形容詞の変化形 —

	男性単数	男性複数	女性単数	女性複数
□ ner*o*	nero	neri	nera	nere
□ verd*e*	verde	verdi	verde	verdi

★次の名詞句をイタリア語にしてみよう！★

1) 黒い犬　　　i c_____ n_____　　2) 白い馬　　　il c_____ b_____
3) 灰色の猫　　i g_____ g_____　　4) 青い鳥　　　il u_____ a_____
5) 赤い魚　　　i p_____ r_____　　6) 緑色のペン　la p_____ v_____
7) 茶色のバッグ　le b_____ m_____　8) 純白の花　　i f_____ c_____

前ページの解答　1) Questa borsa è la mia.　2) Quelle valigie sono le loro.
3) Questo portafoglio è il tuo?　4) Questo fazzoletto non è il nostro.　5) Questi occhiali sono i miei.
6) Va bene!　7) Esatto!　8) Volentieri!　9) Prego.

5　名詞句［名詞＋形容詞］②

● 職業 ②（名詞）

□ **impiegato/impiegata** サラリーマン／OL - dello Stato 国家公務員
□ **operaio**(複 operai)**/operaia** 労働者　　□ **ufficiale**男女 公務員
□ **segretario**(複 segretari)**/segretaria** 秘書　□ **architetto**男女 建築家
□ **ingegnere**男女 エンジニア　　□ **guida**男女 ガイド
□ **contadino/contadina** 農民　　□ **pastore**男**/pastora** 羊飼い

□ **dipendente**男女 社員　□ **personale**男（集合的）職員　□ **casalinga**(複 casalinghe) 主婦
□ **uomo d'affari/ imprenditore**男**/ imprenditrice**女 実業家
□ **addetto/addetta** 係員　□ **autista**男女(複 autisti/e) 運転手
□ **tassista**男女(複 tassisti/e) タクシー運転手　□ **pilota**男女(複 piloti/e) パイロット
□ **hostess**女不 女性客室乗務員　□ **meccanico/meccanica**(複 meccaniche) 修理工
□ **interprete**男女 通訳　　□ **pescatore**男**/pescatrice**女 漁師

● 国籍・国民 ①（形容詞）

□ **americano** アメリカ人・の　　□ **statunitense** アメリカ合衆国人・の
□ **italiano** イタリア人・の　　□ **tedesco**(複 tedeschi/e) ドイツ人・の
□ **francese** フランス人・の　　□ **spagnolo** スペイン人・の
□ **portoghese** ポルトガル人・の　□ **austriaco** オーストリア人・の
□ **inglese** イギリス人・の　　□ **belga**不(複 belgi/belghe) ベルギー人・の
□ **russo** ロシア人・の　　□ **australiano** オーストラリア人・の
□ **giapponese** 日本人・の　　□ **cinese** 中国人・の
□ **indiano** インド人・の　　□ **coreano** 韓国人・の

□ **canadese** カナダ人・の　□ **svizzero** スイス人・の　□ **messicano** メキシコ人・の
□ **tunisino** チュニジア人・の　□ **turco**(複 turchi/e) トルコ人・の　□ **vaticano** ヴァチカンの

★次の名詞句をイタリア語にしてみよう！★

1) 日本人のサラリーマンたち　　gli i_____　g_____
2) アメリカ人の女性労働者　　un'o_____　a_____
3) イタリア人ガイド　　una g_____　i_____
4) ドイツ人の女性エンジニアたち　le i_____　t_____
5) 中国人の建築家　　un a_____　c_____
6) フランス人の農民たち　　i c_____　f_____
7) スペイン人の秘書　　una s_____　s_____
8) ロシアの銀行　　la b_____　r_____

前ページの解答　1) i cani neri 2) il cavallo bianco 3) i gatti grigi 4) il uccello azzurro 5) i pesci rossi
6) la penna verde 7) le borse marrone/i 8) i fiori candidi

Unità 2

6　名詞句 [形容詞 + 名詞] ①

● 職業 ③（名詞）

- □ **artista** 男女(複 artisti/e) 芸術家　□ **cantante** 男女 歌手
- □ **attore** 男/**attrice** 女 俳優／女優　□ **scrittore** 男/**scrittrice** 女 作家
- □ **poeta/poetessa** 詩人　□ **autore** 男/**autrice** 女 著者
- □ **pittore** 男/**pittrice** 女 画家　□ **giornalista** 男女(複 giornalisti/e) ジャーナリスト
- □ **critica** (複 critiche) 批評家

- □ **musicista** 男女(複 musicisti/e) 音楽家　□ **pianista** 男女(複 pianisti/e) ピアニスト
- □ **violinista** 男女(複 violinisti/e) バイオリニスト　□ **scultore** 男/**scultrice** 女 彫刻家
- □ **regista** 男女(複 registi/e) 映画監督　□ **modello/modella** モデル
- □ **fotografo/fotografa** 写真家　□ **giornalaio** (複 giornalai)/**giornalaia** 新聞屋

● 前置形容詞 ①

- □ **buono** 良い - come il pane 穏やかで善良な　□ **bravo** （人に対して）優れた
- □ **cattivo** 悪い・劣った　□ **vero** 本当の　□ **povero** 哀れな

表現　── 挨拶表現 ①：Buon ～ ──

- □ **Buongiorno!** おはよう・こんにちは　□ **Buonasera!** こんばんは　□ **Buonanotte!** おやすみ
- □ **Buona giornata!** 良い１日を　□ **Buona serata!** 良い晩を　□ **Buone feste!** 良い休暇を
- □ **Buon anno!** 良いお年を　　　　　　□ **Buon Natale!** メリークリスマス
- □ **Buon capodanno!** 新年おめでとう　□ **Buon compleanno!** 誕生日おめでとう
- □ **Buon viaggio!** 良い旅を　□ **Buona fortuna!** 幸運を　□ **Buon appetito!** 召し上がれ

文法　── 形容詞 buono ──

	単数	複数	後続名詞
男性	□ **buon**	□ **buoni**	＋［子音／母音］
	□ **buon(o)**		＋［s＋子音／z-］
女性	□ **buona**	□ **buone**	＋［子音］
	□ **buona/ buon'**		＋［母音］

★イタリア語にしてみよう！★

1) 優れたジャーナリスト　un br___ g___
2) 下手な画家　una c___ p___
3) 真の芸術家　un v___ a___
4) 良い作家たち　i bu___ s___
5) 哀れな歌手　una p___ c___
6) 良い女優たち　le bu___ a___
7) 良い一日を！　B___ g___!
8) メリークリスマス！　B___ N___!

前ページの解答　1) gli impiegati giapponesi 2) un'operaia amaricana 3) una guida italiana 4) le ingeneri tedesche 5) un architetto cinese 6) i contadini francesi 7) una segretaria spagnola 8) la banca russa

7　名詞句［形容詞 ＋ 名詞］②

● 経済施設・飲食店（名詞）

- società ㊛㊸/compagnia 会社　*società* per azioni (S.p.A.) 株式会社　☐ente ㊚ 法人
- impresa 企業　☐fabbrica(㊸ fabbriche) 工場　☐stabilimento 工場・施設
- agenzia 代理店　- di viaggi 旅行代理店　☐sportello 窓口　☐cassa レジ
- ufficio(㊸ uffici) オフィス　- di turismo 観光案内所　- informazioni インフォメーション
- ristorante ㊚ レストラン　- cinese 中華レストラン　☐bar ㊚㊸ バール（軽食喫茶店）
- trattoria トラットリア（大衆向けの小さなレストラン）

- ditta 会社　☐azienda 企業　- produttrice 製造業　☐grande industria 大企業
- sede principale ㊛ 本社　☐filiale ㊛ 支店　☐segreteria 事務局
- vetrina ショーウインドー　☐osteria 居酒屋　☐pizzeria ピザ屋　☐tavola calda 軽食堂
- mensa（学校・会社の）食堂

● 前置形容詞 ②

- grande 大きい　☐piccolo 小さい　☐doppio(㊸ doppi/doppie) 倍の
- giovane 若い　☐vecchio(㊸ vecchi/vecchie) 古い・年老いた
- antico(㊸ antichi/e) 古い・昔の　☐nuovo 新しい　☐ultimo 最新の

文法　形容詞 grande

	単数	複数	後続名詞
男性	☐gran	☐gran	＋［子音/母音］
	☐grande	☐grandi	＋［s＋子音/ z-］
	☐grand'	☐grandi	＋［母音］
女性	☐gran	☐gran	＋［子音］
	☐grand'	☐grandi	＋［母音］

★次の名詞句をイタリア語にしてみよう！★

1) 古い工場　　　　　　un a____ s____　　2) 小さな会社　　　　una p____ c____
3) 新しいオフィス　　　un n____ u____　　4) 二重窓　　　　　　una d____ f____
5) 若い両親　　　　　　g____ g____　　　 6) 最新のビル（複数）u____ p____
7) 大きな会社　　　　　una g____ s____　 8) 大きなレストラン　un g____ r____
9) 大きな本屋（複数）　g____ l____　　　10) 大きな木々　　　　g____ a____
11) 古いバール　　　　　un v____ b____　 12) 小さいトラットリア una p____ t____

前ページの解答　1) un bravo giornalista 2) una cattiva pittrice 3) un vero artista
4) i buoni scrittori 5) una povera cantante 6) le buone attrici 7) Buona giornata! 8) Buon Natale!

Unità 2

8 名詞句 [形容詞 + 名詞] ③

● 人間関係 ②（名詞）

- **persona** 人　di - 本人自ら
- **gente** 女单 人々
- **folla/massa** 群衆
- **pubblico** 大衆
- **individuo** 個人
- **gruppo** グループ
- **membro** メンバー
- **organizzazione** 女 団体・組織
- **popolo** 民族・人民
- **nazione** 女 国民・民族
- **cittadino/cittadina** 市民
- **borghese** 女 市民
- **abitante** 男女 住民
- **esercito** 軍隊
- **popolazione** 女 人口
- **compagno/compagna** 仲間
- **compagnia**（集合的）仲間
- **collega** 男女(複 colleghi/e) 同僚
- **vicino/vicina** 隣人
- **conoscenza** 知人
- **straniero/straniera** 外国人
- **personaggio**(複 personaggi) 著名人
- **cristiano/cristiana** キリスト教徒
- **cattolico/cattolica**(複 cattolici/cattoliche) カトリック教徒

● 前置形容詞 ③

- **bello** 美しい・立派な
- **brutto** 醜い
- **caro** 愛する

― 応対表現 ② ―

- **Benissimo!/Ottimo!/Perfetto!** すばらしい
- **Complimenti!** すばらしい
- **beh!** そうだねぇ
- **Meno male!** よかった
- **Tanti auguri!** おめでとう
- **Forza!** 頑張って
- **Pronto!** もしもし
- **In bocca al lupo!** 健闘を祈るよ
- **Salute!/ Cin cin!** 乾杯
- **Avanti!** お入りなさい

形容詞 bello

		単数	複数	後続名詞
男性		bel	bei	+ [子音]
		bello	begli	+ [s+子音/ z-]
		bell'	begli	+ [母音]
女性		bella	belle	+ [子音]
		bell'		+ [母音]

★次の名詞句をイタリア語にしてみよう！★

1) 醜い人々　　　le b____ p____
2) 私の愛する男友達　un m____ c____ a____
3) 愛する仲間たち　la c____ c____
4) 上流階級の人々　la b____ g____
5) 美しい外国人　un b____ s____
6) 親愛なるキリスト教徒　il c____ c____
7) 美しい知人　una b____ c____
8) 立派な民族　il b____ p____
9) この美しい赤ん坊　questa b____ b____
10) 美しい花嫁　una b____ s____
11) 頑張って　F____！
12) もしもし　P____！
13) すばらしい　B____！

前ページの解答　1) un antico stabilimento 2) una piccola compagnia 3) un nuovo ufficio
4) una doppia finestra 5) giovani genitori 6) ultimi palazzi 7) una gran società 8) un gran ristorante
9) gran librerie 10) grandi alberi 11) un vecchio bar 12) una piccola trattoria

Dati Italiani 1　イタリア人の姓名・イタリアの都市

　イタリア人の名前 (nome) は、歴史上の人物やキリスト教の聖人を由来とする伝統的なものがほとんどです。普通の名詞と同じように、-o で終わるものは男性、-a で終わるものは女性となるのが基本ですが、Andrea/ Luca/ Nicola（男性名）のような例外もあります。（名前の後の数字は男女別多い名前ベスト 10 の順位です）

☆イタリア人の名前
● 男性名

□ Adriano	アドリアーノ	□ Giovanni ⑦	ジョヴァンニ
□ Alberto	アルベルト	□ Giulio	ジューリオ
□ Alessandro ⑥	アレッサンドロ	□ Giuseppe ③	ジュゼッペ
□ Alfredo	アルフレード	(Beppe)	（ベッペ）
□ Andrea ②	アンドレーア	□ Graziano	グラツィアーノ
□ Angelo	アンジェロ	□ Gregorio	グレゴーリオ
□ Antonio ④	アントーニオ	□ Guido	グィード
□ Arturo	アルトゥーロ	□ Leonardo	レオナルド
□ Bruno	ブルーノ	□ Leone (Leo)	レオーネ（レオ）
□ Carlo	カルロ	□ Lorenzo	ロレンツォ
□ Claudio	クラウディオ	□ Luca ⑤	ルーカ
□ Cosimo	コジモ	□ Lucio	ルーチョ
□ Cristiano	クリスティアーノ	□ Luigi	ルイージ
□ Daniele	ダニエーレ	□ Marcello	マルチェッロ
□ Davide	ダヴィデ	□ Marco ①	マールコ
□ Domenico	ドメニコ	□ Mario	マーリオ
□ Enrico	エンリーコ	□ Martino	マルティーノ
□ Fabio	ファビオ	□ Massimo	マッシモ
□ Fabrizio	ファブリツィオ	□ Matteo	マッテーオ
□ Federico	フェデリーコ	□ Mattia	マッティーア
□ Flavio	フラヴィオ	□ Maurizio	マウリツィオ
□ Francesco	フランチェスコ	□ Mauro	マウロ
□ Franco	フランコ	□ Michele	ミケーレ
□ Gabriele	ガブリエーレ	□ Nicola	ニコーラ
□ Gerardo	ジェラルド	□ Paolo ⑩	パオロ
□ Geronimo	ジェローニモ	□ Patrizio	パトリツィオ
□ Giacomo	ジャコモ	□ Pietro	ピェートロ
□ Gianluca	ジャンルーカ	□ Piero	ピェーロ
□ Gianni	ジャンニ	□ Riccardo	リッカルド
□ Gino	ジーノ	□ Roberto ⑧	ロベルト
□ Giorgio	ジョルジョ	□ Romeo	ロメーオ

前ページの解答　1) le brutte persone 2) un mio caro amico 3) la cara compagnia 4) la bella gente 5) un bello straniero 6) il caro cristiano 7) una bella conoscenza 8) il bel popolo 9) questa bella bambina 10) una bella sposa 11) Forza! 12) Pronto! 13) Benissimo!

☐ Ruggero	ルッジェーロ	☐ Tommaso	トンマーソ
☐ Salvatore	サルヴァトーレ	☐ Ugo	ウーゴ
☐ Sandro	サンドロ	☐ Umberto	ウンベルト
☐ Sergio	セルジョ	☐ Valentino	ヴァレンティーノ
☐ Simone	シモーネ	☐ Valerio	ヴァレーリオ
☐ Stefano ⑨	ステーファノ	☐ Vincenzo	ヴィンチェンツォ
☐ Silvio	シルヴィオ	☐ Vittorio	ヴィットーリオ

● 女性名

☐ Agnese	アニェーゼ	☐ Irene	イレーネ
☐ Alberta	アルベルタ	☐ Laura ④	ラウラ
☐ Alessandra	アレッサンドラ	☐ Loredana	ロレダーナ
☐ Alessia	アレッシア	☐ Lucia	ルチーア
☐ Alice	アリーチェ	☐ Luisa	ルイーザ
☐ Angela	アンジェラ	☐ Maddalena	マッダレーナ
☐ Anna ①	アンナ	☐ Marcella	マルチェッラ
☐ Antonella ⑦	アントネッラ	☐ Maria ②	マリーア
☐ Antonia	アントーニア	☐ Marianna	マリアンナ
☐ Aurora	アウローラ	☐ Mariella	マリエッラ
☐ Barbara	バルバラ	☐ Martina	マルティーナ
☐ Beatrice	ベアトリーチェ	☐ Marisa	マリーザ
☐ Carla	カルラ	☐ Marta	マルタ
☐ Cecilia	チェチリア	☐ Nadia	ナディア
☐ Chiara ⑧	キアーラ	☐ Paola	パオラ
☐ Claudia	クラウディア	☐ Patrizia	パトリツィア
☐ Cristina	クリスティーナ	☐ Rita	リータ
☐ Daniela ⑩	ダニエーラ	☐ Roberta	ロベルタ
☐ Debora	デボラ	☐ Rosa	ローザ
☐ Donatella	ドナテッラ	☐ Sabina	サビーナ
☐ Elena	エレナ	☐ Sandra	サンドラ
☐ Elisa	エリーザ	☐ Sara ③	サーラ
☐ Elisabetta	エリザベッタ	☐ Simona	シモーナ
☐ Emma	エンマ	☐ Sofia	ソフィーア
☐ Enrica	エンリーカ	☐ Sonia	ソーニア
☐ Fabrizia	ファブリツィア	☐ Stefania	ステファーニア
☐ Federica	フェデリーカ	☐ Silvia ⑨	シルヴィア
☐ Francesca	フランチェスカ	☐ Simona	シモーナ
☐ Franca	フランカ	☐ Valentina ⑥	ヴァレンティーナ
☐ Gabriella	ガブリエッラ	☐ Valeria	ヴァレーリア
☐ Gianna	ジャンナ	☐ Veronica	ヴェロニカ
☐ Giorgia	ジョルジャ	☐ Virginia	ヴィルジーニア
☐ Giovanna	ジョヴァンナ	☐ Vittoria	ヴィットーリア
☐ Giulia ⑤	ジューリア		
☐ Giuseppa	ジュゼッパ		

☆イタリア人の苗字（cognome）ベスト20
"Name Statistics Italia"（http://www.name-statistics.org.）

1	Rossi	ロッシ		11	Bruno	ブルーノ
2	Esposito	エスポーズィト		12	Rizzo	リッツォ
3	Russo	ルッソ		13	Gallo	ガッロ
4	Romano	ロマーノ		14	Ricci	リッチ
5	Bianchi	ビアンキ		15	Caruso	カルーソ
6	Ferrari	フェッラーリ		16	Costa	コスタ
7	Marino	マリーノ		17	Mancini	マンチーニ
8	Greco	グレーコ		18	Ferrara	フェッラーラ
9	Giordano	ジョルダーノ		19	Leone	レオーネ
10	De Luca	デ・ルーカ		20	Colombo	コロンボ

☆姓名につける敬称

□ **signore**㊚　男性に対する敬称。手紙の宛名などでは sig. と略す。
　　　　　　　名前の前では signor と語末の母音を落とす。
　　　　　　　il *signor* Bianchi

□ **signora**　　既婚女性に対する敬称。手紙の宛名などでは sig.ra と略す。
　　　　　　　la *signora* Rossi

□ **signorina**　未婚女性に対する敬称。手紙の宛名などでは sig.na と略す
　　　　　　　la *signorina* Ferrari

□ **don**㊚　　聖職者や貴族に
　　　　　　　Don Giovanni

□ **santo**（聖人の前につけて）聖〜

男性	□ **san**	+ ［子音］	*San* Pietro
	□ **santo**	+ ［s + 子音/ z-］	*Santo* Stefano
	□ **sant'**	+ ［母音］	*Sant'*Agostino
女性	□ **santa**	+ ［子音］	*Santa* Lucia
	□ **sant'**	+ ［母音］	*Sant'*Anna

西ローマ帝国 (476 年) の崩壊から、他国の侵略などで分裂状態にあったイタリア半島は、1861 年にイタリア王国 (Regno di Italia) として統一されます。その後、第二次世界大戦後の 1946 年に共和制への移行を問う国民投票が行われ、現在ではイタリア共和国 (Repubblica Italiana) として存在しています。ローマを首都とするイタリアは、行政区分として 20 の州 (regione) があり、代表的な都市 (città) として、次のような都市があります（都市名の後の数字は人口の多さの順位です）。

☆イタリアの都市
　□ **Roma** ローマ①（**Lazio** ラツィオ州）　□ **Milano** ミラノ②（**Lombardia** ロンバルディア州）　□ **Napoli** ナポリ③（**Campania** カンパニア州）　□ **Torino** トリノ④（**Piemonte** ピエモンテ州）　□ **Palermo** パレルモ⑤（**Sicilia** シチリア州）　□ **Genova** ジェノヴァ⑥（**Liguria** リグリア州）　□ **Bologna** ボローニャ⑦（**Emilia-Romagna** エミリア・ロマーニャ州）　□ **Firenze** フィレンツェ⑧（**Toscana** トスカーナ州）　□ **Venezia** ヴェネツィア⑪（**Veneto** ヴェネト州）

☆ **Colosseo** コロッセオ（**Roma**）
　イタリアの首都であるローマは、ローマ帝国時代の中心地であり、現在ではカトリック教会の中心地です。旧市街地にあるコロッセオは、帝国時代に建造された円形闘技場で、帝国繁栄の象徴の一つと言えます。

☆ **Ponte Vecchio** ヴェッキオ橋（**Firenze**）
　ルネサンス発祥の地であるフィレンツェは、見るべきところが大聖堂 (Duomo) を中心に歩いて行ける距離にあり、観光するには非常に便利な都市です。ヴェッキオ橋は、橋の上に商店が並ぶ不思議な橋ですが、橋の下は、昔のメディチ家が自宅から職場まで雨に濡れずに行けるための回廊となっており、多くの芸術家のパトロン(mecenate) になったメディチ家の栄華が偲ばれます。

☆ **Canal Grande** 大運河（**Venezia**）
　「水の都」と言われるヴェネツィアは、街を S 字状に二分する大運河と、街中に張り巡らされた無数の運河から成り立っています。ゴンドラ (gondola) に乗って、街を散策すると、シェイクスピアの『ヴェニスの商人』にあるような海上貿易で栄えた時代が目に浮かんできそうです。

Unità 3

1 主語人称代名詞

● 職業 ④ (名詞)

- **medico/medica**(複 mediche) 医者　□ **dentista**男女(複 dentisti/dentiste) 歯医者
- **giudice**男女 裁判官　□ **avvocato**男女 弁護士 - difensore 被告弁護人
- **agente**男女 代理人　□ **maestro/maestra** (小学校の) 先生
- **professore**男/**professoressa** (中・高・大の) 先生 - universitario/a 大学教授
- **insegnante**男女 (総称的) 教員　□ **allievo/allieva** (教師からみた) 生徒
- **studente**男/**studentessa** (高・大の) 学生
- **sacerdote**男 聖職者　□ **prete**男 司祭

- **veterinario**(複 veterinari)/**veterinaria** 獣医　□ **infermiere**男/**infermiera** 看護師
- **farmacista**男女 薬剤師　□ **scolaro/scolara** (小・中の) 生徒　□ **clero** (集合的) 聖職者

● 国籍・国民 ② (形容詞)

- **sudamericano** 南アメリカ人・の　□ **europeo** ヨーロッパ人・の
- **africano** アフリカ人・の　□ **arabo** アラブ人・の
- **orientale** 東洋人・の　□ **asiatico** アジア人・の

- **zingaro/zingara** ジプシー

主語人称代名詞

	単数		複数	
一人称	□ **io**	私は (が)	□ **noi**	私たちは (が)
二人称	□ **tu**	君は (が)	□ **voi**	君たち・あなた方は (が)
	□ **Lei**	あなたは (が)	□ **Loro**	あなた方は (が)
三人称	□ **lui/ (egli)**	彼は (が)	□ **loro**	彼(女)たちは (が)
	□ **lei/ (ella)**	彼女は (が)		
	□ **esso**	それは (が) [文語]	□ **essi**	彼(女)・それらは (が) [文語]
	□ **essa**		□ **esse**	

★イタリア語にしてみよう！★

1) 私が女学生です　＿＿ ＿＿ s＿＿.　2) 彼らが医者です　＿＿ ＿＿ m＿＿.
3) 私たちが司祭です　＿＿ ＿＿ p＿＿.　4) あなたが先生ですか？　＿＿ ＿＿ m＿＿?
5) 彼女が裁判官ですか？　＿＿ ＿＿ g＿＿?　6) 君たちが看護師ですか？　＿＿ ＿＿ i＿＿?
7) 君が生徒か？　＿＿ ＿＿ a＿＿?　8) 彼が弁護士です　＿＿ ＿＿ a＿＿.
9) アジア人の歯医者　un d＿＿ a＿＿　10) ヨーロッパ人の先生　una p＿＿ e＿＿

Unità 3

2　主語と補語の一致

● 職業 ⑤（名詞）

- **professione** 女 職業　□ **mestiere** 男（生活の手段としての）職業　□ **militare** 男女 軍人
- **soldato/soldatessa** 兵士　□ **politico/politica**（複 politiche）政治家
- **ambasciatore** 男/**ambasciatrice** 女 大使　□ **guardia** 守衛
- **diplomatico/diplomatica**（複 diplomatiche）外交官　□ **carabiniere** 男 国防省警察官

- **poliziotto/poliziotta** 警察官　□ **vigile** 男女（自治体）警察官 - del fuoco 消防士
- **pubblica sicurezza** 公安警察　□ **pompiere** 男/**pompiera** 消防士

● 性格 ①（形容詞）

- **meraviglioso** 驚くべき　□ **intelligente** 頭の良い　□ **calmo** 冷静な
- **magnifico**（複 magnifici/magnifiche）すばらしい・立派な　□ **intellettuale** 知的な
- **splendido** 華麗な・輝くような　□ **gentile** 親切な　□ **onesto** 正直な
- **simpatico**（複 simpatici/simpatiche）感じの良い　□ **favorevole** 好意的な
- **vivace** 活発な　□ **attivo** 活動的な　□ **allegro** 陽気な　□ **tranquillo** 穏やかな

- **fantastico**（複 fantastici/fantastiche）/**stupendo** すばらしい　□ **eccellente** 卓越した
- **antipatico**（複 antipatici/antipatiche）嫌な　□ **piacevole** 愉快な
- **affascinante** チャーミングな　□ **amichevole** 友好的な　□ **diligente** 勤勉な
- **furbo** 頭の良い　□ **competente** 有能な

● 疑問代名詞 ②

- **chi** だれ？　*Chi* è Lei? あなたは誰ですか？

★イタリア語にしてみよう！★

1) あなた方は誰ですか？　　　　C_____ ___v_____?
2) 彼らは親切です　　　　　　　_____ g____.
3) 私たちは正直です　　　　　　_____ o____.
4) あの男の子は活発ですか？　　Quel b_____ ___v_____?
5) 私の夫は頭が良い　　　　　　Mio m_____ ___i____.
6) アンナとジョヴァンナは穏やかだ　Anna e Giovanna _____ t_____.
7) この先生たちは感じが良い　　Questi p_____ ___s____.
8) 活動的な政治家たち　　　　　i p_____ a_____
9) 好意的な大使 un a_____ f____　　10) 陽気な外交官 un d_____ a_____

前ページの解答　1) Io sono studentessa. 2) Loro sono medici/mediche. 3) Noi siamo preti.
4) Lei è maestro/a? 5) Lei è giudice? 6) Voi siete infermieri/e? 7) Tu sei allievo/a? 8) Lui è avvocato.
9) un dentista asiatico 10) una professoressa europea

3　基数形容詞

● 食器・調理器具（名詞）

- bottiglia ビン - di plastica ペットボトル　□ bicchiere 男 コップ　□ tazza カップ
- piatto 皿　□ coltello ナイフ　□ forchetta フォーク
- cucchiaio (複) cucchiai スプーン　□ argenti 男複 銀器

- coppa（脚付き）グラス　□ padella フライパン　□ pentola 鍋　□ griglia グリル
- cucchiaino ティースプーン　□ bastoncini 男複 箸

● 容器（名詞）

- scatola 箱・缶　□ cassa（大）箱　□ pacco (複) pacchi 包み
- sacco (複) sacchi 袋

- lattina 缶　□ cesto バスケット　□ custodia（保管用の）ケース　□ pacchetto（小）箱・包み
- busta（紙）袋　□ sacchetto 小型の袋　□ vasca (複) vasche 水槽　□ gabbia 檻

基数形容詞

□ zero	0	□ tredici	13	□ ventisei	26
□ uno	1	□ quattordici	14	□ ventisette	27
□ due	2	□ quindici	15	□ ventotto	28
□ tre	3	□ sedici	16	□ ventinove	29
□ quattro	4	□ diciassette	17	□ trenta	30
□ cinque	5	□ diciotto	18	□ quaranta	40
□ sei	6	□ diciannove	19	□ cinquanta	50
□ sette	7	□ venti	20	□ sessanta	60
□ otto	8	□ ventuno	21	□ settanta	70
□ nove	9	□ ventidue	22	□ ottanta	80
□ dieci	10	□ ventitré	23	□ novanta	90
□ undici	11	□ ventiquattro	24	□ cento 不	100
□ dodici	12	□ venticinque	25	□ centouno	101

□ centotto	108
□ duecento	200
□ mille	1000
□ milleuno	1001
□ milleotto	1008
□ duemila	2000
□ diecimila	1万
□ centomila	10万
□ un milione	100万
□ dieci milioni	1000万
□ cento milioni	1億
□ un miliardo	10億
□ dieci miliardi	100億

★基数形容詞を使ってイタリア語にしてみよう！★

1) 13 _____　2) 138万5千 _____　3) 5530 _____
4) 68 _____　5) 356 _____　6) 2015 _____
7) 49 _____　8) 201 _____　9) 1億8千万 _____
10) 18本のビン _____ b　11) 4本のフォーク _____ f
12) 7つの箱 _____ s　13) 2本のスプーン _____ c

前ページの解答　1) Chi siete voi? 2) Sono gentili. 3) Siamo onesti/e. 4) Quel bambino è vivace?
5) Mio marito è intelligente. 6) Anna e Giovanna sono tranquille. 7) Questi professori sono simpatici.
8) i politici attivi 9) un ambasciatore favorevole 10) un diplomatico allegro

Unità 3

4 序数形容詞

● 国・地域（名詞）

- **mondo** 世界　☐ **paese**⑨ 国・村　☐ **stato/nazione**⑨ 国家　☐ **regno** 王国
- **repubblica**(⑧ repubbliche) 共和国　la *Repubblica* italiana イタリア共和国
- **territorio**(⑧ territori) 領土　☐ **colonia** 植民地　☐ **patria** 故郷　☐ **estero** 外国
- **regione**⑨ 地域・州　☐ **area** 地域・区域　☐ **zona** 地域
- **limite**⑨/**termine**⑨/**confine**⑨ 境界

☐ **impero** 帝国　*Impero* Romano ローマ帝国　☐ **mare territoriale**⑨ 領海

● 種類（名詞）

- **genere**⑨/**specie**⑨⑥ 種類　del *genere* そのような種類の　in *genere* 一般的に
- **razza** (動植物の)種類　☐ **campo** 分野　☐ **categoria** 等級　☐ **tipo** タイプ
- **elemento** 要素

☐ **settore**⑨ 分野・部門　☐ **versione**⑨ バージョン

表現 — 挨拶表現 ②

☐ **Ciao!** やあ　☐ **Salve!** やあ　☐ **Piacere!** はじめまして　☐ **Benvenuto!** ようこそ
☐ **Arrivederci!** さようなら　☐ **Addio!**（永久に）さようなら　☐ **A presto!** 近いうちに
☐ **A domani!** また明日　☐ **A dopo!/ A più tardi!** また後で

文法 — 序数形容詞

☐ **primo**	1番目の	☐ **ottavo**	8番目の	☐ **trentesimo**	30番目の
☐ **secondo**	2番目の	☐ **nono**	9番目の	☐ **quarantesimo**	40番目の
☐ **terzo**	3番目の	☐ **decimo**	10番目の	☐ **cinquantesimo**	50番目の
☐ **quarto**	4番目の	☐ **undecesimo**	11番目の	☐ **centesimo**	100番目の
☐ **quinto**	5番目の	☐ **ventesimo**	20番目の	☐ **millesimo**	1000番目の
☐ **sesto**	6番目の	☐ **ventunesimo**	21番目の	☐ **diecimillesimo**	1万番目の
☐ **settimo**	7番目の	☐ **ventitreesimo**	23番目の	☐ **milionesimo**	100万番目の

★イタリア語にしてみよう！★

1) 1等級　　　　　　la p＿＿＿ c＿＿＿　　2) 第6番目のタイプ　il s＿＿＿ t＿＿＿
3) 第4番目の要素　　il q＿＿＿ e＿＿＿　　4) 五つ目の信号　　　il q＿＿＿ s＿＿＿
5) 二皿目の料理　　　i s＿＿＿ p＿＿＿　　6) 9階（日本の8階）　l'o＿＿＿ p＿＿＿
7) 二番目の娘　　　　la s＿＿＿ f＿＿＿　　8) 第三共和国　　　　la t＿＿＿ R＿＿＿
9) 第十王国　　　　　il d＿＿＿ r＿＿＿　　10) 初めまして　　　　P＿＿＿!
11) やあ　　　　　　　C＿＿＿!　　　　　　12) さようなら　　　　A＿＿＿!

前ページの解答　1) tredici 2) un milione trecentoottantacinquemila 3) cinquemilacinquecentotrenta
4) sessantotto 5) trecentocinquantasei 6) duemilaquindici 7) quarantanove 8) duecentouno
9) centoottanta milioni 10) diciotto bottiglie 11) quattro forchette 12) sette scatole 13) due cucchiai

5　部分冠詞

● 飲み物（名詞）

- **acqua** 水　- calda お湯　- minerale ミネラルウォーター　☐ **ghiaccio**(複 ghiacci) 氷
- **caffè**男㊥ コーヒー　- freddo アイスコーヒー　☐ **espresso** エスプレッソコーヒー
- **cappuccino** カップチーノ　☐ **tè**男㊥ お茶　- inglese 紅茶　- al limone レモンティー
- **latte**男 ミルク　☐ **succo**(複 succhi) ジュース　- d'arancia オレンジジュース
- **aranciata** オレンジジュース　☐ **birra** ビール　☐ **sigaretta** タバコ
- **vino** ワイン　- secco/dolce 辛口／甘口のワイン　- bianco/rosso/rosato 白／赤／ロゼワイン
- **bevanda** 飲み物　- alcolica アルコール飲料　- gassata 清涼飲料水　☐ **cocktail**男㊥ カクテル
- **caffellatte**男㊥ カフェラッテ　☐ **champagne**男㊥/**spumante**男 シャンパン

● 果物（名詞）

- **frutta**（集合的）果物　☐ **arancia**(複 arance) オレンジ　☐ **limone**男 レモン
- **mela** リンゴ　☐ **pera** 洋なし　☐ **uva** ブドウ　☐ **fragola** イチゴ
- **pesca**(複 pesche) 桃　☐ **melone**男 メロン　☐ **banana** バナナ
- **ciliegia**(複 ciliegie/ciliege) サクランボ　☐ **oliva** オリーブ　☐ **castagna** 栗

文法　　　部分冠詞（特定しない漠然とした数量の名詞につける）

・部分冠詞＋［数えられない］単数名詞：「いくらかの量」

☐ **del**	＋［子音で始まる］男性単数名詞	*del* **cappuccino**
☐ **dello**	＋［s＋子音/ z で始まる］男性単数名詞	*dello* **zucchero**
☐ **dell'**	＋［母音で始まる］男性単数名詞	*dell'***olio**
☐ **della**	＋［子音で始まる］女性単数名詞	*della* **aranciata**
☐ **dell'**	＋［母音で始まる］女性単数名詞	*dell'***acqua**

・部分冠詞＋［数えられる］複数名詞：「いくつかの数」

☐ **dei**	＋［子音で始まる］男性複数名詞	*dei* **limoni**
☐ **degli**	＋［s＋子音/ z・母音で始まる］男性複数名詞	*degli* **studenti**
☐ **delle**	＋　女性複数名詞	*delle* **arance**

★部分冠詞を付けてイタリア語にしてみよう！★

1) ビール ___ b ___　　2) ミルク ___ l ___　　3) ワイン ___ v ___
4) コーヒー ___ c ___　　5) 氷 ___ g ___　　6) お茶 ___ t ___
7) 果物 ___ f ___　　8) オレンジ ___ a ___　　9) リンゴ ___ m ___
10) ジュース ___ s ___　　11) 洋なし ___ p ___　　12) 水 ___ a ___

前ページの解答　1) la prima classe 2) il sesto tipo 3) il quarto elemento 4) il quinto semaforo
5) i secondi piatti 6) l'ottavo piano 7) la seconda figlia 8) la terza Repubblica 9) il decimo regno
10) Piacere! 11) Ciao! 12) Arrivederci!

Unità 3

6　名詞句［形容詞 ＋ 名詞］④

● 料理（名詞）

- **panino** パニーノ（パンにハムなどの具材を挟んだ料理）　**zuppa**（一般的な）スープ
- **minestra** ミネストラ（多くの野菜の入ったスープ）　**brodo** コンソメスープ
- **bistecca** ステーキ　　**insalata** サラダ　　**pizza** ピッツァ
- **hamburger** 男不 (アンブルゲル) ハンバーガー　　**tramezzino** サンドイッチ
- **risotto** リゾット　　**pappa** パン粥　　**carpaccio** (複 carpacci) カルパッチョ
- **minestrone** 男 ミネストローネ（トマトを使った野菜スープ）　**arrosto** ロースト肉
- **cotoletta** カツレツ　　**fritto** フライ　　**umido** 煮込み
- **frittata/omelette** 女 (複 omelette(s)) オムレツ

● 調味料（名詞）

- **sale** 男 塩　　**pepe** 男 コショウ　　**zucchero** 砂糖　　**burro** バター
- **crema** クリーム　　**panna** 生クリーム　- cotta パンナコッタ
- **salsa** ソース　- di pomodoro トマトソース　- di soia 醤油
- **aceto** 酢　- di vino ワインビネガー　- balsamico バルサミコ酢
- **olio** (複 oli) 油　- d'oliva オリーブオイル　　**sugo** (複 sughi)（野菜・果物の）汁

- **peperoncino** 唐辛子　　**farina** 小麦粉　　**miele** 男 はちみつ　　**marmellata** ジャム
- **ragù** 男不 ミートソース　　**pesto** ペースト

● 数量 ①（形容詞）

- **più** 不 もっと多い　- *di* cinquant'anni 40年以上　　**plurale** 複数の
- **mezzo** 半分の　- litro di vino ワイン半リットル　　**deserto** 無人の
- **un po' di** 少しの　- sale 塩少々　　**meno** 不 より少ない　- *di* ora 1時間以内
- **solo** 唯一の　da *solo/a/i/e* 独力で　　**unico** (複 *unici/uniche*) 唯一の

- **numeroso** 数の多い　　**singolare** 単数の

★イタリア語にしてみよう！★

1) 少しのソース　　un p___ d___ s_____　2) 唯一のビフテキ　una s___ b_____
3) 2枚以上のパニーニ　p___ d___ due p_____　4) いくらかの塩　d___ s_____
5) いくらかのコショウ　d___ p_____　6) いくらかの砂糖　d___ z_____
7) 半分のビフテキ　m___ b_____　8) いくらかの酢　d___ a_____
9) いくらかの油　d___ o_____　10) 半分のサラダ　m___ i_____

前ページの解答　1) della birra 2) del latte 3) del vino 4) del caffè 5) del ghiaccio 6) del tè
7) delle frutte 8) delle arance 9) delle mele 10) del succo 11) delle pere 12) dell'acqua

7　数量表現［不定冠詞 + 名詞 + di］

● 食べ物（名詞）

- **alimentari** 男複 食料品　**cibo** 食べ物　**pane** 男 パン - tostato トースト　**riso** 米
- **grano** 小麦　**pasta** パスタ - asciutta 乾麺　**spaghetti** 男複 スパゲッティ

- **generi alimentari** 男複 食料品　**cornetto** クロワッサン　**filone** 男 バゲット
- **bruschetta** ブルスケッタ（ニンニクを練り込んでオリーブオイルを塗ったパンに食材を乗せた料理）
- **cereali** 男複 シリアル

● 単位（名詞）

- **metro** メートル - quadrato 平方メートル - cubo 立方メートル　**litro** リットル
- **chilometro** キロメートル　**chilo(grammo)** キログラム　**grammo** グラム
- **centimetro** センチメートル　**millimetro** ミリメートル　**etto** 100グラム
- **dozzina** ダース　**caloria** カロリー　**unità** 女不 単位

（不定冠詞）+ 名詞 + di：数量

- **un gran numero di** persone　たくさんの人々　　**decine di** animali　たくさんの動物
- **un bicchiere di** acqua　コップ1杯の水　　**una coppa di** champagne（シャンパーニュ）グラス1杯のシャンパン
- **una lattina di** birra　ビール1缶　　**una bottiglia di** vino　ボトル1本のワイン
- **una tazza di** caffè　カップ1杯のコーヒー　　**un chilo di** zucchero　1キロの砂糖
- **un etto di** farina　100グラムの小麦粉　　**un litro di** latte　1リットルの牛乳
- **una montagna/ un mare di** libri　大量の本
- **una fetta/ un pezzo/ uno specchio di** limone　1切れのレモン
- **un cucchiaio/cucchiaino di** miele　大さじ／小さじ1杯の蜂蜜
- **una coppia di** fidanzati　1組の婚約者　　**una serie di** eventi　一連の出来事
- **un paio di** forbici　1対のはさみ　　**un pachetto di** sigarette　1箱のタバコ
- **un sacco di** caffè　コーヒー1袋　　**un capo di** abbigliamento　1着の衣類
- **un foglio di** carta　1枚の地図　　**un mazzo di** fiori　1束の花

★ 数量の表現をイタリア語にしてみよう！★

1) パン1切れ　　　un p____ di p____　　2) カップ1杯の米　una t____ di r____
3) 大量のスパゲッティ　una m____ di s____　　4) 2キロのパスタ　due c____ di p____
5) 3リットルのワイン　tre l____ di v____　　6) コップ2杯の水　due b____ di a____

前ページの解答　1) un po' di salsa 2) una sola bistecca 3) più di due panini 4) del sale 5) del pepe
6) dello zucchero 7) mezza bistecca 8) dell'aceto 9) dell'olio 10) mezza insalata

Unità 4

1 前置詞 di ①

● 衣類（名詞）

- □ **vestito** 衣服　□ **roba** 衣類　□ **veste**⑨ 衣料　□ **abito**（一揃いの）服・ドレス
- □ **giacca**(覆 giacche) ジャケット　□ **maglia**（薄手の）セーター
- □ **camicia** ワイシャツ　□ **pantaloni**男覆 ズボン　□ **gonna** スカート
- □ **cravatta** ネクタイ - a farfalla 蝶ネクタイ　□ **scarpe**⑨覆 靴　□ **cappello** 帽子
- □ **guanti**男覆 手袋

- □ **abbigliamento** 衣服　□ **divisa** 制服　□ **completo** スーツ　□ **tailleur**男不（女性用）スーツ〔タイユール〕
- □ **cappotto** コート　□ **giubbotto** ジャンパー　□ **maglione**男（厚手の）セーター
- □ **camicetta** ブラウス　□ **maglietta** Tシャツ・ポロシャツ　□ **calzoni**男覆 ズボン
- □ **jeans**男不覆 ジーパン〔ジーンズ〕　□ **minigonna** ミニスカート　□ **calzini**男覆 男性用ソックス
- □ **biancheria intima/ indumenti intimi**男覆 下着　□ **calze**⑨覆 靴下　□ **cintura** ベルト
- □ **calzature**⑨覆（総称的）靴　□ **stivali**男覆 ブーツ　□ **pantofole**⑨覆 スリッパ
- □ **sciarpa** マフラー　□ **foulard**男不 スカーフ〔フラール〕　□ **scialle**男 ショール

● 材質（名詞）

- □ **tessuto** 繊維　□ **pelle**⑨（動物の）革　□ **seta** 絹　□ **gomma** ゴム

- □ **stoffa** 布地　□ **cuoio**（覆 cuoi）なめし革　□ **cotone**男 綿　□ **lino** 麻
- □ **lana** 羊毛　pura - 純毛

表現
□ **essere di** + 名詞（材質）　～でできている　La cravatta *è di* seta. そのネクタイは絹製です。

文法　──── 本質的前置詞① ────
□ **di** ～の［関係している（色々な関係）］ uscita *di* sicurezza 非常口

★前置詞 di を使ってイタリア語にしてみよう！★

1) その手袋は革製です　　　　　　I g_____ _____ di p_____.
2) その靴はゴム製です　　　　　　Le s_____ _____ di g_____.
3) その帽子は綿製です　　　　　　Il c_____ _____ di c_____.
4) そのドレスは絹製です　　　　　L'a_____ _____ di s_____.
5) そのジャケットは羊毛製です　　La g_____ _____ di l_____.
6) その財布は革製です　　　　　　Il p_____ _____ di p_____.

前ページの解答　1) un pezzo di pane 2) una tazza di riso 3) una montagna di spaghetti
4) due chili di pasta 5) tre litri di vino 6) due bicchieri di acqua

2　前置詞 di ②

● ヨーロッパ都市・地方（名詞）

- Roma㊛ ローマ
- Milano㊛ ミラノ
- Torino㊛ トリノ
- Genova㊛ ジェノヴァ
- Venezia㊛ ヴェネツィア
- Bologna㊛ ボローニャ
- Firenze㊛ フィレンツェ
- Perugia㊛ ペルージャ
- Napoli㊛ ナポリ
- Palermo㊛ パレルモ
- Mediterraneo 地中海

- Parma㊛ パルマ
- Londra㊛ ロンドン
- Parigi㊛ パリ
- Zurigo㊛ チューリッヒ
- Berlino㊛ ベルリン
- Madrid㊛ マドリッド
- Vienna㊛ ウィーン
- Mosca㊛ モスクワ
- Lombardia ロンバルディア州
- Veneto ヴェネト州
- Toscana トスカーナ州
- Emilia-Romagna エミリア・ロマーニャ州
- Lazio ラツィオ州
- Sicilia シチリア州・島
- Sardegna サルデーニャ州・島

● イタリア地方・都市（形容詞）

- romano ローマの
- milanese ミラノの
- torinese トリノの
- genovese ジェノヴァの
- veneziano ヴェネツィアの
- bolognese ボローニャの
- fiorentino フィレンツェの
- perugino ペルージャの
- napoletano ナポリの
- palermitano パレルモの
- mediterraneo 地中海の

- toscano トスカーナ州の
- emiliano エミリア地方の
- parmigiano パルマの

表現

- essere di + 名詞（都市）　〜出身である　Sono di Milano. 私はミラノ出身です。

★イタリア語にしてみよう！★

1) 君はパレルモ出身ですか？　　　＿＿＿ di P＿＿＿＿？
2) 君たちはローマ出身ですか？　　＿＿＿ di R＿＿＿＿？
3) 私はトリノ出身です　　　　　　＿＿＿ di T＿＿＿＿．
4) 彼女はナポリ出身です　　　　　＿＿＿ di N＿＿＿＿．
5) 彼らはヴェネツィア人です　　　＿＿＿ v＿＿＿＿．
6) 私たちはフィレンツェ人です　　＿＿＿ f＿＿＿＿．
7) 君はボローニャ人ですか？　　　＿＿＿ b＿＿＿＿？
8) 彼はミラノ人です　　　　　　　＿＿＿ m＿＿＿＿．

前ページの解答　1) I guanti sono di pelle. 2) Le scarpe sono di gomma. 3) Il cappello è di cotone. 4) L'abito è di seta. 5) La giacca è di lana. 6) Il portafoglio è di pelle.

Unità 4

3　前置詞 in ①

● 都市区分（名詞）

- **provincia**(複 province/provincie) 県　- di Bologna ボローニャ県
- **comune** 男 （行政区分としての）市　*Comune* di Roma ローマ市
- **città** 女不　都市
- **capitale** 女　首都　la *Capitale* 首都（ローマ）
- **quartiere** 男 （都市の）地区
- **centro** 中心地
- **campagna** 田舎
- **periferia** 郊外

● 地理（名詞）

- **terra** 大地　- ferma 大陸
- **continente** 男 大陸　- americano アメリカ大陸
- **isola** 島
- **penisola** 半島　- italiana イタリア半島
- **montagna/monte** 男 山
- **collina** 丘
- **cima** 山頂
- **bosco** (複 boschi) 森
- **piano/pianura** 平野
- **prato** 草原・牧場
- **campo** 畑
- **vigna** ブドウ畑
- **suolo** 地面
- **vulcano** 火山
- **deserto** 砂漠

in + 名詞：「～に」

- **in casa** 家に
- **in camera** 部屋に
- **in ufficio** 事務所に
- **in banca** 銀行に
- **in ospedale** 病院に
- **in biblioteca** 図書館に
- **in chiesa** 教会に
- **in teatro** 劇場に
- **in piazza** 広場に
- **in montagna** 山に
- **in città** 街に
- **in centro** 中心地に
- **in campagna** 田舎に
- **in giro** 散歩に

in + 名詞（人間関係）

- **in gruppo** グループで
- **in coppia** 2人一組で
- **in pubblico** 人前で

文法　　　　　　　本質的前置詞②
- **in** ～（の中）に　*in* campagna 田舎で

★前置詞 in を使ってイタリア語にしてみよう！★

1) 山に　　　m_____　　2) 街に　　　c_____
3) 中心地に　c_____　　4) 田舎に　　c_____
5) 丘に　　　c_____　　6) 家に　　　c_____
7) 事務所に　u_____　　8) グループで g_____

前ページの解答 1) Sei di Parelmo? 2) Siete di Roma? 3) Sono di Torino. 4) È di Napoli.
5) Sono veneziani/e. 6) Siamo fiorentini/e. 7) Sei bolognese? 8) È milanese.

4　前置詞 in ②

● 交通手段（名詞）

□ **traffico**(複 traffici) 交通（渋滞）　□ **trasporto** 輸送・交通 - pubblico 公共交通機関
□ **macchina/automobile**女/**auto**女 自動車 *automobile* a noleggio レンタカー
□ **autobus**(アウトブス)男不 バス　□ **bicicletta/bici**女不 自転車　□ **ferrovia** 鉄道
□ **treno** 電車
　 (-) rapido 特急列車 - espresso 急行電車 (-) diretto 準急列車 - locale/regionale 普通列車
□ **aereo** 飛行機　　□ **nave**女 船 - spaziale 宇宙船
□ **barca**(複 barche)(小) 船 - a vela ヨット　□ **carrozza/vettura** 客車・馬車
□ **carro** 荷車　　　□ **bordo** 乗り物の内部

□ **mezzi pubblici**男複 公共交通機関　□ **metropolitana/metro**女不/**metró**男不 地下鉄
□ **taxi**(タクシイ)男不/**tassi**男不 タクシー　□ **pullman**(プルマン)男不 観光バス
□ **camion**(カミオン)男不 トラック　　　　□ **motocicletta**女不/**moto**女不 オートバイ
□ **motorino** ミニバイク　　　　　　　□ **intercity**(インテルスィーティ)男不 （イタリア国内の）特急列車
□ **tram**(トラム)男不 路面電車　　　　　□ **vagone**男 車両 - letto 寝台車 - passeggeri 客車
□ **elicottero** ヘリコプター　　　　　　□ **traghetto** フェリーボート　□ **vaporetto** 水上バス

● 通貨（名詞）

□ **moneta** 通貨　□ **euro**男不 ユーロ　□ **centesimo** セント　□ **dollaro** ドル

□ **lira** リラ　□ **yen**男不 円

---

in ＋ 名詞（乗り物）:「〜で」

□ **in aereo** 飛行機で　□ **in elicottero** ヘリコプターで　□ **in macchina/auto** 車で
□ **in autobus**(アウトブス) バスで　□ **in taxi/tassi** タクシーで　□ **in motocicletta/moto** オートバイで
□ **in treno** 電車で　□ **in nave** 船で　□ **in barca** 船で　□ **in bicicletta/bici** 自転車で

　　　　　　　★前置詞 in を使ってイタリア語にしてみよう！★
1) 飛行機で　　　＿＿＿a＿＿＿　　2) 車で　　　　＿＿＿m＿＿＿
3) ユーロで　　　＿＿＿e＿＿＿　　4) 船で　　　　＿＿＿n＿＿＿
5) 電車で　　　　＿＿＿t＿＿＿　　6) 自転車で　　＿＿＿b＿＿＿
7) バスで　　　　＿＿＿a＿＿＿　　8) 小舟で　　　＿＿＿b＿＿＿
9) ご乗車ください　I＿＿v＿＿！　　10) 車での輸送　il t＿＿＿ in a＿＿＿＿＿

前ページの解答 1) in montagna 2) in città 3) in centro 4) in campagna 5) in collina 6) in casa
7) in ufficio 8) in gruppo

Unità 4

5　前置詞 con・目的語人称代名詞強勢形

● 野菜（名詞）

□**verdura** 野菜　　□**pomodoro** トマト

□**z**u**cca**(複) zucche) カボチャ　　□**zucchina/o** ズッキーニ　　□**cipolla** タマネギ
□**patata** ジャガイモ *patate* fritte フライドポテト　　□**carota** ニンジン　　□**melanzana** ナス
□**peperone**(男) ピーマン　　□**mais**(男)(不) トウモロコシ（マイス）　　□**cetriolo** キュウリ
□**asparago**(複) asparagi) アスパラガス　　□**cavolo** キャベツ　　□**lattuga**(複) lattughe) レタス
□**spinacio**(複) spinaci) ほうれん草　　□**rucola** ルッコラ　　□**carciofo** アーティチョーク
□**aglio**(複) agli) ニンニク　　□**pisello** エンドウ豆　　□**fagiolo** インゲン豆　　□**soia** 大豆
□**lenticchia** レンズ豆　　□**fungo**(複) funghi) キノコ　　□**porcino** ポルチーニ茸

con + 定冠詞 + 名詞（乗り物）:「〜で」

□**con l'aereo** 飛行機で　　□**con la macchina** 車で　　□**con la moto** オートバイで
□**con il treno** 電車で　　□**con la metropolitana** 地下鉄で　　□**con la nave** 船で

文法　目的語人称代名詞強勢形（目的語を強調するときや前置詞の後で使われます）

	単数		複数	
一人称	□**me**	私を	□**noi**	私たちを
二人称	□**te**	君を	□**voi**	君たち・あなた方を
	□**Lei**	あなたを	□(**Loro**)	あなた方を
三人称	□**lui**	彼を	□**loro**	彼（女）たちを
	□**lei**	彼女を		
再帰形	□**sé**	自分自身を	□**sé**	自分自身を

文法　本質的前置詞 ③

□**con** 〜と（一緒に）［密接に一緒にある（参加・付与）］ la casa *con* giardino 庭付きの家

★前置詞 con を使ってイタリア語にしてみよう！★

1) 彼と一緒に　　　　＿＿ l ＿＿　　2) 彼女と一緒に　　　＿＿ l ＿＿
3) 私と一緒に　　　　＿＿ m ＿＿　　4) 彼らと一緒に　　　＿＿ l ＿＿
5) 君と一緒に　　　　＿＿ t ＿＿　　6) 私たちと一緒に　　＿＿ n ＿＿
7) あなたと一緒に　　＿＿ L ＿＿　　8) 飛行機で　　　　　＿＿ l'a ＿＿
9) 車で　　　　　　　＿＿ la m ＿　10) 野菜入りパスタ　　la p＿ con le v＿
11) トマトの入ったレシピ　　　le r＿　　con i p＿

前ページの解答 1) in aereo 2) in macchina 3) in euro 4) in nave 5) in treno 6) in bicicletta/bici
7) in autobus 8) in barca 9) In vettura! 10) il trasporto in auto

6　前置詞 a ①

● 方角（名詞）

- senso/direzione 女 方向
- verso 方向
- sinistra 左　sulla - 左側に
- destra 右　sulla - 右側に
- est 男不/oriente 男 東
- ovest 男不/occidente 男 西
- sud 男不/meridione 男 南　*sud*-est 南東　*sud*-ovest 南西
- nord 男不/settentrione 男 北　*nord*-est 北東　*nord*-ovest 北西
- polo 極　*Polo* nord/sud 北／南極

● スポーツ（名詞）

- gioco (複 giochi) 遊び・試合
- partita 試合
- gara 競技
- corsa 競争
- calcio (複 calci) サッカー
- ciclismo 自転車競技
- motociclismo 男不 オートバイ競技
- atletica 女不 運動競技
- maratona マラソン
- jogging 男不 ジョギング
- nuoto 水泳
- sci 男不 スキー
- ginnastica (複 ginnastiche) 体操
- yoga 男不 ヨガ
- tennis 男不 テニス
- pallavolo 女不 バレーボール
- golf 男不 ゴルフ

a + 名詞:「〜に」
- a est/ovest/sud/nord 東／西／南／北に
- a destra/sinistra 右／左に
- a casa 家に
- a scuola 学校に
- a teatro 劇場に
- a letto ベッドに
- a pranzo 昼食に
- a cena 夕食に

a + 名詞:「〜で」
- a piedi 歩いて
- a nuoto 泳いで
- a cavallo 馬で

本質的前置詞 ④

- **a** 〜（の点）へ・に［ゴールに接している（方向・位置）］　*a* destra 右に

★前置詞 a を使ってイタリア語にしてみよう！★

1) 左に　　　＿＿＿ s ＿＿＿
2) 右に　　　＿＿＿ d ＿＿＿
3) 東に　　　＿＿＿ e ＿＿＿
4) 南に　　　＿＿＿ s ＿＿＿
5) サッカーをする　giocare ＿＿ c ＿＿
6) 夕食に　　＿＿＿ c ＿＿＿
7) 馬で　　　＿＿＿ c ＿＿＿
8) 泳いで　　＿＿＿ n ＿＿＿

前ページの解答 1) con lui 2) con lei 3) con me 4) con loro 5) con te 6) con noi 7) con Lei
8) con l'aereo 9) con la macchina 10) la pasta con le verdure 11) le ricette con i pomodori

Unità 4

7 前置詞 a ②・冠詞前置詞

● 地理 ②（名詞）

□**mare**男 海　*Mare* Adriatico アドリア海（イタリア半島とバルカン半島に挟まれている海域）
□**spiaggia**(複 spiagge) 海辺・浜辺　□**costa** 海岸　□**riva** 岸 - del mare 海岸
□**fonte**女 水源　□**canale**男 運河　*Canal* Grande 大運河（ヴェネツィアの運河）
□**lago**(複 laghi) 湖 - di Como コモ湖（ロンバルディア州にある湖）　□**valle**女 谷
□**fiume**男 川　- Arno アルノ川（トスカーナ州を流れる川）

□**oceano** 大洋　*Oceano* Pacifico/Atlantico 太平洋／大西洋　□**sabbia** 砂浜　□**capo** 岬
□**grotta** 洞窟湖　*Grotta* Azzurra 青の洞窟（カプリ島にある海食洞）　□**sorgente**女 泉
□**terme**女複 温泉

a＋ 定冠詞 ＋ 名詞：「〜に」

□**all'università** 大学に　□**alla banca** 銀行に　□**alla posta** 郵便局に
□**all'ospedale** 病院に　□**al museo** 博物館に　□**al cinema** 映画に
□**al concerto** コンサートに　□**al mercato** 市場に
□**al supermercato** スーパーマーケットに　□**al ristorante** レストランに
□**al bar** バーに　□**alla stazione** 駅に　□**alla fermata** 停留所に　□**al mare** 海に
□**al lago** 湖に　□**al centro** 中心地に　□**all'estero** 外国に

文法　冠詞前置詞

	il	lo	l'	i	gli	la	le
a	al	allo	all'	ai	agli	alla	alle
da	dal	dallo	dall'	dai	dagli	dalla	dalle
di	del	dello	dell'	dei	degli	della	delle
in	nel	nello	nell'	nei	negli	nella	nelle
su	sul	sullo	sull'	sui	sugli	sulla	sulle
con	con il/col	con lo/collo	con l'/coll'	con i/coi	con gli/cogli	con la/colla	con le/colle

★イタリア語にしてみよう！★

1) 海に　　a___ m_____　　2) 湖に　　a___ l_____
3) 海辺に　a___ s_____　　4) 川岸　　la r___ d___ f_____
5) 銀行に　a___ b_____　　6) 博物館に　a___ m_____
7) 外国に　a___ e_____　　8) 動物園に　a___ z_____

前ページの解答 1) a sinistra 2) a destra 3) a est 4) a sud 5) giocare a calcio 6) a cena
7) a cavallo 8) a nuoto

8　前置詞 da

● 郵便（名詞）

- □ **posta** 郵便(物)　□ **espresso** 速達便　□ **indirizzo** 住所・宛名
- □ **sede** ㊛ 所在地　□ **cartolina** 葉書　□ **lettera** 手紙 - d'amore ラブレター
- □ **biglietto** カード　□ **pacco**(㊷ pacchi) 小包　□ **francobollo** 切手

- □ **spedizione** ㊛ 発送　□ **consegna** 配達　□ **via aerea/mare** 航空／船便
- □ **mittente** ㊚㊛ 発信人　□ **destinatario**(㊷ destinatari)/**destinataria** 受取人
- □ **numero civico** 番地　□ **numero di codice postale** 郵便番号　□ **busta** 封筒
- □ **telegramma** ㊚(㊷ telegrammi) 電報

---

da ＋ 名詞（人）：「〜の家に」

□ **da Stefano** ステーファノの家に

da＋ 定冠詞＋ 名詞（職業）：「〜のところに」

□ **dal medico** 医者のところに　□ **dal professore** 先生のところに

da＋ 名詞：「〜用の」

- □ **da uomo/donna** 男性／女性用の　□ **vestito da donna** 婦人服
- □ **camicia da donna** ブラウス　□ **campo da tennis** テニスコート
- □ **sala da pranzo** ダイニング　□ **camera da letto** 寝室　□ **vasca da bagno** バスタブ
- □ **vaso da fiori** 花瓶　□ **tazza da tè** ティーカップ　□ **bicchiere da vino** ワインボトル
- □ **servizio da caffè** コーヒーセット　□ **costume da bagno** 水着
- □ **occhiali da sole** サングラス　□ **spazzolino da denti** 歯ブラシ
- □ **orologio da polso** 腕時計　□ **ferro da stiro** アイロン
- □ **asciugamano da bagno** バスタオル　□ **carta da lettere** 便せん
- □ **biglietto da visita** 名刺　□ **nave da guerra** 船艦　□ **barca da pesca** 漁船

文法 ─── 本質的前置詞 ⑤ ───

□ **da** 〜（の前）から ［スタート地点から離れていく（起源）］ *da* Milano ミラノから

★前置詞 da を使ってイタリア語にしてみよう！★

1) 85セント切手　　　un f___ da 85 c___　　2) 便せん　　una c___ da l___
3) フィレンツェからの葉書　una c___ da F___　　4) 名刺　　un b___ da visita
5) 外国からの小包　　un p___ dall'e___　　6) 婦人服　　un v___ da d___
7) テニスコート　　　il c___ da t___　　　　8) ダイニング　la s___ da p___

前ページの解答 1) al mare 2) al lago 3) alla spiaggia 4) la riva del fiume 5) alla banca 6) al museo
7) all'estero 8) allo zoo

Unità 4

9 前置詞 per/ su/ fra/ tra

● 大陸・地域（名詞）

□ **Sud**america 南アメリカ　□ **Eu**ropa ヨーロッパ　□ **Af**rica アフリカ
□ **Ar**abia アラビア　□ **As**ia アジア

□ **Me**dio Oriente㊚ 中東

● 国（名詞）

□ gli Stati Uniti (d'Am**e**rica) アメリカ合衆国　　　　　　□ **It**alia イタリア
□ (Città del) Vat**i**cano ヴァチカン市国　□ Germ**a**nia ドイツ　□ **Fr**ancia フランス
□ **Sp**agna スペイン　　□ Port**o**gallo ポルトガル　□ **Au**stria オーストリア
□ Inghilterra イギリス　　□ **Be**lgio ベルギー　　□ **Ru**ssia ロシア
□ **Au**stralia オーストラリア　□ Gi**a**ppone㊚ 日本　□ **Ci**na 中国
□ Cor**e**a (del sud) 韓国　　□ **In**dia インド

□ **Sv**izzera スイス　　□ **Ca**nada カナダ　　□ **Me**ssico メキシコ
□ Tun**i**sia チュニジア　□ T**u**rchia トルコ

● 位置（名詞）

□ **lu**ogo (㊧ luoghi) 場所　□ **po**sto 場所・位置・席　　□ posiz**i**one㊛ 位置
□ disposiz**i**one㊛ 配置　□ **sp**azio (㊧ spazi) 空間・場所　□ **fr**onte㊛ 正面 di - 正面に
□ **la**to 側（面）　　　　　□ **co**sta 斜面　　　　　　　□ **fo**ndo 底・奥
□ **me**zzo 中央　　□ **ma**rgine㊚ 端　□ **pu**nta 先端　□ att**a**cco (㊧ attacchi) 接続点

□ **pu**nto（特定の）場所　□ facc**i**ata 正面　□ **bu**ca 隙間

―――――――――― 本質的前置詞⑥ ――――――――――
□ **per** ～に向かって［ゴールの方向に向かっている（方向）］ *per* Roma ローマ行きの
□ **su** ～（の上）に［何かにくっついている（接触）］ abito *su* misura オーダーメイドの服
□ **fra/tra** ～の間に［隔たりがある］ *fra* Milano e Firenze ローマ・フィレンツェ間

★前置詞 per/ su/ fra/ tra を使ってイタリア語にしてみよう！★

1) ヨーロッパへ　　per E＿＿＿＿　　2) ロシアへ　　　　　per R＿＿＿＿
3) 中国へ　　　　　per C＿＿＿＿　　4) イタリア・フランス間　tra I＿＿ e F＿＿＿
5) 日本・韓国間　　fra G＿＿ e C＿＿　6) 左側に　　　　　　sul l＿＿ sinistro
7) 川底に　　　　　sul f＿＿ del f＿＿　8) 私のための場所　　il p＿＿ per m＿

前ページの解答 1) un francobollo da 85 centesimi 2) una carta da lettere 3) una cartolina da Firenze
4) un biglietto da visita 5) un pacco dall'estero 6) un vestito da donna 7) il campo da tennis
8) la sala da pranzo

10 存在表現【〜がある】①

● 物・製造（名詞）

- □ **cosa** 物・事　　□ **oggetto/roba** 物体　　□ **articolo/merce** 品物
- □ **regalo** 贈り物 - di Natale クリスマスプレゼント　□ **dono** 贈り物　□ **materia** 物質
- □ **sostanza** 物質・実質　□ **costituzione**㊛（会社などの）設立　□ **costruzione**㊛ 建設
- □ **istituzione**㊛（機関・施設の）設立・制定　　□ **formazione**㊛ 形成
- □ **produzione** 生産　□ **prodotto** 製品 - industriale 工業製品 *prodotti agricoli* 農産物
- □ **apparecchio**(㊷ apparecchi) 器具・装置　　□ **impianto** 設備・装置
- □ **struttura** 構造　　□ **sistema**㊚(㊷ sistemi) システム
- □ **fondazione**㊛ 創立

● デザート（名詞）

- □ **dolce**㊚ 菓子　□ **torta** ケーキ・パイ　□ **cioccolata** チョコレート
- □ **gelato** アイスクリーム　□ **biscotto** ビスケット　　□ **cioccolatino** チョコレート菓子
- □ **caramella** あめ　　□ **tiramisù**㊚㊄ ティラミス　□ **budino** プリン
- □ **yogurt**㊚㊄ ヨーグルト

● 不定形容詞：数量

- □ **molto** 多くの *molte camere* 多くの部屋　□ **tanto** 多くの *tante sedie* たくさんの椅子
- □ **parecchio**(㊷ parecchi/parecchie) かなり多くの *parecchie volte* 何度も
- □ **troppo** 多すぎる *troppo traffico* 多すぎる交通量
- □ **altrettanto** 同じくらいの *altrettante ragazze* 同数の少女
- □ **poco**(㊷ pochi/e) ほとんど〜ない *pochi giorni* ほんの数日
- □ **alquanto** ある程度の *alquanto gente* ある程度の人々

表現　□ C'è ＋ 単数名詞 / Ci sono ＋ 複数名詞 ： 〜がある

★イタリア語にしてみよう！★

1) 人生には多くの事がある　　　　　　C___ s___ m___ c___ nella vita.
2) 君へのプレゼントがある　　　　　　C'___ un r___ per t___.
3) テーブルに多くの物がある　　　　　C___ s___ t___ c___ sul t___.
4) 私の庭にかなり多くの木がある　　　Nel mio g___ c___ s___ p___ a___.
5) ミラノにおいしいお菓子がありますか？　A M___ c___ s___ b___ d___ ?
6) 橋の上に多すぎるほどの店がある　　Sul p___ c___ s___ t___ n___.

前ページの解答 1) per Europa 2) per Russia 3) per Cina 4) tra Italia e Francia 5) fra Giappone e Corea
6) sul lato sinistro 7) sul fondo del fiume 8) il posto per me

Unità 4

11 存在表現【〜がある】②

● 趣味・楽器（名詞）

- **lettura** 読書
- **fotografia/foto** 女/不 写真
- **sport** 男/不 スポーツ
- **pesca** (複 pesche) 魚釣り
- **festa** パーティ
- **strumento** 楽器・道具
- **pianoforte** 男 ピアノ
- **violino** ヴァイオリン
- **corda** 弦

- **divertimento** 娯楽
- **collezione** 女 コレクション
- **lotteria** 宝くじ
- **dado** さいころ
- **violoncello** チェロ
- **contrabbasso** コントラバス
- **chitarra** ギター

● 場所 ①（副詞）

- **qui** ここに　di - ここから
- **qua** ここらに　di - ここから　in - こちらに
- **lì** そこに　- sopra/sotto そこの上／下に
- **là** そこらに　(più) in - (もっと)向こうに

● 位置関係 ①（前置詞句）

- **vicino a/ presso** 〜の近くに　*vicino a* Napoli ナポリの近くに
- **all'altezza di** 〜の近くで　*all'altezza del* centro 中心地の近くで
- **a fianco di/ di fianco a/ accanto a** 〜の隣に　*a fianco della* chiesa 教会の隣に
- **dopo** 〜の次に　- il negozio その店の先に　□ **verso** 〜の方に　- la costa 海岸の方に
- **lontano da** 〜から遠くに　- *da* qui ここから遠くに
- **oltre** 〜の向こうに　- il Po ポー川の向こうに
- **al di là di** 〜の向こうに　*al di là del* lago 湖の向こうに

● 疑問形容詞 ②

- **quanto** いくつの？　*Quante* persone ci sono nella camera? その部屋に何人の人がいるの？

★イタリア語にしてみよう！★

1) パーティが彼の家である　　　　　　C'___ una f___ a c___ s___.
2) この部屋にピアノがある　　　　　　In questa s___ c'___ un p___.
3) その美術館に写真はない　　　　　　Non c___ s___ f___ nella g___.
4) ここにヴァイオリンがある　　　　　C'___ un v___ q___.
5) イタリアにはいくつの都市があるの？　Q___ c___ c___ s___ in I___?
6) 駅の近くに小さなレストランがある　P___ la s___ c'___ un p___ r___.
7) 川の向こうに多くの塔がある　　　　O___ il f___ c___ s___ m___ t___.
8) バールの隣に本屋がある　　　　　　A___ al b___ c'___ un l___.
9) 海岸の方に古い城がある　　　　　　V___ la c___ c'___ un v___ c___.

前ページの解答 1) Ci sono molte cose nella vita. 2) C'è un regalo per te.
3) Ci sono tante cose sul tavolo. 4) Nel mio giardino ci sono parecchi alberi.
5) A Milano ci sono buoni dolci? 6) Sul ponte ci sono troppi negozi.

Dati Italiani 2　イタリアの料理

☆ パスタ (pasta)

　スパゲッティ (spaghetti) やマカロニ (maccheroni) の総称として使われる pasta（パスタ）には多くの種類があります。製法という観点からは、デュラムセモリナ粉と水を空気を抜きながら機械で押し出すように成形し乾燥させる「乾燥パスタ」(pasta secca) と、小麦粉に卵を練りこんだ生地で作られる手打ちの「生パスタ」(pasta fresca) に分類することができます。また形状からは、「ロングパスタ」(pasta lunga) と「ショートパスタ」(pasta corta) に区別されることもあります。種類が数百もあると言われているパスタは、spaghetti(< spaghetto) のように複数形態で使用するのが一般的です。

● ロングパスタ (pasta lunga)

- **spaghetti**　　（spagho「紐」+ etti「縮めたもの」）スパゲッティ
  直径約 1.9㎜
- **spaghettini**　（spaghetti「スパゲッティ」+ ini「小さい」）スパゲッティーニ
  直径約 1.6㎜
- **fedelini**　　（filello「細い糸」+ ini「小さい」）フェデリーニ
  直径約 1.3㎜
- **vermicelli**　（verme「虫」+ celli「小さい」）ヴェルミチェッリ
  直径 1.2㎜未満
- **capellini**　　（capello「髪の毛」+ ini「小さい」）カッペリーニ
  直径約 1.0㎜
- **linguine**　　（lingua「言語、舌」+ ine「小さい」）リングィーネ
  1.0㎜×3.0㎜の楕円状
- **bucatini**　　（bucato「穴の開いた」+ ini「小さい」）ブカティーニ
  直径約 3㎜の穴あき
- **tagliolini**　（tagliare「切る」+ olo「小さい」+ ini「小さい」）タリオリーニ
  約 1.5㎜の平打ち
- **fettuccine**　（fettuccia「リボン」+ ine「小さい」）フェトゥッチーネ
  約 5.0㎜～8.0㎜の平打ち
- **tagliatelle**　（tagliato「切られた」+ elle「小さい」）タリアテッレ
  約 7.0㎜～8.0㎜の平打ち
- **pappardelle**　（?pappa「パン粥」+ elle「小さい」）パッパルデッレ
  約 20㎜～30㎜のリボン状

前ページの解答 1) C'è una festa a casa sua. 2) In questa stanza c'è un pianoforte. 3) Non ci sono fotografie nella galleria. 4) C'è un violino qui. 5) Quante città ci sono in Italia? 6) Presso la stazione c'è un piccolo ristorante. 7) Oltre il fiume ci sono molte torri. 8) Accanto al bar c'è un libreria. 9) Verso la costa c'è un vecchio castello.

● ショートパスタ (pasta corta)

- **maccheroni**　　マカロニ　筒状
- **rigatoni**　　　（rigato「縞の」+ one「大きい」）リガトーニ
　　　　　　　　　波状の縞が外側に入った太め
- **penne**　　　　（penne「ペン」）ペンネ　ペン先のようにカットされた筒状
- **fusilli**　　　　（fuso「糸巻き」+ illi「小さい」）フジッリ　らせん状
- **farfalle**　　　（farfalle「蝶」）ファルファッレ　蝶の形
- **orecchiette**　（orecchia「耳状のもの」+ ette「縮めた」）オレッキエッテ
　　　　　　　　　円の中心がくぼんだ形状
- **conchiglie**　　（conchiglie「貝」）コンキリエ　小さな巻き貝の形状
- **ruote**　　　　（ruote「車輪」）ルオーテ　車輪の形状

● その他

- **lasagne**　　　（ラテン語 lasania「鍋、便器」）ラザーニャ　薄板状の長方形
- **ravioli**　　　　（ravieu「波形模様の縁取り（ジェノヴァ方言）」）ラヴィオリ
　　　　　　　　　詰め物をした四角形
- **tortelli**　　　（torta「パイ」+ elli「小さい」）トルテッリ　詰め物をした半円形
- **tortellini**　　（tortaelli「トルテッリ」+ ini「小さい」）トルテッリーニ　小型のトルテッリ
- **cannelloni**　　（cannello「管」+ one「大きい」）カンネッローニ　詰め物をした太い筒状
- **gnocchi**　　　（gnoco「木の節目（ヴェネト方言）」）ニョッキ
　　　　　　　　　ジャガイモなどをまぜた団子状

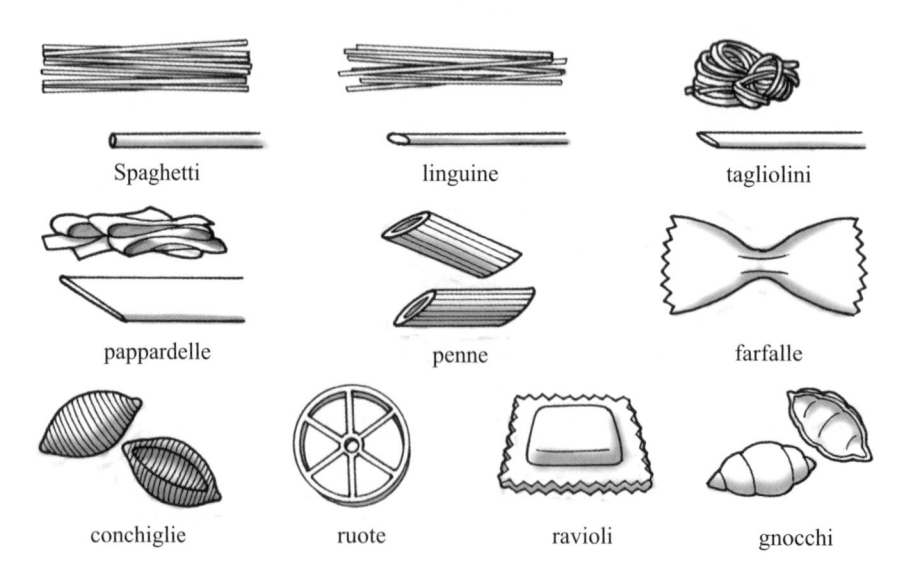

Spaghetti	linguine	tagliolini
pappardelle	penne	farfalle
conchiglie	ruote	ravioli　gnocchi

☆ イタリア料理 (la cucina italiana)

> イタリアのレストラン (ristorante) のメニュー (menu) には、「食前酒 (aperitivo)」、「前菜 (antipasto)」、「一皿目 (primo piatto)」、「二皿目 (secondo piatto)」、「付け合わせ (contorno)」、「デザート (dolce)」、「コーヒー (caffè)」、「食後酒 (digestivo)」などの項目があり、このメニューの順番でコースとして飲食していくのが一般的です。この中で、パスタ (pasta)、リゾット (risotto)、スープ (zuppa) などの「一皿目」と、主菜にあたる魚か肉料理の「二皿目」は、最低注文するのがマナーです。
>
> イタリア料理は、基本的に＜A＋前置詞＋B＞または＜A＋B（形容詞）＞という構成で「BのA」という意味となります。AやBの料理名・材料については、一つの固まりとして捉えられるものは単数形（リゾット、魚、肉、葉菜類）、固まりではなく同種のものが複数ある場合は複数形（パスタ、貝類、豆類、果菜類、土物類）が用いられます。

● 「料理・主材料」＋ a ＋「材料・風味」：
　「～入り、～風味、～で味付けした」

□ Risotto ai funghi　　　　　　キノコのリゾット
□ Spaghetti alle vongole　　　　アサリのスパゲッティ
□ Spaghetti al pomodoro　　　　トマトソースのスパゲッティ
□ Tagliatelle al ragú　　　　　ミートソースのタリアッテレ
□ Branzino al sale　　　　　　すずきの塩焼き
□ Orata alle zucchine　　　　　ズッキーニ入りマダイ
□ Fagioli all'olio　　　　　　インゲン豆の油炒め

● 「料理・主材料」＋alla＋「都市・職業」：「～風」

□ Bruschetta alla romana　　　　ローマ風ブルスケッタ
□ Spaghetti alla carbonara　　　カルボナーラスパゲッティ
□ Bucatini all'amatriciana　　　アマトリーチェ風ブカティーニ
□ Tortellini alla San Lorenzo　　サンロレンツォ風トルテッリーニ
□ Lasagne alla bolognese　　　　ボローニャ風ラザーニャ
□ Sogliola alla mugnaia　　　　舌平目のムニエル
□ Bistecca alla fiorentina　　　フィレンツェ風ビフテキ
□ Cotoletta alla milanese　　　　ミラノ風カツレツ

● 「主材料」＋ a ＋「調理方法・用具・状態」
□ Penne all'arrabbiata　　　　　　ペンネアッラッピアータ
□ Pesce spada alla griglia　　　　メカジキのグリル
□ Spigola ai ferri　　　　　　　　スズキの鉄板焼き
□ Salmone al forno　　　　　　　　鮭のオーブン焼き

● 「料理」＋ di ＋「材料」：「〜が主材料の、〜産の」
□ Antipasto di verdure　　　　　　野菜の前菜
□ Zuppa di cozze　　　　　　　　　ムール貝のスープ
□ Minestra di cipolle　　　　　　 オニオンスープ
□ Arrosto di vitello　　　　　　　子牛のロースト
□ Crema di Roma　　　　　　　　　　ローマ産クリームチーズ

● 「料理・主材料」＋ con ＋「材料」：「〜と、〜添え」
□ Tagliatelle con zucchine e cozze　　タリアテッレのズッキーニとムール貝添え
□ Gnocchi con pomodoro e mozzarella
　　　　　　　　　　　　　　　　　　ニョッキのトマトとモッツァレッラチーズ添え
□ Farfalle con pomodoro crudo　　　　 ファルファッレのフレッシュトマト添え
□ Composta con gelato　　　　　　　　 コンポートのアイスクリーム添え

● 「料理」＋形容詞
□ Insalata mista　　　　　ミックスサラダ
□ Zuppa contadina　　　　 農家風スープ
□ Pennette rustiche　　　 田舎風ペンネッテ
□ Agnello piccante　　　　ピリ辛の子羊
□ Pollo farcito　　　　　 鶏肉の詰め物
□ Patate gratinati　　　　ポテトグラタン

Unità 5

1 | avere

● 基本動詞

□ avere[3] 持っている

● 体の部位 ① (名詞)

□ **corpo** 体 - umano 人体   □ **membro** (複 le membra) 四肢   □ **testa** 頭
□ **collo** 首   □ **cervello** (複 le cervella) 脳   □ **fronte** 囡 額   □ **gola** のど
□ **faccia** (複 facce)/**viso** 顔   sulla *faccia* 面と向かって   □ **naso** 鼻
□ **occhio** (複 occhi) 目   a *occhi* chiusi 目を閉じて   □ **labbro** (複 le labbra) 唇
□ **orecchio** (複 gli orecchi/ le orecchie) 耳   □ **lingua** 舌
□ **bocca** (複 bocche) 口   □ la *Bocca* della Verità 真実の口 (ローマにある石の彫刻)
□ **dente** 男 歯   al - 歯ごたえのある   □ **pelo** 毛   □ **capello** 髪の毛   □ **barba** (あご)ひげ

□ **guancia** (複 guance) 頬   □ **baffo** (口) ひげ

● 程度 ① (形容詞)

□ **enorme** 巨大な   □ **grosso** 大きい・太い   □ **sottile** 薄い・細い
□ **lungo** (複 lunghi/lunghe) 長い   a - ゆっくり   □ **corto** (長さが) 短い
□ **breve** (時間が) 短い   in - 迅速に   □ **largo** (複 larghi/e) 広い
□ **ampio** (複 ampi/ampie) (空間的に) 広い   □ **vasto** 広大な
□ **infinito/immenso** 無限の   □ **stretto** 狭い   □ **intenso** 激しい

□ **gigante** 巨大な   □ **spazioso** 広々とした

名詞 (人) + da+ 名詞 (毛)

□ un ragazzo *dai* capelli neri 黒髪の少年   □ un uomo *dalla* barba あごひげを生やした男

★イタリア語にしてみよう！★

1) 彼らは鼻が大きい   H_____ un n_____ g_____ .
2) 私は長い髪の毛をしている   H_____ i c_____ l_____ .
3) 私たちは黒い目をしている   A_____ gli o_____ n_____ .
4) 君は小さな口をしている   H_____ una p_____ b_____ .
5) ソフィアには美貌がある   Sofia h_____ una b_____ f_____ .
6) 君たちは薄い唇をしている   A_____ le l_____ s_____ .
7) ステーファノは茶髪の少年です   Stefano è un r_____ dai c_____ m_____ .

Unità 5

2 | avere + 名詞

● 感覚（名詞）

- □ **senso** 感覚（器官）　□ **sensazione** 囡（具体的な）感覚　□ **impressione** 囡 印象
- □ **odore** 男 におい　□ **v**o**glia** 願望・欲求　□ **appetito** 食欲　□ **fame** 囡 空腹
- □ **sete** 囡 のどの渇き　□ **sonno** 眠気　□ **caldo** 暑さ　□ **freddo** 寒さ
- □ **fatica**(複 fatiche) 疲労　□ **bellezza** 美しさ　□ **miracolo** 奇跡　□ **giustizia** 正義
- □ **cor**a**ggio**(複 coraggi) 勇気　□ **rispetto** 尊敬　□ **considerazione** 囡 敬意
- □ **riguardo** 尊敬　□ **dignità** 囡不 尊厳　□ **paura** 恐怖　□ **pazienza** 忍耐
- □ **difficoltà** 囡不 難しさ　□ **vergogna** 恥ずかしさ　□ **responsabilità** 囡不 責任
- □ **colpa** 責任・罪　□ **diritto** 権利　*diritti* d'autore 著作権　□ **dovere** 男 義務

- □ **fresco**(複 freschi) 涼しさ　□ **comodità** 囡不 快適さ　□ **disperazione** 囡 絶望
- □ **stanchezza** 疲労

● 疑問詞 ①

□ **quanti anni** 何歳？　*Quanti anni* hai? 年はいくつ？

---

avere + 名詞

- □ **avere appetito** 食欲がある　□ **avere fame** 空腹である　□ **avere sete** のどが渇いている
- □ **avere sonno** 眠い　□ **avere caldo** 暑い　□ **avere freddo** 寒い　□ **avere paura** 怖い
- □ **avere br**i**vidi** 震える　□ **avere la f**e**bbre** 熱がある　□ **avere la tosse** 咳が出る
- □ **avere il/un raffreddore** 風邪をひいている　□ **avere l'influenza** インフルエンザにかかる
- □ **avere pazienza** 我慢する　□ **avere ragione**（言い分が）正しい　□ **avere torto** 間違っている
- □ **avere successo** 成功する　□ **avere una speranza** 希望を抱く　□ **avere difficoltà** 困っている
- □ **non avere idea** 分からない　□ **avere effetto** 効果がある　□ **avere luogo** 開催される
- □ **avere fretta** 急ぐ

★avere を使ってイタリア語にしてみよう！★

1) 私は食欲がない　　　　　　　　　　Non h_____ a_____.
2) 私たちはのどが渇いている　　　　　A_____ s_____.
3) 君たちはすごくお腹がすいているの？　A_____ m_____ f_____?
4) 彼らはほとんど怖がっていない　　　H_____ p_____ p_____.
5) あなたはとても眠いのですか？　　　H_____ t_____ s_____?
6) フランチェスコは何歳？　　　　　　Q_____ a_____ h_____ Francesco?

前ページの解答 1) Hanno un naso grosso. 2) Ho i capelli lunghi. 3) Abbiamo gli occhi neri.
4) Hai una piccola bocca. 5) Sofia ha una bella faccia. 6) Avete le labbra sottili.
7) Stefano è un ragazzo dai capelli marroni/e.

3　avere ＋ 名詞 ＋ 前置詞

● 判断・評価（名詞）

□ giudizio(複 giudizi) 判断　　□ critica(複 critiche) 批評　　□ norma 規範・基準
□ successo 成功　□ merito 功績　□ soluzione(女) 解決　□ certezza 確かさ
□ sbaglio(複 sbagli) 間違い　□ torto 過ち　　　□ errore(男) 誤り
□ decisione(女) 決定　　　　□ permesso 許可　□ conclusione(女) 結論
□ importanza 重要性　□ bisogno 必要 al - 必要な場合には　□ possibilità(女)(不) 可能性
□ necessità(女)(不) 必要（性）　□ condizione(女) 条件・状態 - necessaria 必要条件

□ valutazione(女) 評価　□ determinazione(女) 決定　□ licenza 許可（証）　□ rifiuto 拒否
□ coincidenza 一致

● 体の部位 ②（名詞）

□ spalla 肩 a - かついで alle *spalle* 背後で　□ braccio(複 le braccia) 腕 - di ferro 腕相撲
□ mano(女)(複 le mani) 手 a - 携帯用の　□ pugno 拳　□ dito(複 le dita) 指 - medio 中指
□ petto 胸　□ seno (女性の)胸　　□ fianco(複 fianchi ヒップ) 脇腹　□ schiena 背
□ gamba（ひざから足首までの）脚　□ piede(男)（足首から下の）足 in *piedi* 立って
□ ginocchio(複 ginocchi) ひざ　le *ginocchia* 両ひざ

□ gomito ひじ　□ polso 手首　□ pancia(複 pance) 腹　□ vita ウエスト

---

avere ＋ 名詞＋ a/di/in

□ avere cura delle rose　バラの世話をする　　□ avere mal di gola　のどが痛い
□ avere dolore alle spalle　肩が痛む　　　　　□ avere paura di te　君が怖い
□ avere bisogno di aiuto　助けが必要である　　□ avere fiducia in Dio　神を信じる
□ avere diritto all'uso dell'ascensore　エレベーター使用の権利がある
□ avere in mente un nuovo progetto　新しい計画を考えるつもりである

★avere を使ってイタリア語にしてみよう！★

1) 私には成功が必要だ　　　　　H____ b____ di s____.
2) 君は背中が痛いの？　　　　　H____ m____ di s____?
3) 君は間違いを恐れていない　　Non h____ p____ degli s____.
4) アレッサンドロは肩が痛い　　Alessandro h____ d____ alle s____.

前ページの解答 1) Non ho appetito. 2) Abbiamo sete. 3) Avete molta fame? 4) Hanno poca paura.
5) Ha tanto sonno? 6) Quanti anni ha Francesco?

Unità 5

4　不定形容詞：グループ全体

● 時間・時期（名詞）

- **tempo** 時間　in - 遅れずに　nel - stesso/ nello stesso - 同時に　per molto - 長い間
- **orario**(複 orari) (定められた) 時間　□**ora** 時間・時刻　□**minuto** 分
- **secondo** 秒　　□**data** 日付　- di nascita 生年月日　□**giorno** 日
- **settimana** 週　fine - 週末　□**mese**男 月　□**anno** 年　□**secolo** 世紀
- **generazione**女 世代　　□**periodo** (一時的な) 時期・時代　- delle piogge 雨季
- **epoca**(複 epoche) (重大な出来事の) 時代

- **termine**男 期間　a breve/lungo - 短／長期に　　□**avanti/dopo Cristo** 紀元前／後
- **era** (歴史的事件で始まる) 時代　　　　　　　　　□**intervallo** 休憩時間

● 一日の時間帯（名詞）

- **alba** 夜明け　□**mattina** 朝・午前　□**mattino**男 朝　alle nove del - 午前9時に
- **mezzogiorno** 正午　□**giorno** 昼　□**giornata** (朝から晩までの) 一日
- **pomeriggio**(複 pomeriggi) 午後　□**sera** 夕方・晩
- **notte**女 夜　　　　　　　　　　　　□**mezzanotte**女 真夜中

- **mattinata** 午前中　□**serata** (日没から寝るまでの) 夕べ　□**tramonto** 日没

文法　　　　　　　　　　不定形容詞：グループ全体
- **tutto** + 冠詞 + 単数名詞　全体の　　　　　tutto il giorno 1日中
- **tutto** + 冠詞 + 複数名詞　すべての　　　　tutti i giorni 毎日
- **ogni**不変 + 単数名詞　どの〜も　　　　　　ogni porta どのドアも
- **ogni**不変 + 基数形容詞 + 複数名詞　毎〜ごとに　ogni tre giorni 3日ごとに
- **qualsiasi**/**qualunque**不変 + 単数名詞　いかなる〜でも
  　　　　　　　　　　　　　　　　　　qualsiasi/qualunque cosa 何でも
- **ciascuno** (不定冠詞型活用) + 単数名詞　それぞれの　ciascuno studente 各学生
- **entrambi/e**複 + 定冠詞 + 複数名詞　二つの　entrambe le opinione 両方の意見
- **nessuno** (不定冠詞型活用) + 単数名詞　何の〜もない
  　　　　　　　　　　　　　　　　　　nessuna informazione 何の情報もない

★不定形容詞を使ってイタリア語にしてみよう！★

1) 毎年　　　t____ gli a____　　2) 毎月　　　　　　o____ m____
3) いつでも　q____ c____　　　　4) 2週間ごとに　　o____ due s____
5) 1日中　　t____ il g____　　　6) その両方の姉妹　e____ le s____
7) 各人　　　c____ u____　　　　8) 一人の学生も　　n____ s____

前ページの解答 1) Ho bisogno di successo. 2) Hai mal di schiena? 3) Non hai paura degli sbagli.
4) Alessandro ha dolore alle spalle.

5　不定形容詞：漠然とした数量

● 情報（名詞）

- □ **stampa** 印刷（物） - locale 地方紙　□ **giornale**男 新聞 - della sera 夕刊紙
- □ **quotidiano** 日刊新聞　□ **articolo** 記事 - di giornale 新聞記事
- □ **rivista** 雑誌 - settimanale 週刊誌　□ **canale**男 （テレビ・ラジオの）チャンネル
- □ **notizia** ニュース　□ **informazione**女 情報　□ **copia/fotocopia** コピー

- □ **cronaca**（複 cronache）記事　□ **trasmissione**女 放送　□ **registrazione**女 録音・録画
- □ **programma televisivo**男 テレビ番組　□ **immagine**女 画像　□ **segnale**男 信号
- □ **contenuto** 内容　□ **commento** コメント　□ **presentazione**女 発表
- □ **saggio**（複 saggi）発表会　□ **pubblicazione**女 発表・出版　□ **pubblicità**女不 広告
- □ **annuncio**（複 annunci）知らせ・広告　□ **manuale**男 マニュアル　□ **originale**男 原本

● 概数（名詞）

- □ **decina** 約10　□ **centinaio**（複 le centinaia）約100
- □ **migliaio**（複 le migliaia）約1000

文法　不定形容詞：漠然とした数量

□ **qualche**不 + 単数名詞	いくつかの	qualche torre いくつかの塔
□ **alcuni/alcune**複 + 複数名詞	いくつかの	alcuni orologi いくつかの時計
□ **certi/certe**複 + 複数名詞	いくつかの	certi amici 数人の友達
□ 不定冠詞 + certo + 単数名詞	ある（程度の）	un certo luogo ある場所
□ 不定冠詞 + certo/tale + 人名	〜という	un certo Angelo アンジェロという人
□ **diversi/diverse**複 + 複数名詞	（他と違って）様々な	diverse persone 様々な人
□ **vario**（複 vari/varie）（漠然と）様々な・いくつかの		varie ragioni 色々な理由
□ 不定冠詞 + altro/altra + 単数名詞・altri/altre + 複数名詞	別の	un'altra strada 別の道
□ 定冠詞 + altro + 名詞	もう一方の	l'altra mano もう一つの手

★イタリア語にしてみよう！★

1) いくつかの新聞　q____ g____
2) いくつかの情報　a____ i____
3) 様々な記事　d____ a____
4) いくつかのニュース　c____ n____
5) ある場所　un c____ pu____
6) 様々な印刷物　v____ s____
7) もう一つの側　l'a____ l____
8) 別の日　un a____ g____
9) 約10のチャンネル　una d____ di c____
10) 約100枚のコピー　un c____ di c____

前ページの解答 1) tutti gli anni 2) ogni mese 3) qualsiasi/qualunque ora 4) ogni due settimane
5) tutto il giorno 6) entrambe le sorelle 7) ciascun uomo 8) nessuno studente/ nessuna studentessa

Unità 5

6 同等比較

● 感情（形容詞）

- felice 幸福な
- beato 幸せな
- lieto うれしい
- contento 満足した
- comodo 心地よい
- intimo 親密な
- interessante （知的に）おもしろい
- misterioso 不思議な
- noioso 退屈な
- disgraziato 不運な
- triste 悲しい
- tragico (複 tragici/tragiche) 悲惨な
- solo 孤独な
- nervoso 神経性の
- pazzo 狂った
- terribile 恐ろしい

- fortunato 幸運な
- soddisfatto 満足した
- scontento 不満な
- scomodo 心地悪い
- divertente おもしろい
- carino かわいい
- innamorato 恋をした
- romantico (複 romantici/romantiche) 感傷的な
- preoccupato 不安な
- sorpreso 驚いた
- arrabbiato/furioso 怒った
- depresso 落ち込んだ
- teso 緊張した
- malinconico (複 malinconici/malinconiche) 憂鬱な

● 程度 ②（形容詞）

- profondo 深い
- alto 高い
- basso 低い・浅い
- pesante （重さが）重い
- grave （程度が）重い
- leggero 軽い
- lieve 軽い・薄い
- fitto 濃い・密な

● 形状（形容詞）

- piano 平らな
- diretto まっすぐの
- solido 固い
- fisso 固定した
- acuto 鋭い
- continuo 連続した

- rotondo 丸い
- quadrato 正方形の
- rettangolare 長方形の
- triangolare 三角形の
- liscio (複 lisci/e) なめらかな

文法 — 同等比較 —

- così ... come + 名詞　～と同じくらい…である
  - Anna è *così* intelligente *come* Maria. アンナはマリーアと同じくらい頭が良い
- tanto ... quanto + 名詞・形容詞・句・節　～と同じくらい…である
  - Antonio è *tanto* intelligente *quanto* divertente.
  - アントーニオはおもしろくてしかも知的だ

★イタリア語にしてみよう！★

1) その事故は悲惨でありしかも恐ろしい　　L'incidente è t____ t____ q____ t____.
2) 私たちは彼らと同じくらい嬉しい　　Siamo c____ f____ c____ loro.
3) それは海と同じくらい深い　　È c____ p____ c____ il m____.
4) 君は私と同じくらいいら立っている　　Sei t____ n____ q____ me.
5) それは魚釣りほどおもしろくない　　Non è c____ i____ c____ la p____.

前ページの解答 1) qualche giornale 2) alcune informazioni 3) diversi articoli 4) certe notizie 5) un certo punto 6) varie stampe 7) l'altro lato 8) un altro giorno 9) una decina di canali 10) un centinaio di copie

7　優等・劣等比較

● 容姿・風貌（形容詞）

- grasso 太った
- magro やせた
- alto 背が高い
- basso 背が低い
- robusto 頑丈な
- forte 強い
- debole 弱い
- pallido （顔が）青白い
- biondo 金髪の
- anziano 老齢の
- ricco (複 ricchi/e) 金持ちの
- povero 貧しい

- ignudo 裸の
- calvo 禿げた
- riccio (複 ricci/e) カールした

● 調子（副詞）

- bene 調子よく
- male 調子悪く

● 比較級（形容詞）

- migliore (← buono) より良い　　- *di* questa donna この女性より良い
- peggiore (← cattivo) より悪い　　- *di* questo vino このワインより悪い
- maggiore (← grande) より大きい　la fontana - *di* Roma ローマよりも大きな噴水
- minore (← piccolo) より小さい　- *di* Giovanni ジョヴァンニより若い
- superiore (← alto) より高い・優れた　- *a* quello あれより優れた
- inferiore (← basso) より低い・劣った　- *a* 2　2 より低い

● 比較級（副詞）

- meglio (← bene) より調子よく　- *di* noi 私たちよりよく　sempre - ますます良く
- peggio (← male) より調子悪く　- *di* ieri 昨日より悪く

文法　　優等・劣等比較

- più/meno ... di + 名詞 （1つの性質／2つの人・もの）　〜より…である／でない
  Gabriele è *più* felice *di* Mattia. ガブリエーレはマッティーアより幸福だ
- più/meno ... che + 名詞・形容詞・副詞
  （2つの性質／1つの人・もの）　〜より…である／でない
  Giulia è *più* felice *che* sola. ジューリアは孤独にもまして幸福だ

★イタリア語にしてみよう！★

1) ピエーロはカルロより背が高い　　　　　　Piero è p____ a____ d____ Carlo.
2) その土地はあれほど低くない　　　　　　　La t____ è m____ b____ d____ quella.
3) レオナルドはダヴィデより強い？　　　　　Leonardo è p____ f____ d____ Davide?
4) このピッツァはあれよりおいしい　　　　　Questa p____ è m____ d____ quella.
5) スペインはイタリアより優れている？　　　La S____ è s____ all'I____?
6) マーリオはやせているというより太っている　Mario è p____ g____ che m____.

前ページの解答 1) L'incidente è tanto terribile quanto tragico. 2) Siamo così felici come loro. 3) È così profondo/a come il mare. 4) Sei tanto nervoso/a quanto me. 5) Non è così interessante come la pesca.

Unità 5

8　相対最上級

● 味・食の状態（形容詞）

- □ **buono** おいしい　□ **cattivo** 不味い　□ **dolce** 甘い　□ **amaro** 苦い
- □ **aspro** 酸っぱい　□ **grasso** 脂肪分の多い　□ **fresco**(複 freschi/e) 涼しい・新鮮な
- □ **caldo** 熱い　□ **freddo** 冷たい　□ **gelato** 凍った　□ **fritto** 油で揚げた
- □ **misto** 混合の　□ **maturo** 熟した　□ **secco**(複 secchi/e) 乾いた a - 水なしで
- □ **duro/rigido** 硬い　□ **tenero** 軟らかい

- □ **delizioso** おいしい　□ **piccante** 辛い　□ **salato** 塩辛い　□ **asciutto** 辛口の　□ **cotto** 焼いた
- □ **magro** 脂肪分のない　□ **tiepido** ぬるい　□ **verde/acerbo** 熟していない　□ **crudo** 生の
- □ **arrosto**(不) ローストした　□ **morbido** ぼんやりした　□ **gassato** 炭酸ガス入りの

● 性格②（形容詞）

- □ **severo/rigido** 厳格な　□ **serio**(複 seri/serie) まじめな　sul - まじめに
- □ **sincero** 誠実な　□ **fedele** 忠実な　□ **responsabile** 責任感のある
- □ **grazioso** 優美な　□ **elegante** 上品な　□ **modesto** 謙虚な　□ **generoso** 寛大な

- □ **cordiale** 心のこもった　□ **coraggioso** 勇敢な　□ **volgare** 下品な　□ **orgoglioso** 高慢な

● 相対最上級（形容詞）

□ **il migliore**	最も良い	*la migliore* cantante 最高の歌手
□ **il peggiore**	最も悪い	*il peggiore* giorno 最低の日
□ **il maggiore**	最も大きい	*il maggiore* lago 最大の湖
□ **il minore**	最も小さい	*il minore* tempo 最小の時間

文法 ──── 相対最上級 ────

□ 定冠詞 + più/meno ... + di/fra/tra + 名詞　〜の中で最も…である／でない

Il Po è *il più* lungo *di* tutti i fiumi in Italia. ポー川はイタリアのすべての川で最も長い

★イタリア語にしてみよう！★

1) この蜂蜜は世界で最も甘い　　Questo m____ è il p___ d____ del m_____.
2) 最も苦いのはこれです　　　　La p___ a____ è questa.
3) 彼はそのグループで最もまじめだ　È il p___ s____ del g____.
4) 彼女は女性の中で最も上品だ　È la p___ e____ tra le d____.
5) 島の中であのホテルが最高だ　Quell'a____ è il m____ dell'i____.

前ページの解答 1) Piero è più alto di Carlo. 2) La terra è meno bassa di quella.
3) Leonardo è più forte di Davide? 4) Questa pizza è migliore di quella.
5) La Spagna è superiore all'Italia? 6) Mario è più grasso che magro.

9 絶対最上級

● 位置（形容詞）

- **vicino** 近い
- **prossimo** とても近い - *a* Los Angeles ロサンジェルス近郊で
- **lontano** 遠い
- **medio**（複 medi/medie）中間の
- **estremo** 末端の・最後の
- **interno** 内部の
- **esterno** 外側の
- **contrario**（複 contrari）反対の
- **centrale** 中央の
- **destro** 右の
- **sinistro** 左の
- **aereo** 空中の・航空の
- **orientale** 東の
- **occidentale** 西の
- **meridionale** 南の
- **settentrionale** 北の

● 絶対最上級（形容詞）

- **ottimo** (← buono) 最高の
- **pessimo** (← cattivo) 最悪の
- **massimo** (← grande) 最大の
- **minimo** (← piccolo) 最小の

- **supremo** (← alto)（地位が）最高の
- **sommo** (← alto) 最も高い
- **infimo** (← basso) 最低の

● 量・程度（副詞）

- **molto/tanto/assai** 非常に *tanto* quanto 多少は
- **così** とても・このように
- **perfettamente/completamente** 完全に
- **abbastanza**（十分に）かなり
- **piuttosto**（どちらかと言えば）かなり - *che* よりむしろ
- **troppo** あまりにも
- **più** より多く sempre - ますます多く di/in - さらに
- **forte(mente)** 強く
- **piano** ゆっくりと・弱く
- **facilmente** 簡単に
- **ugualmente** 等しく
- **altrettanto** 同じくらいに
- **inoltre** その上
- **almeno** 少なくとも
- **un po'** 少し
- **meno** より少なく sempre - ますます少なく
- **appena** かろうじて
- **appunto** まさに
- **assoluto** 絶対的な・全面的な

- **tutto** すっかり
- **parecchio** かなり
- **leggermente** 軽く
- **delicatamente** やさしく

文法 ───── 絶対最上級 ─────

- 形容詞・副詞 + **-issimo** 非常に〜である *altissimi* 非常に高い

★次の形容詞・副詞を絶対最上級にして意味を言ってみよう！★

1) lontano → _____「   」   2) vicino → _____「   」
3) buono → _____「   」   4) grande → _____「   」
5) molto → _____「   」   6) tanto → _____「   」
7) piccolo → _____「   」   8) piano → _____「   」

前ページの解答 1) Questo miele è il più dolce del mondo. 2) La più amara è questa.
3) È il più serio del gruppo. 4) È la più elegante tra le donne. 5) Quell'albergo è il migliore dell'isola.

Unità 5

10 時間

● 分量（名詞）

- **maggioranza** 大部分　　□ **parte**㊛ 部分　in gran - 大部分　in - 部分的に　a - 個々に
- **mezzo/metà**㊛㊚ 半分　□ **quarto** 4分の1　　□ **massimo** 最大限　al - せいぜい
- **minimo** 最小限　al - 少なくとも　□ **perfezione**㊛ 完璧　□ **mancanza** 不足
- **resto** 残り　□ **massa/blocco**(複 blocchi) 塊　□ **pezzo** 一片　a *pezzi* 粉々に
- **mazzo**（花・野菜などの）一束　　　　　　　　□ **paio**(複 le paia) 一対
- **serie**㊛㊚ 一続き　*Serie* A/B　セリエA／B（イタリアのプロサッカーリーグ）

- **tutto**㊚ 全部　□ **porzione**㊛ 部分・一人前　□ **capo** 一個　□ **fetta** 一切れ
- **spicchio**(複 spicchi)（ミカン・ニンニクなどの）一房
- **servizio**(複 servizi)（食器などの）セット

● 概数（副詞）

- **anche** 〜も　*anch'io* 私も　　　□ **pure** 〜もまた　Vieni *pure* tu? 君も来る？
- **soltanto/solamente** ただ〜だけ　mangiare - carne 肉だけ食べる
- **quasi** ほぼ　- le tre そろそろ3時　□ **circa** 約　- 3 chilometri 約3km
- **perfino/persino** 〜まで・さえ　- lui 彼でさえ
- **addirittura** 〜さえ・まさしく　Parla - tre lingue. 彼は3カ国語も話せる

- **sì e no** およそ　- vent'anni せいぜい20歳　□ **più o meno** およそ　- le due だいたい2時間
- **pressappoco** だいたい　- verso le quattro だいたい4時頃
- **essere**[12] **lì** おおよそそのくらいだ　*Siamo lì*. だいたいそのくらいだ
- **e così via/ e via dicendo** 〜など　di musica, di letteratura *e così via* 音楽、文学など
- **non solo A ma anche B**　AだけでなくBも
  Parlo *non solo* inglese *ma anche* cinese. 私は英語だけではなく中国語も話す

表現 ─────────── 時刻：女性定冠詞 + 基数 ───────────
- **l'una e venti** 1時20分　　□ **le quattro e un quarto** 4時15分
- **le undici e mezzo** 11時30分　□ **le cinque meno cinque** 5時5分前
- **le tre in punto** 3時ちょうど

★イタリア語にしてみよう！★

1) 1時45分　　l'___ e tre q_____　　2) 10時30分　le u____ e m_____
3) 8時10分前　le o_____ meno d_____　4) 2時ちょうど　le d____ in p_____
5) ほぼ9時　　q_____ le n_____　　　6) 6時くらい　c____ le s_____
7) 5時半に　　alle c____ e m_____　　8) 私も　　　a_____
9) 大部分　　in gran p_____　　　　　10) せいぜい　al m_____

前ページの解答 1) lontanissimo「とても遠い」2) vicinissimo「とても近い」
3) buonissimo/ottimo「とても良い」4) grandissimo/massimo「とても大きい」5) moltissimo「非常に」
6) tantissimo「非常に」7) piccolissimo/minimo「とても小さい」8) pianissimo「とても弱く」

Unità 6

1 -are 動詞 ①

● 発話（動詞）

- **parlare** 話す - *con* Piero ピエーロと話す - *al* conducente 運転手に話しかける
  - bene/male *del* ristorante そのレストランのことを良く／悪く言う
- **comunicare**[3]<comunico> 伝える *comunicarti* una notizia 君にニュースを伝える
- **riferire**<isc> 伝える - l'esito 結果を知らせる **tacere**[20] (⚠ taciuto) 黙る
- **riferirsi**<isc> 言及する - *a* Marco マルコに言及する
- **raccontare** 語る - bugie 嘘をつく **narrare** 語る - una fiaba 昔話を語る
- **pronunciare**[1]<pronuncio> 発音する - la parola 単語を発音する
- **giurare** 誓う - *su* Dio 神に誓う **pregare**[4] 祈る - Dio 神に祈る
- **mentire**<(isc)> 嘘をつく **ingannare** だます - la moglie 妻をだます

- **chiacchierare**<chiacchiero> おしゃべりする - *con* Mario マーリオとおしゃべりする
- **riportare** 報告する *riportargli* le tue parole 彼に君の言葉を伝える
- **lamentarsi** 不平を言う - *del* suo successo 彼の成功に不平を言う

● 文学（名詞）

- **romanzo** 小説 - giallo 推理小説   **poesia** 詩   **racconto** 物語
- **episodio** (複 episodi) 逸話・エピソード   **dramma** 男 (複 drammi) 劇
- **commedia** 喜劇   **tragedia** 悲劇   **titolo** 題(名)   **tema** 男 (複 temi) 主題
- **soggetto** 主題   **proposito** 主題   **pagina** ページ
- **personaggio** (複 personaggi) 登場人物   **eroe** 男/**eroina** ヒーロー／ヒロイン

- **storia** 物語・お話   **opera** 作品 - letterario 文学作品   **saggio** (複 saggi) エッセイ
- **fiaba** 民話   **versi** 男複 詩句   **rima** (押)韻   **brano** (作品の)一節   **fumetto** 漫画
- **leggenda** 伝説   **capolavoro** 傑作   **portagonista** 男女(複 protagonisti/e) 主人公

★イタリア語にしてみよう！★

1) 私は先生と話しをする   P_____ con il p_____.
2) 君はとてもおもしろい話をする   R_____ una storia m_____ i_____.
3) あなたは日本の物語を話してくれますか？ N_____ un r_____ g_____?
4) 私たちはローマについて話をする   P_____ di R_____.
5) 君たちは隣人をだましている   I_____ il v_____.
6) 彼らは神に愛を誓う   G_____ su Dio amore.

前ページの解答 1) l'una e tre quarti 2) le undici e mezzo 3) le otto meno dieci 4) le due in punto
5) quasi le nove 6) circa le sei 7) alle cinque e mezzo 8) anch'io 9) in gran parte 10) al massimo

Unità 6

2 | -are 動詞 ②

● 学習（動詞）

- **studiare**[1]<stu̲diare> 勉強する - italiano イタリア語を勉強する
- **insegnare** 教える - l'italiano イタリア語を教える
- **imparare** 習う - il modo 要領を身につける
- **apprendere**(過 appreso) 学ぶ - una lingua straniera 外国語を習得する
- **ricordare** 覚えている - il numero di telefono 電話番号を覚えている
- **dimenticare**[3]<dime̲ntico> 忘れる - l'ombrello 傘を忘れる
- **recitare**<re̲cito> 暗唱する - una poesia 詩を暗唱する
- **riguardare** 見直す - la lezione 復習する   **citare** 引用する - versi 詩を引用する
- **raccomandare** 推薦する - questo libro この本を薦める

- **classificare**[3] 分類する - gli animali 動物を分類する
- **confrontare** 比較する - la copia con l'originale コピーとオリジナルを比べる
- **imitare**<i̲mito> 模倣する - il Petrarca ペトラルカをまねる

● 科目（名詞）

- **filosofia** 哲学   **letteratura** 文学 - per l'infanzia 児童文学   **storia** 歴史
- **scienza** 科学 - naturale 理科 - sociale 社会   **fisica**(複 fisiche) 物理学
- **medicina** 医学   **farmacia** 薬学   **matematica**(複 matematiche) 数学

- **psicologia** 心理学   **geografia** 地理   **archeologia** 考古学   **biologia** 生物学
- **chimica**(複 chimiche) 化学   **ingegneria** 工学   **architettura** 建築（学）
- **statistica**(複 statistiche) 統計学   **informatica** 情報学   **ecologia** エコロジー
- **ginnastica**(複 ginnastiche) 体育

---

di + 名詞（一日の時間帯）:「～に」

- di mattina 朝に   di buon'ora 朝早く   di buon mattino 早朝に   di giorno 日中に
- di pomeriggio 午後に   di sera 夕方・晩に   di notte 夜に

★イタリア語にしてみよう！★

1) 君は文学を勉強しているの？　　　S_____ l_____ ?
2) 私たちはあの少年を忘れている　　D_____ quel r_____.
3) 朝に君はニュースを伝える　　　　Di m_____ c_____ una n_____.
4) 君はフランス語の発音が下手だ　　P_____ male il f_____.
5) 私たちは病気の父のために祈る　　P_____ per il p_____ malato.
6) 彼は医学の本を推薦する　　　　　R_____ il l_____ di m_____.

前ページの解答 1) Parlo con il professore. 2) Racconti una storia molto interessante.
3) Narra un racconto giapponese? 4) Parliamo di Roma. 5) Ingannate il vicino. 6) Giurano su Dio amore.

3 直接目的語人称代名詞非強勢形

● 感覚・感情 ① （動詞）

□**amare** 愛する - la madre 母親を愛する　□**odiare**[1]<odio> 憎む - i nemici 敵を憎む
□**preferire**<isc> 好む - il teatro al cinema 映画より演劇が好き
□**innamorarsi** 恋をする - di lui 彼に恋をする
□**ringraziare**[1]<ringrazio> 感謝する - Sara di/per la sua gentilezza サーラの親切に感謝する
□**rispettare/stimare** 尊敬する - i genitori 親を尊敬する
□**lodare** 賞賛する - il coraggio 勇気をほめる　□**vantare** 自慢する - i figli 息子を自慢する
□**esaltare** 褒め称える - un'opera 作品をほめる
□**soddisfare** 満足させる　□**bastare** 十分である　Basta così. それで十分だ
□**divertire** 楽しませる - il ragazzo 少年を楽しませる
□**annoiare**[1]**/annoiarsi**[1] <annoio> 退屈させる／する - Paolo パオロを退屈させる

□**amarsi** 愛し合う　　　　　　　　　□**volere**[30] **bene** 愛する - a te 君を愛する
□**adorare** 大好きである - la musica 音楽が大好きである
□**animare**<animo> 活気を与える - la festa パーティを盛り上げる
□**ispirare** 霊感を与える - molti scrittori 多くの作家にインスピレーションを与える
□**godersi**[14] 楽しむ - la vita 人生を楽しむ　□**lasciare**[1]<lascio> **a desiderare** 物足りない
□**arrabbiare**[1]<arrabbio> 狂いそうになる - dalla fame 空腹で狂いそうになる
□**arrabbiarsi**[1]<arrabbio> 怒る - per la bugia 嘘に腹を立てる - con i bambini 子供を怒る
□**innervosirsi**<isc> いらいらする - per collega 同僚にいらいらする

文法　直接目的語人称代名詞非強勢形：「～を」

	単数		複数	
一人称	□**mi**	私を	□**ci**	私たちを
二人称	□**ti**	君を	□**vi**	君たち・あなた方を
	□**La**	あなたを	□(**Li/ Le**)	あなた方を
三人称	□**lo**	彼・それを	□**li**	彼ら・それらを
	□**la**	彼女・それを	□**le**	彼女ら・それらを

★イタリア語にしてみよう！★

1) 私は君をとても愛している　　　　　　T____ a____ t____.
2) 君は私を憎んでいない　　　　　　　　Non m____ o____.
3) 彼はそのコメントに対して君たちに感謝している　V____ r_____ per i vostri c_____.
4) 私の妻は私を満足させる　　　　　　　Mia m_____ m_____ s_____.
5) だれが彼女を退屈させているの？　　　Chi l_____ a_____?

前ページの解答　1) Studi letteratura? 2) Dimentichiamo quel ragazzo. 3) Di mattina comunichi una notizia. 4) Pronuci male il francese. 5) Preghiamo per il padre malato. 6) Raccomanda il libro di medicina.

Unità 6

4 間接目的語人称代名詞非強勢形

● 基本動詞

□**portare** 持って行く・持って来る・身につけている
  - un dizion<u>a</u>rio 辞書を持って行く - uno scialle ショールを身につけている

portare

□**portare a te̲rmine** la sua missione 任務を成し遂げる
□**portare avanti** un discorso 話を進める
□**portare a conoscenza** dei contribuenti interessati 関係のある納税者に知らせる
□**portare via** la borsa 鞄を奪う

● 場所②（副詞）

□**ci/vi** ここに・そこに Sì, *ce* l'ho. はい、それを持っている　　□**avanti** 前方に
□**davanti** 前に　□**innanzi** 前方に向かって　□**dietro** 後ろに　□**indietro** 後ろに
□**addosso** 背後に・体内に　□**dentro** 中に　□**fuori** 外に al di - 外に da - 外から
□**vicino** 近くに　　　　□**accanto** 隣に　　□**lontano** 遠くに　□**via** 向こうへ
□**su** 上に in - 上の方に　□**giù** 下に in - 下の方に　□**lassù** あの上の方に
□**laggiù** あの下の方に　□**diritto** まっすぐに　　□**intorno** 辺りに

□**sotto** 下に　□**dritto** まっすぐに　□**dapperttutto/ovunque** 至る所に

文法 ─── 間接目的語人称代名詞非強勢形：「～に」 ───

	単数		複数	
一人称	□**mi**	私に	□**ci**	私たちに
二人称	□**ti**	君に	□**vi**	君たち・あなた方に
	□**La**	あなたに		
三人称	□**gli**	彼・それに	□**gli**	彼（女）ら・それらに
	□**le**	彼女・それに		

★イタリア語にしてみよう！★

1) 彼は私に椅子を持ってくる　　　　　　　　M____ p_____ una s_____.
2) 私が彼女にコーヒーを持って行きましょうか？　L____ p_____ un c_____?
3) 私たちの車が奪われる　　　　　　　　　　C____ p_____ v____ la m_____.
4) あなたは彼に新しいニュースを伝える　　　　G____ p_____ una n____ n_____.
5) 君は彼らに本を持って行く　　　　　　　　G____ p_____ il l_____.
6) 君たちはまじめな話を進める　　　　　　　P____ a_____ una discussione s_____.

前ページの解答 1) Ti amo tanto. 2) Non mi odi. 3) Vi ringrazia per i vostri commenti.
4) Mia moglie mi soddisfa. 5) Chi la annoia?

5　-ere 動詞 ①

● 感覚・感情 ②（動詞）

□ **ridere**(過 riso) 笑う - *di* noi 私たちをからかう
□ **sorridere**(過 sorriso) 微笑む - *all'* amico 友達に微笑みかける
□ **piangere**(過 pianto) 泣く - *per/di* la morte 死を嘆き悲しむ
□ **scherzare** ふざける　　　□ **temere** 恐れる - la morte 死を恐れる
□ **stupire**<isc> びっくりする - *di* un ragazzo 少年に驚く
□ **spaventare/spaventarsi** びっくりさせる／する *spaventare* un bambino 子供を驚かす
□ **sorprendere**(過 sorpreso) 驚かす　□ **confondere**(過 confuso) 混乱させる
□ **ammirare** 見とれる - una donna 女性に見とれる　□ **disturbare** 迷惑をかける
□ **offendere**(過 offeso) (感情を)傷つける - il padre 父を怒らせる

□ **stupirsi**<isc> 驚く - per le piccole cose 些細なことに驚く

● 計量・測定（名詞）

□ **cifra** 数字　□ **numero** 数・サイズ　□ **misura** サイズ・測定
□ **grado** 度合・段階　□ **fase**女 段階　□ **livello** レベル・水平面　□ **strato** 層
□ **volta** 回　　□ **qualità**女不 質　□ **quantità**女不 量　□ **dimensione**女 大きさ
□ **altezza** 高さ　□ **lunghezza** 長さ　□ **peso** 重さ　□ **velocità**女不 速さ
□ **piano** 平面・レベル　□ **superficie**女(過 superfici/superficie) 表面・面積
□ **volume**男 体積・音量　□ **capacità**女不 容量

□ **taglia** (服の)サイズ abito di - 38 38サイズの服　□ **tasso** 率

---

a + 名詞（一日の時間帯）:「～に」

□ **all'alba** 明け方に　□ **al mattino** 午前中に　□ **a mezzogiorno** 正午に　□ **a sera** 夕方・晩に
□ **a notte** 宵の口に　□ **a mezzanotte** 真夜中に

★イタリア語にしてみよう！★

1) 人々は私をからかっている　　　　　　　Le p_____ r_____ di me.
2) フランチェスカは女友達にほほえみかける　Francesca s_____ all'a_____.
3) 真夜中に私は君のために泣く　　　　　　A m_____ p_____ per te.
4) 警察官は女性を驚かせる　　　　　　　　I c_____ s_____ una d_____.
5) 君は私を深く傷つける　　　　　　　　　M__ o_____ profondamente.
6) 私たちはその高さは怖くない　　　　　　Non t_____ l'a_____.

前ページの解答 1) Mi porta una sedia. 2) Le porto un caffè? 3) Ci portano via la macchina.
4) Gli porta una nuova notizia. 5) Gli porti il libro. 6) Portate avanti una discussione seria.

Unità 6

6 | -ere 動詞 ②

● 移動 ①（動詞）

□ **passare** 通る - *per* Genova ジェノヴァを通る - *da* me 私のところに立ち寄る
□ **avanzare** 進む □ **tornare/ritornare** 戻る - *a* casa 家に帰る - indietro 引き返す
□ **rientrare** 帰る □ **procedere** 前進する □ **entrare** 入る - *in* casa 家に入る
□ **penetrare** 入り込む - *nella* camera 部屋に入り込む □ **sorgere**(過 sorto) 昇る
□ **scappare/fuggire** 逃げる - via 逃げ去る - *di* casa 家出する
□ **evitare**<evito> 避ける - un pericolo 危険を避ける
□ **sfuggire** 逃げる - *a* pericolo 危険を逃れる □ **arrivare/giungere**(過 giunto) 着く
□ **partire** 出発する - *per* Palermo パレルモに向けて出発する - *da* Milano ミラノを出発する
□ **volgere**(過 volto) 向ける - gli occhi 目を向ける
□ **avviarsi**² 向かう・始動する - *alla* rovina 破局に向かう

□ **puntare** 向かって進む - *su/verso* Firenze フィレンツェに向かう
□ **ripassare** 再び立ち寄る - tardi 後で立ち寄る

● 時 ①（副詞）

□ **subito** すぐに   □ **immediatamente** すぐに   □ **presto** 急いで
□ **rapidamente** 急に   □ **fra/tra poco**（現在・未来時制と）まもなく
□ **appena** ようやく   □ **ancora** まだ   □ **tardi** 遅く   □ **intanto** その間に

□ **improvvisamente** 突然   □ **(lì) per lì** 即座に   □ **velocemente** 速く
□ **lentamente** ゆっくり   □ **adagio** ゆっくりと   □ **in seguito** 後で
□ **prima o poi** そのうちに

● 疑問副詞 ①

□ **dove** どこ？ Da *dove* arriva il treno? その電車はどこからやって来るのですか？

★イタリア語にしてみよう！★

1) タクシーが全速力で進む　　　　　　　Il t____ p____ a t____ v____.
2) 太陽はどこから昇るのか？　　　　　　Da d____ s____ il sole?
3) すぐに私はドアの方に目を向ける　　　S____ v____ gli o____ v____ la p____.
4) 彼らは5時半にヴェネツィアに到着する　G____ a V____ alle c____ e m____.
5) ようやく夜が明ける　　　　　　　　　A____ s____ l'a____.
6) あなたはどこ出身ですか？　　　　　　Di d____ ____?

前ページの解答 1) Le persone ridono di me. 2) Francesca sorride all'amica. 3) A mezzanotte piango per te. 4) I carabinieri sorprendono una donna. 5) Mi offendi profondamente. 6) Non temiamo l'altezza.

7　代名詞的小辞

● 基本動詞

□ **mettere** (過 messo) 置く・入れる - il sale sull'insalata サラダに塩を振りかける

mettere

□ **mettere mano all'**italiano　イタリア語に着手する
□ **mettere a posto/ in ordine** la casa　家を片付ける
□ **mettere a punto** una macchina　機械を調整する
□ **mettere a fuoco** il problema　問題を明確にする
□ **mettere in luce/evidenza** i problemi　問題を明らかにする　□ **metterlo alla prova** 彼を試す
□ **mettere in discussione** la libertà　自由を検討する　□ **mettere in dubbio** il futuro　将来を疑う
□ **mettere** tutti **sullo stesso piano**　皆を同じように扱う
□ **mettere in atto** la promessa　約束を実現する　□ **mettere in crisi** il governo　政府を危機にさらす
□ **mettere fuori** un manifesto　ポスターを公開する
□ **mettere in mostra** una collezione　コレクションを見せびらかす
□ **mettere in piedi** un'associazione　協会を設立する
□ **mettere in scena** una commedia　芝居を上演する

● 自然物（名詞）

□ **natura** 自然　□ **fenomeno** 現象　□ **ambiente**男 環境　□ **vista** 景色
□ **paesaggio**(複 paesaggi) 風景　□ **aspetto** 外観　□ **orizzonte**男 地平線・水平線
□ **terreno** 土地　□ **aria** 空気　□ **atmosfera** 大気　□ **cielo** 空
□ **fuoco**(複 fuochi) 火 *fuochi* artificiale 花火　□ **fiamma** 炎　□ **fumo** 煙
□ **energia** エネルギー　□ **forza** 力・強さ　□ **pressione**女 圧力　□ **calore**男 熱
□ **luce**女 光　□ **raggio**(複 raggi) 光線　□ **ombra** 陰　□ **corrente**女 電気
□ **suono** 音　□ **eco**男不 こだま　□ **onda** 波　□ **gas**男不 気体
□ **sfondo** 背景　□ **rumore**男 物音

文法　　　　　　　代名詞的小辞（「前置詞＋名詞」の代わり）
□ **ci**（= a/in + 名詞）そこに・それに　□ **ne**（= di/da + 名詞）それについて

★イタリア語にしてみよう！★

1) 誰がそれに着手するのか？　　　　　C___ c___ m_____ mano?
2) 私はそれについての質を疑っていない　Non n___ m_____ in dubbio le q_____.
3) 君はそのうちの一つを明らかにする　N___ m_____ in l_____ uno.
4) 私たちはあなた達の意志力を試す　　M_____ alla prova la vostra f____ di volontà.
5) 私は君とそのことについて話す　　　C___ p_____ con te.

前ページの解答 1) Il taxi/tassi procede a tutta velocità. 2) Da dove sorge il sole? 3) Subito volgo gli occhi verso la porta. 4) Giungono a Venezia alle cinque e mezzo. 5) Appena sorge l'alba. 6) Di dove è?

Unità 6

8　目的語人称代名詞結合形

● 基本動詞

> □ **pr<u>e</u>ndere**(過 preso) 取る・食べる・飲む・買う・乗る
> - il caffè コーヒーを飲む　- la medicina 薬を飲む　- un libro 本を買う　- l'<u>a</u>utobus(アウトブス) バスに乗る

prendere

□ **pr<u>e</u>ndere corpo/forma** 具体化する　□ **pr<u>e</u>ndere posto** a t<u>a</u>vola 食卓に着席する
□ **pr<u>e</u>ndere parte alla** festa パーティに参加する
□ **pr<u>e</u>ndere in affitto** un appartamento アパートを借りる　□ **pr<u>e</u>ndere una decisione** 決心する
□ **pr<u>e</u>ndere atto delle** determinazioni 決定を考慮に入れる
□ **pr<u>e</u>ndere** tutti gli aspetti **in esame** すべての面について検討する
□ **pr<u>e</u>ndere la licenza** (小・中学校を) 卒業する　□ **pr<u>e</u>ndere a calci** un cane 犬を蹴飛ばす
□ **pr<u>e</u>ndere** una ragazza **in giro** 女の子をからかう　□ **pr<u>e</u>ndere il raffreddore** 風邪をひく
□ **pr<u>e</u>ndersi cura dei** figli 子供の世話をする

● 曜日（名詞）

> □ **lunedì** 男㊃ 月曜日　　□ **martedì** 男㊃ 火曜日　　□ **mercoledì** 男㊃ 水曜日
> □ **giovedì** 男㊃ 木曜日　　□ **venerdì** 男㊃ 金曜日　　□ **s<u>a</u>bato** 土曜日
> □ **dom<u>e</u>nica** 日曜日　di/la - 毎日曜日

la + 名詞（一日の時間帯）:「～に」

□ **la mattina** 午前中に　□ **la sera** 夕方・晩に　□ **la notte** 夜に

目的語人称代名詞結合形

	mi	ti	Le	gli/le	ci	vi	si
lo	□ me lo	□ te lo	□ Glielo	□ glielo	□ ce lo	□ ve lo	□ se lo
la	□ me la	□ te la	□ Gliela	□ gliela	□ ce la	□ ve la	□ se la
li	□ me li	□ te li	□ Glieli	□ glieli	□ ce li	□ ve li	□ se li
le	□ me le	□ te le	□ Gliele	□ gliele	□ ce le	□ ve le	□ se le
ne	□ me ne	□ te ne	□ Gliene	□ gliene	□ ce ne	□ ve ne	□ se ne

★イタリア語にしてみよう！★

1) 私はあなたのためにそれ（男性）を月曜日に取り寄せます　　___ p___ l___.
2) 誰が日曜日に私にそれ（女性）を教えてくれるのですか？　　___ ___ ___ i___ d___?
3) 私たちは夕方夕食に参加する　　P___ p___ alla c___ la s___.
4) 彼らはそれら（男性）について検討しない　　Non ___ p___ in esame.

前ページの解答 1) Chi ci mette mano? 2) Non ne metto in dubbio le qualità. 3) Ne metti in luce uno.
4) Mettiamo alla prova la vostra forza di volontà. 5) Ci parlo con te.

9　-ire 動詞 ①

● 開始・継続（動詞）

- **cominciare**[1]<comincio>/**incominciare**[1]<incomincio>/**iniziare**[1]<inizio>
  始める - un lavoro 仕事を始める
- **attaccare**[3] 取りかかる - discorso 話を始める
- **ricominciare**[1]<ricomincio> 再開する - il lavoro 仕事を再開する
- **aprire**(過 aperto) 開ける - un ristorante レストランを開ける
- **spalancare**[3] 開け放つ - la finestra 窓を開け放つ　□**fiorire**<isc> 開花する
- **continuare**<continuo>/**proseguire**<proseguo> 続ける - gli esercizi 練習を続ける
- **durare** 続く　□**ripetere** 繰り返す - un errore 間違いを繰り返す

● 仕事（動詞）

- **lavorare** 働く - in un ufficio 事務所で働く　□**servire** 仕える - lo Stato 国家に仕える
- **operare** 働く　□**licenziare**[1] 解雇する - 3 operai 3人の労働者を解雇する

● 仕事関連（名詞）

- **lavoro/occupazione**囡 仕事 lavoro d'ufficio 事務　□**compito** 任務・仕事
- **funzione**囡 職務・機能　□**servizio**(複 servizi) 勤務　□**carriera** キャリア
- **impresa** 事業　□**operazione**囡 働き　□**affare**男 ビジネス・用事
- **faccenda** 用事・用件　□**commercio**(複 commerci) 商業 - estero 貿易
- **industria** 産業・工業　□**agricoltura** 農業　□**pesca**(複 pesche) 漁業

- **missione**囡 任務　□**ruolo** 役割　□**impegno** (急ぎの)用事　□**disoccupazione**囡 失業
- **apertura** 開店　□**chiusura** 閉店

● 疑問副詞 ②

- **quando** いつ？　*Quando* comincia il lavoro? その仕事はいつ始まるのですか？

★イタリア語にしてみよう！★

1) 君たちはいつ花屋を開くのですか？　　　　　Q____ a____ un n____ di f____?
2) 私はあるイタリアンレストランに勤めている　S____ in un r____ i____.
3) この木曜日に彼らは仕事でロンドンへ出発する　Questo g____ p____ per L____ per l____.
4) 君はイタリアと日本との取引を開業するのですか？　A____ il c____ tra I____ e G____?
5) その列車は遅れてローマを出発する　　　　　Il t____ p____ da R____ in ritardo.

前ページの解答 1) Glielo prendo lunedì. 2) Chi me la insegna domenica?
3) Prendiamo parte alla cena la sera. 4) Non li prendono in esame.

Unità 6

10 -ire 動詞 ②

● 知覚（動詞）

- **sentire**（感覚として）聞く・感じる - la musica 音楽を聞く
- **ascoltare**（注意して）聞く - la radio ラジオを聞く
- **udire**[32] 聞く - un grido 叫び声を聞く   □**osservare** 観察する - un quadro 絵を観察する
- **vedere**[35]（過 visto/veduto）（自然と）見る - un film（フィルム）映画を見る
- **guardare**（意識して）見る - la televisione テレビを見る
- **avvertire** 感じる・気づく - un odore 臭いに気づく
- **notare** 気づく - una bella ragazza 美しい女の子に気づく
- **toccare**[3] 触れる - con mano i prodotti 製品を手で触る
- **trascurare** 無視する - gli studi 学業をおろそかにする

- **guardarsi** 自分自身を見る - nello/allo specchio 鏡を見る
- **vedersi**[35]（過 visto/veduto）気づく - in pericolo 危険に気づく

● 一般概念（名詞）

- **realtà**㊛㊝ 現実 in - 実は   □**verità**㊛㊝ 真実   □**fatto** 事実   □**natura** 性質
- **stato** 状態   □**situazione**㊛/**circostanza**㊛ 状況   □**base**㊛ 基礎
- **posizione**㊛ 立場   □**caso** 場合 per - 偶然に in ogni - いずれにせよ
- **rapporto/relazione**㊛ 関連   □**riguardo** 関係   □**ordine**㊚ 順序・整理
- **ragione**㊛ 理由   □**motivo** 動機   □**fattore**㊚ 要因   □**causa** 原因
- **risultato** 結果   □**conseguenza** 結果・影響   □**seguito** 結果・続き
- **influenza** 影響   □**effetto** 結果・効果 in effetti 実は   □**riflesso** 反映・反射
- **processo** プロセス   □**scopo/fine**㊚ 目的   □**metodo** 方法
- **maniera** 仕方   □**mezzo** 手段
- **modo** 方法・仕方 ad/in ogni - いずれにせよ in qualche - どうにかして

- **bugia** うそ   □**oggetto** 対象   □**obiettivo** 目標

★イタリア語にしてみよう！★

1) 私たちはヴァチカンの影響を感じている   S_____ l'i_____ del V_____.
2) 市民は危機的状況を感じている   I c_____ a_____ lo s_____ di crisi.
3) その結果は大衆を喜ばせる   Il r_____ d_____ il p_____.
4) 私は少し空腹を感じる   S_____ f_____ un po'.
5) もしもし、よく聞こえる？   P_____, mi s_____ b_____?

前ページの解答 1) Quando aprite un negozio di fiori? 2) Servo in un ristorante italiano.
3) Questo giovedì partono per Londra per lavoro. 4) Apri il commercio tra Italia e Giappone?
5) Il treno parte da Roma in ritardo.

11 -ire 動詞 ③

● 制作（動詞）

- **costruire**\<isc\> 建てる - una scuola 学校を建設する
- **costituire**\<isc\> 設立する・構成する - una società 会社を設立する
- **fondare** 創設する - una casa editrice 出版社を創設する
- **creare** 作り出す - un blog ブログを作る
- **formare** 形作る - un gruppo musicale 音楽グループを結成する
- **compiere**⁶ 完成させる - il dovere 義務を果たす
- **organizzare** 組織する - una festa パーティを催す
- **riparare** 修理する - l'automobile 自動車を修理する
- **accomodare**\<accomodo\> 修繕する・調整する - la casa 家を修繕する
- **correggere**(過 corretto) 直す - il compito 宿題を直す
- **rompere**(過 rotto)/**distruggere**(過 distrutto)/**rovinare** 壊す - gli occhiali 眼鏡を壊す
- **scoppiare**¹\<scoppio\> 破裂する
- **schiacciare**¹\<schiaccio\> 押しつぶす - le patate イモをつぶす
- **complicare**³ 複雑にする - ogni cosa あらゆる事を複雑にする

- **formarsi** 形成される **completare** 完全にする - una ricerca 研究を仕上げる
- **rifare**⑬(過 rifatto/ジ rifacendo) やり直す - l'ordinazione 注文をやり直す

● 終了（動詞）

- **finire**\<isc\>/**terminare**\<termino\> 終える - il lavoro 仕事を終える
- **smettere**(過 smesso) やめる - gli studi 勉強をやめる
- **fermare** 止める - la macchina 車を止める
- **arrestare** さえぎる - il motore エンジンを止める **cessare** 終わる
- **interrompere**(過 interrotto) 中断する - il viaggio 旅行を中断する
- **chiudere**(過 chiuso) 閉める - gli occhi 目を閉じる・眠る

in + 名詞（一日の時間帯）:「〜に」
- *in* **mattinata** 午前中に *nel* **pomeriggio** 午後に *in* **serata** 夕方・晩に

★イタリア語にしてみよう！★

1) 何時に仕事が終わりますか？   A c____ o____ f____ il l____ ?
2) 君は誰のために家を建てるの？   Per c____ c____ una c____ ?
3) 今年私の友人達が会社を設立する   Quest'a____ i miei a____ c____ una s____ .
4) 午前中に学校が終わる   In m____ f____ la scuola.
5) 私は映画より演劇の方が好きだ   P____ il t____ al c____ .

前ページの解答 1) Sentiamo l'influenza del Vaticano. 2) I cittadini avvertono lo stato di crisi. 3) Il risultato diverte il pubblico. 4) Sento fame un po'. 5) Pronto, mi senti bene?

Unità 6

12 -ire 動詞 ④

● 認知 ① (動詞)

- **capire**\<isc\>/**intendere**(過 inteso) 理解する - l'italiano イタリア語が分かる
- **distinguere**(過 distinto) 区別する - il bene *dal* male 善悪を見分ける
- **scorgere**(過 scorto) 見分ける - il pericolo 危険を見分ける

- **capirci**\<isc\> 分かる Non *ci capisco* niente. 私は全く何も分からない
- **comprendere**(過 compreso) 理解する - bene la situazione よく状況を理解する
- **rendersi**(過 reso) **conto** 理解する - *dei* prorpi errori 自分の過ちを理解する

● 時 (名詞)

- **futuro** 未来 in/nel/per il - 将来に
- **avvenire**男不 将来
- **momento/attimo** 瞬間 in un - 瞬く間に per il *momento* 今のところ
- **istante**男 瞬間
- **occasione**女 チャンス
- **origine**女 起源
- **inizio**(複 inizi) 開始
- **principio**(複 principi) 初め
- **fine**女/**termine**男 終わり
- **fretta** 急ぐこと in/di - 急いで
- **ritardo** 遅れ in - 遅れて

- **presente**男 現在 per il - 今のところ
- **passato** 過去 in/nel/per il - 過去に

● 疑問副詞 ③

- **perché** なぜ? *Perché* ferma la macchina? どうして車を止めるのですか?

表現 — 応対表現 ③ —

- **Magari!** そうできたらいいんだけど
- **Mamma mia!** うわぁ(驚き)
- **Oddio!** まあ(驚き)
- **Santo/Giusto cielo!** おやまあ
- **Accidenti!** ちぇっ(不満)
- **Come?** 何ですって?
- **Ho capito!** 分かった
- **(Che) Desidera?** 何を差し上げましょうか?
- **(Che) Peccato!** それは残念
- **Mi dispiace.** お気の毒です
- **Beato/a te!** 君は幸せだな
- **Non ti preoccupare./ Non si preoccupi.** 心配しないで
- **Occhio!** 気をつけろ

★イタリア語にしてみよう!★

1) 私は問題の発端を理解していない Non c____ l'o____ del problema.
2) 君はなぜ私に嘘をつくの? P____ mi m____?
3) 彼は私に市長の言葉を伝える Mi r____ le parole del sindaco.
4) 桜が日本で開花する I c____ f____ in G____.
5) 分かった H____ c____! 6) そうできたらなぁ M____! 7) それは残念 P____!

前ページの解答 1) A che ora finisce il lavoro? 2) Per chi costruisci una casa? 3) Quest'anno i miei amici costituiscono una società. 4) In mattinata finisce la scuola. 5) Preferisco il teatro al cinema.

Dati Italiani 3　音楽用語とイタリアの音楽家

☆ 楽典 (Grammatica musicale)

　クラッシク音楽 (musica classica) は、ルネサンス (Rinascimento) 期に大きな進歩を遂げます。というわけで、ルネサンスの中心であったイタリアの言葉が、今でも音楽用語として多く使われています。do/ re/ mi/ fa/ sol/ la/ si/ do（イタリア語）、C/ D/ E/ F/ G/ A/ H/ C（ツェー/デー/エー/エフ/ゲー/アー/ハー/ツェー）（ドイツ語）、ハ/ニ/ホ/ヘ/ト/イ/ロ/ハ（日本語）、皆さんはどれを一番よく使いますか？

● 音階 (le sette note della scala)

□ scala 音階　　□ do男不 ド　　□ re男不 レ　　□ mi男不 ミ　　□ fa男不 ファ
□ sol男不 ソ　　□ la男不 ラ　　□ si男不 シ　　□ ottava オクターブ

● 調性と拍子 (le tonalità e i tempi)

□ tonalità maggiore 長調　　□ tonalità minore 短調　　□ do maggiore ハ長調
□ la minore イ短調　　□ tempo binario/ternario/quaternario 二／三／四拍子
□ tempo di quattro quarti 四分の四拍子　　□ tempo di due quarti 四分の二拍子
□ tempo di due metà 二分の二拍子　　□ tempo di sei ottavi 八分の六拍子

● 音符と休符 (le note e le pause)

□ nota 音符　□ semibreve女 全音符　□ minima 二分音符　□ semiminima 四分音符
□ croma 八分音符　□ semicroma 十六分音符　　　　　□ terzina 三連音符
□ nota puntata 付点音符　　　　□ abbellimento 装飾音　　□ pausa 休符
□ pausa di semibreve 全休符　　□ pausa di minima 二分休符
□ pausa di semiminima 四分休符　□ pausa di croma 八分休符
□ pausa di semicroma 十六分休符

● 楽譜 (la musica scritta)

□ musica scritta 楽譜　　　□ pentagramma男 五線譜　　□ battuta 小節
□ doppia sbarra 終止線　　□ chiave di sol ト音記号　　□ chiave di fa ヘ音記号
□ diesis男不 シャープ　　　□ bemolle男 フラット　　　□ bequadro ナチュラル
□ tono 全音　□ semitono 半音　□ accordo 和音　　□ legatura di valore タイ
□ legatura di suono スラー　□ staccato スタッカート　□ pizzicato ピッチカート
□ accento アクセント　　　　□ legato レガート　　　　□ corona フェルマータ
□ da capo ダカーポ（最初から）

前ページの解答 1) Non capisco l'origine del problema. 2) Perché mi mentisci? 3) Mi riferisce le parole del sindaco. 4) I ciliegi fioriscono in Giappone. 5) Ho capito! 6) Magari! 7) Peccato!

● **速度標語 (indicazioni agogiche)**
□ tempo テンポ　　□ a tempo アテンポ　　□ largo ラルゴ　□ lento レント
□ adagio アダージョ　□ andante アンダンテ　□ moderato モデラート
□ allegretto アレグレット　□ allegro アレグロ　□ presto プレスト
□ più mosso ピューモッソ（より速く）　□ ritardando リタルダンド（だんだん遅く）

● **強弱記号 (segni dinamici)**
□ crescendo クレッシェンド　□ decrescendo デクレッシェンド　□ piano ピアノ
□ pianissimo ピアニッシモ　□ forte フォルテ　□ fortissimo フォルティッシモ
□ mezzo piano メゾピアノ　□ mezzo forte メゾフォルテ

● **発想標語 (indicazioni di espressione)**
□ amabile 愛らしく　　　□ con brio 生き生きと　　□ con moto 動きをもって
□ cantabile 歌うように　□ sostenuto 抑え気味に　□ leggero 軽く
□ brillante 華麗に　　　□ affettuoso 感情をこめて　□ capriccioso 気まぐれに
□ tranquillo 静かに　　 □ appassionato 情熱的に　□ maestoso 堂々と
□ cherzando 戯れるように　□ espressivo 表情豊かに　□ dolce やさしく
□ grazioso 優雅に

● **楽種と音楽様式 (generi e stili musicali)**
□ soprano ソプラノ　　　□ contralto アルト　　□ tenore 男 テノール　　□ basso バス
□ baritono バリトン　　　□ opera オペラ　　　　□ operettta オペレッタ
□ concerto 協奏曲　　　 □ sinfonia 交響曲　　　□ melodia メロディー
□ armonia ハーモニー　　□ ritmo リズム

☆ **イタリアの音楽家**

● **トレチェント音楽 (la musica del trecento)**
□ ランディーニ (Francesco Landini: 1325?-1397：
　ballata（音楽と踊りが結びついた世俗的な抒情詩）

● **ルネサンス音楽 (la musica rinascimentale)**
□ ペーリ (Jacopo Peri: 1561-1633)
□ モンテヴェルディ (Claudio Monteverdi: 1567-1643)

ペーリの『エウリディーチェ』(Euridici) は、現存する最古のオペラ (opera lirica) とされています。この『エウリディーチェ』は、モンテヴェルディの『オルフェーオ』(L'Orfeo) と同様、ギリシア神話のオルフェーオとエウリディーチェの話を題材としています。

妻であるエウリディーチェを亡くしたオルフェーオは、妻を取り戻しに黄泉の国へ行くが、その時に神から地上に戻るまで振り返って妻を見ないと約束する。しかし、ついには振り返って見てしまい、妻を失う、というお話。『古事記』にも、イザナギとイザナミの神話として似たような話があります。

● バロック音楽 (la musica barocca)
□ コレッリ (Arcangelo Corelli: 1653-1713)
□ トレッリ (Giuseppe Torelli: 1658-1709)
□ ヴィヴァルディ (Antonio Vivaldi: 1678-1741)
□ タルティーニ (Guiseppe Tartini: 1692-1770)
□ サンマルティーニ (Giovanni Battista Sammartini: 1700-1775)
□ ボッケリーニ (Luigi Boccherini: 1743-1805)
□ アルビノーニ (Tomaso Albinoni: 1671-1750)
□ ストラディヴァーリ (Antonio Stradivari: 1644-1737)：クレモナ (Cremona) で楽器製作

● 古典派音楽 (la musica del classicismo)
□ チマローザ (Domenico Cimarosa: 1749-1801)

古典派音楽の時代のオペラと言えば、『フィガロの結婚』(Le Nozze di Figaro) などのイタリア語脚本の作品を多く残しているオーストリア人のモーツァルト (Wolfgang Amadeus Mozart: 1756-1791) が有名ですが、同時代に活躍したイタリア人のチマローザの『秘密の結婚』(Il Matrimonio Segreto) は、現代でもよく上演されているオペラの一つです。

商人ジェローニモ (Geronimo) の次女カロリーナ (Carolina) と使用人パオリーノ (Paolino) が秘密の結婚をするが、ロビンソーネ (Robinsone) 伯爵、ジェローニモ、長女エリゼッタ (Elisetta)、ジェローニモの妹であるフィダルマ (Fidalma) のそれぞれの思惑が絡み合い、秘密の結婚がなかなか公表できない。しかし、思いがけないことから二人の仲が発覚し、結婚が認められることになる、というとてもハッピーエンドな劇となっています。

● ロマン派音楽 (la musica del romanticismo)
- □ パガニーニ (Nicolò Paganini: 1782-1840)
- □ ロッシーニ (Giacchino Rossini: 1792-1868)
- □ ヴェルディ (Giuseppe Fortunino Francesco Verdi: 1813-1901)
- □ レオンカヴァッロ (Ruggiero Leoncavallo: 1857-1919)
- □ プッチーニ (Giacomo Puccini: 1858-1924)
- □ マスカーニ (Pietro Mascagni: 1863-1945)

　ロマン派音楽の時代でのオペラ作曲家と言えば、ヴェルディとプッチーニです。長崎を舞台としている『蝶々夫人』(Madama Butterfly)という作品があることから、日本ではプッチーニの方が有名ですが、イタリアではイタリア統一運動にも関係したヴェルディが国民的に人気があります。ヴェルディのオペラ『ナブッコ』(Nabucco) 第3幕第2場の合唱曲「行け、我が想いよ、黄金の翼に乗って」(Va, pensiero, sull'ali dorate)は、祖国を想うヘブライ人とイタリア統一ということが重なって熱狂的に歓迎されました。現在でもこの合唱曲は、第2の国歌として色々なところで歌われています。

Unità 7

1 再帰動詞 ①

● 日常活動 ①（動詞）

□**alzarsi** 起きる　□**levarsi** 起き上がる　□**svegliarsi**<sveglio> 目が覚める
□**addormentarsi** 眠る（動作）　□**chinarsi/abbassarsi** 身をかがめる
□**vestirsi** 服を着る　　　　　□**spogliarsi**[1] 服を脱ぐ
□**mettersi**(過 messo) 着る・自分の身を置く - gli occhiali 眼鏡をかける
□**lavarsi**（自分の体を）洗う - le mani 手を洗う　□**bagnarsi** 水を浴びる

□**riposarsi** 休息する　□**mangiarsi**[1]（自発的に）食べる - una pizza ピザを食べる
□**togliersi**[3](過 tolto) 脱ぐ - la giacca ジャケットを脱ぐ
□**tagliarsi**[1]<taglio>（体の一部を）切る - i capelli 髪を切る　□**truccarsi**[3] 化粧する
□**pettinarsi**<pettino> 櫛で髪をとかす　□**soffiarsi**[1]<soffio> il naso 鼻をかむ
□**tingersi**(過 tinto) 染まる - *di* nero 黒に染まる

― 依頼表現 ―

□**Scusa./Scusi.** すみません　　　□**Senta./Senti.** ねぇ（聞いて）
□**Guarda./Guardi.**（注意を促して）ねぇ　□**Dai.**（行動を促して）さあ・まさか　□**Su.** ほら
□**..., per favore/piacere/cortesia** お願いします　□**..., vero?/sai?/sa?/sapete?** 〜ですね？
□**Mi raccomando!** よろしく　　　□**Un momento!** ちょっと待って
□**Permesso?**（入っても）よろしいですか？・通してくれませんか？　□**Aiuto!** 助けて
□**di bello** 一体　Dove andate *di bello*? 一体どこ（どんな良いところ）に行くの？

再帰代名詞

	単数	複数
一人称	□mi	□ci
二人称	□ti	□vi
三人称	□si (両方)	

★イタリア語にしてみよう！★

1) ねぇ、私は朝は早く起きるのよ　　S___, m__ a__ p___ la m____.
2) 彼は日に３回手を洗うのですね？　S__ l__ t___ v___ al g___, v___?
3) 今晩君は一体何を着るの？　　　　C__ c__ t__ m____ stasera di b___?
4) 君たちは何時に目が覚めるの？　　A c___ o__ v__ s___?
5) ちょっと待って　　　　　　　　　Un m_____!
6) 助けて　　　　　　　　　　　　　A____!

69

Unità 7

2 | 再帰動詞 ②

● 日常活動 ②（動詞）

- **presentarsi** 自己紹介する - *in italiano* イタリア語で自己紹介する
- **chiamarsi** ～という名前である　*Mi chiamo* Roberto. 私はロベルトと申します
- **riunirsi**<isc> 集まる - *al gruppo* グループに合流する
- **separarsi** 別れる - *dal* marito 夫と別れる
- **ritirarsi** 身を引く・引退する - *dagli* affari 事業から身を引く
- **sposarsi**（カップルが）結婚する - *con* Anna アンナと結婚する

- **vedersi**⑮ (⑰ visto/veduto) 互いに会う　□ **conoscersi**(⑰ conosciuto) 知り合う
- **incontrarsi** 出会う - *con/in* Mario マーリオと出会う　□ **lasciarsi**¹<lascio> 別れる
- **dividersi**(⑰ diviso) 別れる - *dalla* ragazza 彼女と別れる
- **iscriversi**(⑰ iscritto) 入学する - *all'*università di Torino トリノ大学に入学する
- **diplomarsi**（高校を）卒業する - *all'*istituto tecnico 専修学校を卒業する
- **laurearsi**<laureo>（大学を）卒業する - *in* legge 法学部を卒業する
- **farsi**⑬ (⑰ fatto/⑰ facendo) **strada** 出世する - *nel mondo del lavoro* 仕事の世界で出世する

● 月名（名詞）

□ **gennaio** 1月	□ **febbraio** 2月	□ **marzo** 3月	□ **aprile**男 4月
□ **maggio** 5月	□ **giugno** 6月	□ **luglio** 7月	□ **agosto** 8月
□ **settembre**男 9月	□ **ottobre**男 10月　metà - 10月中旬		□ **novembre**男 11月
□ **dicembre**男 12月			

● 推量（副詞）

- **forse/probabilmente** たぶん（forse の方が可能性が低い）　□ **chissà** 果たして
- **certo/certamente** 確かに　□ **assolutamente** 絶対に
- **sicuramente** 必ず

★イタリア語にしてみよう！★

1) 私はフランス語で自己紹介します　　M___ p___ in f____.
2) 彼女はアンナです　　　　　　　　　S_ c____ Anna.
3) 絶対に私たちは1月に結婚する　　　A_____ c_ s_____ in g_____.
4) たぶん君は4月に妻と別れる　　　　F____ t_ s_____ dalla m_____ in a___.
5) 君たちは3月に仕事から身を引く　　V_ r_____ dal l____ a m_____.
6) 彼らは朝急いで服を着る　　　　　　La m____ si ___ v____ in f____.

前ページの解答 1) Senta/i, mi alzo presto la mattina. 2) Si lava tre volte al giorno, vero?
3) Che cosa ti metti stasera di bello? 4) A che ora vi svegliate? 5) Un momento! 6) Aiuto!

3 -rre 動詞

● -rre 動詞（動詞）

- **produrre**⑦(過 prodotto/⑤ producendo) 生産する・制作する
  - programmi televisivi テレビ番組を作る
- **tradurre**⑦(過 tradotto/⑤ traducendo) 翻訳する
  - la frase *in* italiano その文をイタリア語に訳す
- **introdurre**⑦(過 introdotto/⑤ introducendo) 導入する - un discorso 話を始める
- **condurre**⑦(過 condotto/⑤ conducendo) 導く・処理する - la vita 暮らす
- **indurre**⑦(過 indotto/⑤ inducendo) 誘導する *indurmi* in errore 私に過ちを犯させる
- **ridurre**⑦(過 ridotto/⑤ riducendo) 減らす・変える - le tasse 減税する

- **ridursi**⑦ (悪い状態) になる - *alla* disperazione 絶望に陥る

● 人生（名詞）

- **essere**男 存在   □ **esistenza** 存在・生存   □ **vita** 人生・生命・生活
- **nascita** 誕生   □ **morte**女 死   □ **tomba** 墓   □ **infanzia** 幼年時代
- **incontro** 出会い   □ **cerimonia** 儀式   □ **augurio**(複 auguri) お祝い
- **matrimonio**(複 matrimoni) 結婚（式）   □ **nozze**女複 結婚 banchetto di - 披露宴

- **complimento** 祝辞   □ **contratto di matrimonio** 婚約   □ **divorzio** (複 divorzi) 離婚
- **funerale**男 葬式 - religioso 宗教葬

● 頻度・序列（形容詞）

- **primo** 最初の   □ **ultimo** 最後の   □ **definitivo** 決定的な   □ **prossimo** 次の
- **successivo** 次の   □ **scorso** この前の   □ **frequente** 頻繁な   □ **raro** 珍しい

- **primario**(複 primari/primarie) 第一番目の   □ **finale** 最後の

★イタリア語にしてみよう！★

1) 私は幸せな暮らしをしている　　　　　　　　C＿＿ la v＿＿ f＿＿.
2) 君は幼い頃の話を始めるの？　　　　　　　　I＿＿ il discorso dell'i＿＿?
3) イタリアは約25%のオリーブオイルを生産している

　　　　　　　　　　　　　　　　　　　　　L'I＿＿ p＿＿ c＿＿ il 25% degli o＿＿ d'o＿＿.
4) 私たちはその場にふさわしい簡単な言葉をお祝いにする

　　　　　　　　　　　　　　　　　　　　　R＿＿ gli a＿＿ a semplici parole di c＿＿.
5) 君たちは最初のページをイタリア語に翻訳する　T＿＿ la p＿＿ p＿＿ in i＿＿.
6) 私はいくつかの文を間違える　　　　　　　　A＿＿ frasi mi i＿＿ in e＿＿.

前ページの解答 1) Mi presento in francese. 2) Si chiama Anna. 3) Assolutamente ci sposiamo in gennaio.
4) Forse ti separi dalla moglie in aprile. 5) Vi ritirate dal lavoro a marzo. 6) La mattina si vestono in fretta.

Unità 7

4 指示形容詞

● 教育施設（名詞）

□ **scuola** 学校 - p<u>u</u>bblica 公立学校 - privata 私立学校・塾　□ **liceo** 高等学校（5年制）
□ **università** 女不 大学　*Università* di Bologna ボローニャ大学 - statale 国立大学
□ **collegio**(複 collegi) 寄宿学校　□ **istituto** 研究所・機関 - t<u>e</u>cnico 専修学校
□ **associazione** 女 協会　*Associazione* italo-giapponese 日伊協会

□ **asilo nido**（0歳から3歳までの）保育所　□ **scuola materna**（3歳から6歳までの）幼稚園
□ **scuola elementare/primaria** 小学校（5年制）　□ **scuola m<u>e</u>dia** 中学校（3年制）
□ **corso/scuola di specializzazione** 大学院

● 形状（名詞）

□ **forma** 形　　　□ **c<u>i</u>rcolo** 円　□ **l<u>i</u>nea** 線　in - オンラインで
□ **tratto**（短い）線　□ **filo** 線　　　□ **riga** 行　□ **fila** 列　□ **rilievo** 突起
□ **punto** 点 - chiave キーポイント - di vista 視点 in - ちょうど

● 指示形容詞

□ **tale** こうした　*tali* cose そのようなこと
□ **stesso/med<u>e</u>simo** 同じ　nello *stesso* tempo/ nel *med<u>e</u>simo* tempo 同時に
□ 人称代名詞 + **stesso/med<u>e</u>simo** 〜自身　io - 私自身

□ **s<u>i</u>mile** そのような　in *s<u>i</u>mili* occasioni そのような場合に
□ **lo <u>e</u>ssere**[12]（複 stato） そのようなものである　*Lo sono*. 私はそうだ

---

per + 名詞

□ **per fortuna** 幸運にも　□ **per errore** 誤って　□ **per scherzo** 冗談で　□ **per ip<u>o</u>tesi** 仮に
□ **per uso** 習慣的に　　　□ **per forza** 無理矢理

★イタリア語にしてみよう！★

1) 同じ学校の2人の学生　　　　　d____ s____ nella s____ s____
2) そのような高校の活動　　　　　l'a____ di t____ l____
3) 同じ地点からの写真　　　　　　una f____ dal m____ p____
4) 私たち自身　　　　　　　　　　n____ s____
5) 幸運にも正義がイタリアにはある　P____ f____ c'è g____ in I____.

前ページの解答 1) Conduco la vita felice. 2) Introduci il discorso dell'infanzia?
3) L'Italia produce circa il 25% degli oli d'oliva. 4) Riduciamo gli auguri a semplici parole di circostanza.
5) Traducete la prima pagina in italiano. 6) Alcune frasi mi inducono in errore.

5 (essere) ＋ 形容詞 ＋ da ＋ 名詞・INF

● 判断 ① （形容詞）

- □ importante 重要な　　□ mortale 致命的な　　□ prezioso 貴重な
- □ speciale/particolare 特別な　　□ notevole 著しい　　□ principale 主要な
- □ tipico (複 tipici/tipiche) 典型的な　□ eccezionale 例外的な　□ singolare 特異の
- □ straordinario (複 straordinari/straordinarie) 異例の　□ originale 独創的な・もとの
- □ puro 純粋な　□ solito いつもの　□ fondamentale 基本的な　□ normale 普通の
- □ comune （普通）一般の・共通の　□ assurdo 不合理な　　□ ufficiale 公式の
- □ generale （全体）一般的な in - 一般的に　□ regolare 規則的な　□ uguale 等しい（同じ）
- □ pari㊥ 等しい（対）等　□ identico (複 identici/identiche) 同一の　□ simile 同じような
- □ differente 異なった　□ 名詞 ＋ diverso 異なった　cultura diversa 異文化
- □ degno ふさわしい　□ estraneo 無関係の

- □ ordinario (複 ordinari/ordinarie) 普通の　□ complicato 複雑な　□ raffinato 洗練された
- □ banale 陳腐な　□ elementare 基礎な　□ distinto 異なった　□ interessato 関係した

● 書類 （名詞）

- □ documento 書類　　□ formula 書式　　□ carta 紙 - d'identità 身分証明書
- □ passaporto パスポート　□ biglietto カード　□ firma 署名

- □ modulo 書式　□ certificato 証明書　□ patente (di guida)㊛ 運転免許証
- □ tessera 会員証　□ ricevuta 領収書　□ scontrino レシート　□ opuscolo パンフレット

(essere) ＋ 形容詞 ＋ da ＋ 名詞・INF

- □ diverso dalla vostra 君たちと違う　□ essere differente dalla sua 彼と違う
- □ indipendente dai genitori 親から独立した　□ esente da tasse 税金を免除された
- □ essere libero dal servizio militare 兵役を免除されている
- □ un libro facile/difficile da/a leggere 読みやすい本／読みにくい本

★イタリア語にしてみよう！★

1) 私は自分のと違うサインを使う　　　Uso una f____ d____ dalla m____ .
2) その書式はイタリアのものとは違う　La f____ è d____ da quella i____ .
3) この作品は著作権が免除されている　Quest'o____ è l____ dal d____ d'a____ .
4) 私たちは両親から独立している　　　Siamo i____ dai nostri g____ .
5) 達成すべき重要な仕事がある　　　　C'è un l____ i____ da c____ .

前ページの解答 1) due studenti nella stessa scuola 2) l'attività di tale liceo
3) una foto/fotografia dal medesimo punto 4) noi stessi/e 5) Per fortuna c'è giustizia in Italia.

Unità 7

6 (essere) + 形容詞 + di + 名詞

● 材料（名詞）

- **materia/materiale**男 材料　□ **legno** 木材　□ **pietra** 石　□ **sasso** 石・岩
- **vetro** ガラス　□ **oro** 金 d'- 貴重な　□ **argento** 銀　□ **ferro** 鉄 di - 頑丈な
- **petrolio**(複 petroli)/ **oli minerali**男 石油　□ **benzina** ガソリン
- **gas**男不 ガス

- **cristallo** クリスタルガラス　□ **plastica**(複 plastiche) プラスティック　□ **mattone**男 煉瓦
- **cemento** セメント　□ **metallo** 金属　□ **platino**不 プラチナ　□ **perla** 真珠

● 数量 ②（形容詞）

- **intero** 全部の　□ **generale** 全員の・全体の　□ **pieno** 一杯の
- **sufficiente** 十分な　□ **scarso** 乏しい　□ **privo** 欠いた

- **parziale** 部分的な　□ **coperto** 覆われた　□ **vuoto** 空の a - 無駄に

(essere) + 形容詞 + di + 名詞

- **soddisfatto/scontento di** tutto　すべてに満足した／不満な
- **essere orgoglioso/geloso di** te　君を誇りに思う／ねたむ　□ **carico di** vestiti　服を積んだ
- **essere responsabile delle** azioni　行動に責任がある　□ **pieno di** problemi　問題で一杯の
- **essere sicuro/certo/convinto del** sbaglio　間違いを確信する　□ **degno di** nota　注目に値する
- **essere ricco/privo di** senso comune　常識に富む／を欠く
- **povero di** acqua　水に乏しい　　　　　　　　□ **coperto di** neve　雪で覆われた
- **essere innamorato/curioso della** musica　音楽に熱中する／興味がある
- **essere a conoscenza di** questo passaggio　このくだりを知っている

★イタリア語にしてみよう！★

1) その森は材木が豊富だ　　　　　　　　I b____ sono r___ di l___.
2) 外壁は石で覆われている　　　　　　　I m___ sono c___ di p___.
3) 彼は金と宝石で一杯の箱を開ける　　　A___ una s___ p___ di o___ e g___.
4) 私たちは君の間違いを確信している　　Siamo c___ dei tuoi s___.
5) 彼女は常識に欠いている　　　　　　　È p___ di buon s___.
6) 君のお母さんは君を誇らしく思っている　Tua m___ è o___ di t___.

前ページの解答 1) Uso una firma diversa dalla mia. 2) La formula è differente da quella italiana.
3) Quest'opera è libera dal diritto d'autore. 4) Siamo indipendenti dai nostri genitori.
5) C'è un lavoro importante da compiere.

7　(essere) ＋ 形容詞 ＋ a ＋ 名詞・INF

● 性格 ③（形容詞）

- □ **sensibile** 敏感な　　□ **delicato** 繊細な　□ **attento** 注意深い　□ **timido** 内気な
- □ **accorto** 目端の利く　□ **curioso** 好奇心の強い　□ **geloso** 嫉妬深い
- □ **strano** 風変わりな　□ **studioso** 勉強熱心な　□ **morale** 道徳的な・精神的な
- □ **ridicolo** 滑稽な　□ **violento** 乱暴な　□ **stupido/sciocco**(複 sciocchi/e) 愚かな
- □ **crudele** 残酷な

- □ **insensibile** 鈍感な　　□ **prudente** 慎重な　□ **maleducato** 無礼な
- □ **puntuale** 時間厳守の　□ **avaro** けちな

● 時 ②（副詞）

- □ **oggi** 今日　□ **stamattina/ questa mattina** 今朝　□ **stasera/ questa sera** 今晩
- □ **stanotte/ questa notte** 今夜　□ **domani** 明日　□ **dopodomani** 明後日

- □ **domattina** 明日の午前
- □ **la prossima settimana/ la settimana prossima** 来週
- □ **questa settimana** 今週
- □ **il prossimo mese/ il mese prossimo** 来月
- □ **questo mese** 今月
- □ **il prossimo anno/ l'anno prossimo** 来年
- □ **quest'anno** 今年

(essere) ＋ 形容詞 ＋ a ＋ 名詞・INF

- □ **presente/assente alla** lezione 授業に出席している／欠席している
- □ **essere pronto a** lanciare il suo messaggio メッセージを出す準備ができている
- □ **essere uguale a** quella あれと同じである　□ **identico alla** tua 君と全く同じ
- □ **essere favorevole al** matrimonio 結婚に好意的だ
- □ **essere sensibile/insensibile alle** variazioni 変化に敏感だ／鈍感だ
- □ **comune/simile a** molti 多くの人に共通の／似た　□ **spese relative al** viaggio 旅行にかかる費用
- □ un libro **utile/adatto agli** studenti 学生に有益な／適した本
- □ **bravo a** fare i dolci 菓子作りが上手な
- □ **necessario alla/per** la vita 生活に必要な　□ **indispensabile alla** vita 生命に欠かせない

★イタリア語にしてみよう！★

1) スペイン人はイタリア人に似ている　　　　　Gli s____ sono s____ agli i____.
2) その新しい車は僕のと同じだ　　　　　　　　La n____ m____ è u____ alla m____.
3) 私は冬の寒さに鈍感だ　　　　　　　　　　　Sono i____ al f____ dell'inverno.
4) 今日は変な日だ　　　　　　　　　　　　　　È un g____ s____ o____.
5) 明日私は展示会に出席する　　　　　　　　　D____ sono p____ alla m____.

前ページの解答 1) I boschi sono ricchi di legno. 2) I muri sono coperti di pietra. 3) Apre una scatola piena di oro e gioielli. 4) Siamo certi/e dei tuoi sbagli. 5) È priva di buon senso. 6) Tua madre è orgogliosa di te.

Unità 7

8 (essere) + 形容詞 + per + 名詞

● 判断 ②（形容詞）

- difficile 難しい
- duro 困難な
- complesso 難解な
- semplice 簡単な
- facile 容易な
- famoso 有名な
- celebre 著名な
- popolare 人気のある
- glorioso 名誉ある
- drammatico (複 drammatici/drammatiche) 劇的な
- diretto 直接の
- cosiddetto いわゆる

- noto よく知られた
- conosciuto 知られた
- immediato 直接の
- previsto 予想した
- impegnato 義務がある
- impressionante 印象的な
- corrispondente 対応する

● 身体的状況（形容詞）

- vivo 生きた
- morto 死んだ
- fermo 止まった
- sano 健康な
- malato 病気の
- cieco (複 ciechi/cieche) 盲目の
- matto 気の狂った
- libero 自由な・暇な
- occupato 忙しい
- stanco (複 stanchi/e) 疲れた
- potente 権力のある
- zitto 黙った
- presente （その場に）いる
- assente 不在の
- innocente 無実の
- umile みすぼらしい・身分の低い
- pronto 準備のできた
- nudo 裸の
- assassino 殺人の

- seduto 座った
- ubriaco (複 ubriachi/ubriache) 酔った
- stressante ストレスの多い
- residente 居住した
- educato 育ちの良い
- esente 免れた
- sposato 結婚している
- scapolo （男性が）独身の
- nubile （女性が）独身の
- colpevole 有罪の
- sordo 耳が聞こえない

(essere) + 形容詞 + per + 名詞

- **essere preoccupato per** la tua salute 君の健康を心配している
- **essere stanco per** il lavoro 仕事で疲れる
- **essere pronto per** l'esame テストの準備ができている
- **essere famoso per** la torre 塔で有名である
- un paese **potente per** le industrie 工業に強い国

★イタリア語にしてみよう！★

1) ピサは塔で有名です　　　　　　　　　　Pisa è f____ per la t____.
2) 私たちは忙しい仕事でとても疲れている　　Siamo m____ s____ per il l____ o____.
3) 私は今日のための準備ができている　　　　Sono p____ per o____.
4) 彼らはみすぼらしい人たちを心配している　Sono p____ per le p____ u____.
5) 今日ジョヴァンナは人気歌手です　　　　　O____ Giovanna è una c____ p____.

前ページの解答 1) Gli spagnoli sono simili agli italiani. 2) La nuova macchina è uguale alla mia. 3) Sono insensibile al freddo dell'inverno. 4) È un giorno strano oggi. 5) Domani sono presente alla mostra.

9　essere ＋ 形容詞 ＋ con ＋ 名詞

● 判断 ③（形容詞）

- **positivo** 肯定的な　□ **negativo** 否定的な　□ **critico**(複 critici/critiche) 批判的な
- **logico**(複 logici/logiche) 論理的な　　□ **pratico**(複 pratici/pratiche) 実用的な
- **ideale** 理想的な　□ **perfetto** 完璧な　□ **completo/totale** 完全な
- **espresso** 明白な　□ **evidente** 明瞭な　□ **vago**(複 vaghi/e) 漠然とした
- **giusto/esatto** 正しい　□ **preciso** 正確な　di - 正確に　□ **falso** 誤った
- **adatto** 適した　□ **relativo** 関連した　□ **indipendente** 独立した
- **indispensabile** 必要不可欠の　□ **necessario**(複 necessari/necessarie) 必要な
- **efficace** 効果的な　□ **utile** 役に立つ　□ **inutile** 役に立たない
- **reale** 現実の　□ **solenne** 荘厳な

- **ambiguo** 曖昧な　□ **valido** 有効な　□ **corretto** 正確な

● 可能性・確実性（形容詞）

- **possibile** 可能な　□ **impossibile** 不可能な　□ **probabile** ありそうな
- **eventuale** 起こり得る　□ **capace** 能力のある
- **autentico**(複 autentici/autentiche)/**vero** 本当の
- **sicuro** 確信した　di - 必ず　□ 名詞 ＋ **certo** 確実な　□ **incerto** 不確かな

- **incapace** 能力のない　□ **incredibile** 信じられない　□ **convinto** 確信した
- **imperfetto/incompleto** 不完全な

essere ＋ 形容詞 ＋ con ＋ 名詞

- **essere generoso con** i giocatori 選手に寛大だ　□ **essere gentile con** me 私に親切だ
- **essere sincero con** gli amici 友人に誠実だ　□ **essere d'accordo con** Lei あなたに賛成する
- **essere intimo con** una modella モデルと親密だ
- **essere arrabbiato/furioso con** la madre 母に怒る
- **essere alle prese con** l'influenza インフルエンザと闘う

★イタリア語にしてみよう！★

1) 君は同僚に親切だ　　　　　　Sei g___ con i c___.
2) 僕は人に寛大だ　　　　　　　Sono g___ con gli u___.
3) それはあり得ることだろうか？　È una c___ p___?
4) マルコは自分自身に誠実でない　Marco non è s___ con l___ s___.
5) 私は明らかな間違いに気づく　　N___ un e___ ev___.
6) 7時ちょうどだ　　　　　　　　Sono le s___ p___.

前ページの解答 1) Pisa è famosa per la torre. 2) Siamo molto stanchi/e per il lavoro occupato. 3) Sono pronto/a per oggi. 4) Sono preoccupati/e per le persone umili. 5) Oggi Giovanna è una cantante popolare.

Unità 7

10 可能

● 基本動詞

□ potere[21] + INF （可能性として）〜できる - *pubblicare* il libro 本を出版できる

● 趣味・娯楽（動詞）

□ giocare³ 遊ぶ - *al calcio* サッカーをする □ cantare 歌う - *una canzone* 歌を歌う
□ suonare 演奏する - *la musica* 音楽を演奏する □ ballare 踊る
□ dipingere (過 dipinto) 描く - *un quadro* 絵を描く
□ figurare 表現する - *un angelo* 天使を描く
□ tracciare¹ <traccio> 引く - *una linea* 線を引く
□ disegnare デザインする - *un abito* 服をデザインする
□ piantare 植える - *gli olivi* オリーブを植える □ scavare 掘る - *una buca* 穴を掘る

□ recitare <recito> 演じる - *la sua parte* 彼の役を演じる
□ rappresentare 上演する - *una famosa tragedia* 有名な悲劇を上演する
□ stampare 印刷・出版する - *un libro* 本を出版する □ passeggiare¹ <passeggio> 散歩する
□ pescare³ 魚を釣る - *una trota* マスを釣る

● 文化・芸術（名詞）

□ cultura 文化 □ civiltà 安不 文明 □ tecnica (複 tecniche) 技術 □ maniera 様式
□ arte 安 芸術 belle *arti* 美術 □ musica (複 musiche) 音楽 - *sinfonica* 交響曲
□ canzone 安 歌（歌謡曲・民謡） □ canto 歌（歌曲）・音・声楽 □ ballo ダンス・舞踏会
□ ritmo リズム □ concerto コンサート・協奏曲 - *per pianoforte e orchestra* ピアノ協奏曲
□ spettacolo ショー □ scena 舞台・場面 □ cinema 男不（総称）映画
□ film 男不（作品としての）映画 □ esposizione 安 博覧会・展示
□ mostra 展覧会 □ premio (複 premi) 賞 *Premio* Nobel ノーベル賞

□ bravura（技術の）巧み □ opera musicale/lirica オペラ □ teatro 演劇 □ danza ダンス
□ orchestra オーケストラ - *sinfonica* 交響楽団 □ scultura 彫刻 □ battuta 台詞

★potere を使ってイタリア語にしてみよう！★

1) 私たちは友達たちと遊べる   P___ g____ con gli a____.
2) ここで踊ることができますか？   P___ b___ q___ ?
3) 君たちは私たちの展示会を見物できます P___ visitare la nostra m____.
4) その画家はどのような物でも描くことができる Il p___ p___ dip___ o___ c___.
5) 私に歌を歌ってくれる？   Mi p___ c___ una c____ ?

前ページの解答 1) Sei gentile con i colleghi. 2) Sono generoso con gli uomini. 3) È una cosa possibile?
4) Marco non è sincero con lui stesso. 5) Noto un errore evidente. 6) Sono le sette precise.

11 義務

● 基本動詞

□ **dovere**① + INF ～しなければならない - *studiare* 勉強しなければならない

● 読み書き（動詞）

□ **leggere**(過 letto) 読む - un libro 本を読む
□ **scrivere**(過 scritto) 書く - *a* Mario マーリオに手紙を書く
□ **segnare** 印をつける - i punti importanti 重要な箇所に印をつける
□ **firmare** サインする - accordi 協定にサインする
□ **copiare**¹<copio> コピーする - una lettera 手紙をコピーする
□ **pubblicare**³<pubblico> 出版する - una rivista 雑誌を発行する

□ **iscrivere**(過 iscritto) 登録する - il nome 名前を登録する
□ **esprimere**(過 espresso) 表現する - l'opinione 意見を表明する
□ **esprimersi** 自分の考えを言い表す
□ **descrivere**(過 descritto) （言葉で）描写する - una persona 人物を描写する
□ **sottolineare**<sottolineo> 下線を引く - la parola 単語に下線を引く
□ **registrare** 記録する - un video sul computer パソコンにビデオを録画する
□ **appuntare/annotare** メモする - l'indirizzo 住所を書き留める

● コミュニケーション（名詞）

□ **conversazione**(女) 会話 - *con* Marco マルコとの会話   □ **parola** 言葉
□ **comunicazione**(女) コミュニケーション   □ **gesto** ジェスチャー
□ **discorso** 話・演説 □ **messaggio**(複 messaggi) メッセージ □ **tesi**(女)(不) 主張
□ **spiegazione**(女) 説明 □ **proposta** 提案   □ **discussione**(女) 議論
□ **polemica**(複 polemiche) 論争 □ **opinione** 意見 □ **proposito** 決意
□ **affermazione**(女) 断言 □ **predica**(複 prediche) 説教 □ **protesta** 抗議
□ **consiglio**(複 consigli) 助言 □ **accusa** 非難

□ **espressione**(女) 表現 □ **dialogo**(複 dialoghi) 対話 □ **dettato** 口述筆記
□ **riferimento** 言及 □ **rapporto** 報告（書）

★イタリア語にしてみよう！★

1) 君はこのメッセージを読まなければならない   D___ l___ questo m___.
2) 私はサラに手紙を書かなければならない   D___ s___ una l___ a Sara.
3) 私たちは毎回同じ言葉を繰り返さなければならない   D___ r___ le p___ o___ v___.
4) 君たちは重要な箇所に印をつけなければならない   D___ s___ i p___ i___.

前ページの解答 1) Possiamo giocare con gli amici. 2) Posso ballare qui? 3) Potete visitare la nostra mostra. 4) Il pittore può dipingere ogni cosa. 5) Mi puoi cantare una canzone?

Unità 8

1 fare ①

● 基本動詞

□ **fare**⑬ (㊊ fatto/⊙ facendo) する・作る

● 頻度（副詞）

□ **sempre** いつも per - 永久に □ **di solito** 普段は □ **spesso** しばしば
□ **talvolta/ qualche volta/ di volta in volta/ ogni tanto** 時々
□ **a volte** たまに   □ **ancora/ di nuovo** もう一度

□ **il più delle volte** ほとんどいつも   □ **una volta tanto** 一度だけは
□ **per volta** 1度につき □ **al giorno** 1日に □ **ogni giorno/ tutti i giorni** 毎日
□ **ogni settimana/ tutte le settimane** 毎週   □ **due volte al mese/ ogni due mesi** 月に二回
□ **una volta all'anno** 年に一回   □ **di padre in figlio** 親子代々

―――― **fare** 表現 ① ――――
□ **fare una domanda/telefonata/scelta/scoperta** 質問／電話／選択／発見する
□ **fare un discorso/esame** 演説／試験する □ **fare un sorriso/sogno** 微笑む／夢を見る
□ **fare una copia/fotocopia** コピーをとる □ **fare i compiti** 宿題をする
□ **fare due/quattro chiacchiere** ちょっとおしゃべりする □ **fare uno sforzo** 努力する
□ **fare caso/capo a** me 私に気にかける／頼る □ **fare lo scemo** 馬鹿なことをする
□ **fare i conti con** mio figlio 息子のことを考える □ **fare male al** bambino 子供を傷つける
□ **fare attenzione ai** cartelli stradali 道路標識に注意する
□ **fare bene a** fare un giro 小旅行するとよい □ **fare esercizio di** guida 運転の練習をする
□ **fare a meno di** tante cose 色々なことをなしですます □ **fare clic** クリックする

★fare を使ってイタリア語にしてみよう！★

1) 私は毎日マウロに電話する   T___ i g___ f___ una t___ a Mauro.
2) 彼らは普段英語で質問できます   Di s___ p___ f___ una d___ in i___ .
3) 私たちは運転の練習をしている   F___ e___ di guida.
4) テレビは子供を傷つけるのか？   La televisione f___ m___ al b___ ?
5) 君は常に記憶するために努力をしている F___ s___ uno s___ per r___ .

前ページの解答 1) Devi leggere questo messaggio. 2) Devo scrivere una lettera a Sara.
3) Dobbiamo ripetere le parole ogni volta. 4) Dovete segnare i punti importanti.

2　fare ②

● 時 ③（副詞）

- □ **ora/adesso** 今　per - 今のところ
- □ **allora** その時　fino (ad) - その時まで
- □ **finora** 今まで
- □ **recentemente** 最近

- □ **ultimamente** 最近　□ **negli ultimi anni** 近年　□ **un giorno**（過去・未来の）いつか
- □ **qualche giorno**（未来の）いつか

● 疑問副詞 ④

- □ **come/ in che modo** どんな風に？
  - *Come* è quel trattoria? あのトラットリーアはどうですか？

表現　— fare 表現 ② —

- □ fare una passeggiata/gita/festa 散歩／小旅行／パーティをする
- □ fare una strada/pausa 道を進む／休む　　□ fare un conto/calcolo 計算する
- □ fare un lavoro/viaggio/giro/pagamento/deposito 仕事／旅行／散歩／支払い／預金する
- □ fare un passo avanti/indietro 前進／後退する　□ farsi avanti 前に出る
- □ fare paura/rumore/festa/spese 怖がらせる／騒がしい／休暇をとる／ショッピングをする
- □ fare i lavori di casa 家事をする　□ fare la spesa/(lo) shopping 買い物をする
- □ fare tardi all'appuntamento 約束に遅れる　□ fare economia di tempo 時間を節約する
- □ fare due/quattro passi 散歩する　□ fare le valigie 旅支度をする　□ fare presto 急ぐ
- □ fare un'escursione 遠足に出かける　□ fare la casalinga 主婦をする
- □ fare la somma/il totale 合計をする　□ fare uno sconto 値引きをする
- □ fare un picnic ピクニックをする　□ fare in tempo 間に合う

★ fare を使ってイタリア語にしてみよう！★

1) 私たちは最近学校に遅れる　　　　R_____ f___ t___ a s_____ .
2) 現在私の母は主婦をしている　　　A_____ mia m___ f___ la c_____ .
3) 今君はおもしろい仕事をしてる？　O___ f___ un l_____ i_____ ?
4) 私は1日に1回散歩する　　　　　　F___ una p_____ una v_____ al g___ .
5) 誰がパリに旅行するの？　　　　　C___ f___ un v_____ a P_____ ?
6) どなた様にお支払いになりますか？ C___ si f___ un p___ ?

前ページの解答 1) Tutti i giorni faccio una telefonata a Mauro.
2) Di solito possono fare una domanda in inglese. 3) Facciamo esercizio di guida.
4) La televisione fa male al bambino? 5) Fai sempre uno sforzo per ricordare.

Unità 8

3 | fare ③

● 衛生（用品）（名詞）

- p**o**lvere 女単 ほこり
- m**a**cchia シミ・汚れ
- bagno 入浴
- sapone 男 石けん
- profumo 香水・香り
- tovagli**o**lo ナプキン

- pul**i**zie 女複 掃除
- rifiuti 男複 ゴミ
- lav**a**ggio (複 lavaggi) 洗うこと
- bucato 洗濯（物）
- scopa ほうき
- detersivo 洗剤
- spugna スポンジ
- shampoo 男不 シャンプー（シャンポ）
- doposhampoo 男不 リンス（ドポシャンポ）
- pasta dentifr**i**cia 歯磨き粉
- asciugamano タオル
- trucco (複 trucchi) 化粧
- fazzolettino di carta ティッシュペーパー
- carta ig**ie**nica トイレットペーパー
- lozione 女 化粧水
- rossetto 口紅
- term**o**metro 温度計・体温計

表現 ── fare 表現 ③ ──

- fare la d**o**ccia/barba/permanente シャワーを浴びる／ひげを剃る／パーマをかける
- fare le pulizie 掃除する
- fare il bagno 入浴する
- fare lo shampoo シャンプーをする
- fare il bucato 洗濯する
- fare un pasto 食事をする
- fare il caffè コーヒーを入れる
- fare colazione/pranzo/cena 朝食／昼食／夕食をとる
- fare una dieta ダイエットする
- fare da mangiare per i bambini 子供たちに食事の支度をする
- fare movimento 体を動かす
- fare (dello) sport スポーツをする（スポルト）
- fare una fotografia/foto 写真を撮る
- fare benzina ガソリンを入れる
- fare un regalo a te 君に贈り物をする
- fare parte della squadra チームに参加する

con + 名詞

- con affetto 愛情を込めて
- con piacere/amore 喜んで
- con/di gusto 喜んで
- con decisione 思い切って
- con attenzione 注意して
- con cura 念入りに
- con calma 落ち着いて

★イタリア語にしてみよう！★

1) 愛情を込めて私は君にコーヒーを入れる　　F___ il c___ per te con a___.
2) 彼らはいつも7時に朝食をとる　　　　　　F___ s___ c___ alle s___.
3) 君は石けんなしで入浴するの？　　　　　　F___ il b___ senza s___?
4) あなたはどの様に手で洗濯するのですか？　C___ f___ il b___ a m___?
5) よりよい香りの女性用香水はどれですか？　Q___ è il p___ da d___ più b___?

前ページの解答 1) Recentemente facciamo tardi a scuola. 2) Adesso mia madre fa la casalinga.
3) Ora fai un lavoro interessante? 4) Faccio una passeggiata una volta al giorno.
5) Chi fa un viaggio a Parigi? 6) Come si fa un pagamento?

4 stare

● 状態（動詞）

- □ **stare**[28] 〜（の状態）にある - bene 元気である □ **diventare/divenire**[36]（過 divenuto）
  /farsi[13]（過 fatto/ジ facendo）(他の状態)になる - vecchio 老いる
- □ **Si tratta di** 〜である *Si tratta di* una cosa seria. 深刻なことだ
- □ **stare**[28] **per** + INF 〜するところだ - *per piovere* 雨が降り出しそうだ

- □ **rendere**（過 reso）〜にする - triste 悲しませる
- □ **rendersi**（過 reso）〜になる - facile 簡単になる □ **ingrassare/ingrossarsi** 太る
- □ **risultare**（結果として）〜になる - valido 有効になる □ **ritrovarsi** 居合わせる
- □ **assomigliare**[1]<assomiglio>**/avvicinarsi** 似ている - *al* padre 父に似ている
- □ **rimanere**[22]（過 rimasto）**/restare** 〜のままでいる non *resta* che 〜するしかない

――― 表現 ――― **stare** 表現 ―――
- □ **stare attento a** Luigi ルイージに気をつける □ **stare a guardare** 傍観している
- □ **stare in pensiero** 心配している □ **stare con** Francesca フランチェスカとつきあう

● 身分 ①（名詞）

- □ **re**[男][不]**/regina** 王／女王 □ **principe**[男]**/principessa** 王子／王女
- □ **presidente**[男]**/presidentessa** 大統領・社長・議長
  Presidente della Repubblica 共和国大統領 - della comissione 委員長
- □ **sindaco/sindaca**（複 sindache） 市長
- □ **ministro** 大臣 primo - 首相 *Ministro* degli Affari Esteri 外務大臣
- □ **papa**[男]（複 papi）**/ Santo Padre** ローマ法王 □ **deputato**[男/女] 下院議員
- □ **senatore**[男]**/senatrice**[女] 上院議員 □ **titolo** 肩書き

- □ **segretario di Stato** 国務長官
- □ **funzionario**（複 funzionari）**/funzionaria** 役職者・役人 - statale 官僚

★stare を使ってイタリア語にしてみよう！★

1) ロッシさん、ご機嫌いかがですか？   C____ s____, s____ Rossi?
2) ソーニア、元気？   C____ s____, Sonia?
3) 元気です、ありがとう   S____ b____, g____.
4) 私たちはロンドンに向けて出発するところだ   S____ per p____ per L____.
5) 下院議員たちがドアのところにいる   I d____ s____ alla p____.
6) ナポリでは君たちはパスポートに気をつけなければならない   A N____ d____ s____ al p____.

前ページの解答 1) Faccio il caffè per te con affetto. 2) Fanno sempre colazione alle sette.
3) Fai il bagno senza sapone? 4) Come fa il bucato a mano? 5) Qual è il profumo da donna più buono?

Unità 8

5 | volere

● 願望（動詞）

- **volere**[®] 欲する - un bicchiere di latte 牛乳を1杯欲しい
- **volere**[®] + [INF] ～したい - *vedere* quel film あの映画をみたい
- **sperare (di** + [INF]) （～するよう）望む
  - il successo 成功を望む - *di chiederti* tanto 君に多くのことを頼みたい
- **desiderare**<desidero> **(di** + [INF] ～したい - *ringraziarti* 君に感謝したい
- **preferire**<isc> + [INF] + **piuttosto che/anziché** より～したい
  - *uscire anziché restare* a casa 家にいるより外出したい
- **amare** + [INF] ～したい・～するのが好きである - *stare* con i bambini 子供といたい

● 不定代名詞

- **ciascuno/ognuno** 各人・おのおの　　　□ **qualcuno**[®] 誰か
- **alcuni/alcune**[複] ある人たち　□ **altro** 他のこと・人 - che もちろん～だ
- **qualcosa**[男][®] 何か - di + [形容詞] 何か～なこと　□ **tutto** すべて
- **nessuno**[単] だれも・何も～ない *nessun* altro 他の誰も
- **niente/nulla** 何も～ない *nient'*altro 他に何も

- **molto/tanto** たくさんのもの・人　□ **troppo** あまりに多くのもの
- **poco**[男][®] わずかなこと (a) - a - 少しずつ

● 様態①（副詞）

- **proprio** ちょうど　　　□ **particolarmente/ (in) specie** 特に
- **soprattutto** とりわけ　□ **veramente/davvero** 本当に　□ **cioè** つまり・すなわち
- **insomma** 要するに　　□ **invece** それに反して

- **specialmente** 特に　　　□ **esattamente/correttamente** 正確に　□ **infatti** 実際
- **generalmente** たいてい　□ **normalmente** 普通に　□ **a dire il vero/la verità** 実を言うと
- **per così dire** 言わば　　□ **per meglio dire** より正確に言えば　□ **vale a dire** つまり

★**volere** を使ってイタリア語にしてみよう！★

1) 私はとりわけローマで働きたい　　　　　V___ l___ s___ a R___.
2) 君は本当に私と踊りたいの？　　　　　　V___ v___ b___ con me?
3) 誰も私と遊びたがらない　　　　　　　　N___ v___ g___ con me.
4) むしろ、私たちは国のために働き続けたい　I___ v___ c___ a l___ per il p___.
5) 女性達は何を欲しがっているのだろうか？　Cosa v___ le d___?

前ページの解答 1) Come sta, signor Rossi? 2) Come stai, Sonia? 3) Sto bene, grazie. 4) Stiamo per partire per Londra. 5) I deputati stanno alla porta. 6) A Napoli dovete stare attenti/e al passaporto.

6 sapere

● 認知 ②（動詞）

- □ **sapere**[24]（学習・経験により）知る - le lezioni 授業が分かる
- □ **sapere**[24] + INF（学習・経験で）〜できる - nuotare 泳げる
- □ **conoscere**（過 conosciuto）（知識により）知っている - le regole 規則を知っている
- □ **riconoscere**（過 riconosciuto）認識する - l'amico dalla voce 声で友達と分かる

- □ **intendersi**（過 inteso）詳しい - *di musica* 音楽に詳しい
- □ **distinguersi**（過 distinto）際立つ - *per una produzione di vino* ワイン生産で際立つ
- □ **farcela**[13]（過 fatto/ facendo）うまくやってのける
  Non *ce la faccio* più. 私はもうできない

● 思考（名詞）

- □ **idea** 考え・思考　　□ **pensiero** 考えること　□ **considerazione**囡 考慮
- □ **concetto** 概念　　□ **programma**男(覆 programmi) 計画・予定
- □ **progetto** 案・計画　□ **piano/disegno** 計画　□ **teoria** 理論　□ **ipotesi**囡禾 仮説
- □ **intenzione**囡 意図　□ **volontà**囡禾 意志・願望　□ **desiderio**（覆 desideri）欲望
- □ **speranza** 希望　　□ **ambizione**囡 野心　　□ **preghiera** 祈り
- □ **iniziativa** イニシアチブ　□ **memoria** 記憶（力）a - 暗記して
- □ **ricordo** 記憶・想い出　　□ **fantasia** 空想（力）　　□ **confronto** 比較
- □ **accordo** 一致　□ **differenza** 違い　□ **opposizione**囡 反対　□ **richiesta** 要請
- □ **esigenza**（強い）要求　　　　　　　　□ **domanda** 質問・要求
- □ **problema**男(覆 problemi)/**questione**囡 問題　□ **risposta** 答え

- □ **immagine**囡 イメージ　　□ **riflessione**囡 熟考　□ **consenso** 賛成
- □ **contrario**（覆 contrari）反対・逆　□ **previsione**囡 予測

★sapere を使ってイタリア語にしてみよう！★

1) 私はその問題を知らない　　　　　　　Non s____ il p____.
2) 君は一般的な理論がよく分かっている　S____ la t____ g____ b____.
3) 彼は自分の考えをイタリア語で書ける　S____ s____ il suo p____ in i____.
4) 私たちは空想と現実を区別することができる　S____ d____ la f____ dalla r____.
5) 君たちは私の要求を知っていますか？　S____ la mia r____?
6) 彼らはフランス語を話せるの？　　　　S____ p____ f____?

前ページの解答 1) Voglio lavorare soprattutto a Roma. 2) Voui veramente ballare con me? 3) Nessuno vuole giocare con me. 4) Invece vogliamo continuare a lavorare per il paese. 5) Cosa vogliono le donne?

Unità 8

7 | dare

● 授与（動詞）

- □ **dare**⁹ 与える - un consiglio 助言する
- □ **prestare** 与える・貸す - attenzione *a* Luca ルカに注意を払う
- □ **concedere**(過 concesso)（譲歩して）与える - un po' di tempo 少し時間を与える
- □ **offrire**(過 offerto) 提供する - una pizza *agli* ospiti 客にピッツァをごちそうする
- □ **fornire**<isc> 供給する - informazioni *alle* famiglie 家族に情報提供する
- □ **provvedere**³⁵(過 provvisto/provveduto) 供給する・用意する
  - un paese *di* alimenti 国に食料を供給する
- □ **regalare** プレゼントする - una bicicletta 自転車をプレゼントする
- □ **dedicare**³<dedico> 献じる - la vita *alla* famiglia 家族に人生を捧げる
- □ **assegnare** 割り当てる - una pensione 年金を支給する
- □ **attribuire**<isc> 付与する - un premio 賞を与える

- □ **porgere** 差し出す - attenzione 注意を向ける
- □ **conferire**<isc> 授与する - un diploma 卒業証書を授与する

表現 ──────────── **dare** 表現 ────────────

- □ **dare** inizio al lavoro 仕事を始める   □ **dare** ragione alla coppia 夫婦の言い分を認める
- □ **dare** luogo a discussioni 議論を引き起こす   □ **dare** una mano a Gino ジーノに手を貸す
- □ **dare** appuntamento a Laura ラウラと会う約束をする   □ **dare** un passaggio 車で送る
- □ **dare** alla luce un bambino 子供を出産する   □ **dare** sulla strada 通りに面している

● 四季（名詞）

- □ **stagione**⊛ 季節 le quattro *stagioni* 四季 fine - 季節の終わり - delle piogge 梅雨
- □ **primavera** 春 □ **estate**⊛ 夏 □ **autunno** 秋 □ **inverno** 冬

in/di + 名詞（四季）:「〜に」

- □ **in/di primavera** 春に □ **in/d'estate** 夏に □ **in/d'autunno** 秋に □ **in/d'inverno** 冬に

★**dare** を使ってイタリア語にしてみよう！★

1) 私は春に仕事を始める　　　　　　　　D____ i____ al l____ in p____.
2) 彼らは冬に子供を産む　　　　　　　　D____ alla l____ un b____ d'i____.
3) 君は私たちに助言してくれる？　　　　Ci d____ un c____ ?
4) 彼女は私に本をプレゼントしてくれる　Mi d____ un l____ in r____.
5) 私たちは彼女に家の鍵を渡す　　　　　Le d____ la c____ della c____.

前ページの解答 1) Non so il problema. 2) Sai la teoria generale bene. 3) Sa scrivere il suo pensiero in italiano. 4) Sappiamo distinguere la fantasia dalla realtà. 5) Sapete la mia richiesta? 6) Sanno parlare francese?

8 dire

● 発言（動詞）

□ **dire**⑩(過detto/ジ dicendo) 言う - la verità 真実を言う
□ **maledire**⑩(過maledetto/ジ maledicendo) 呪う・ののしる - il destino 運命を呪う

● 人間の属性 ①（名詞）

□ **sogno** 夢　□ **ideale**男 理想　□ **solitudine**女 孤独　□ **destino/sorte**女 運命
□ **fortuna** 運 buona - 幸運　□ **disgrazia** 不運・災難　□ **guaio**(複 guai) 困ったこと
□ **miseria** 不幸・貧困　　　　□ **costo** 負担　□ **orgoglio**(複 orgogli) プライド
□ **sacrificio**(複 sacrifici) 犠牲　□ **vantaggio**(複 vantaggi) 長所・利点
□ **merito** 長所　□ **difetto** 欠点　□ **eccellenza** 卓越　　□ **sforzo** 努力
□ **conoscenza** 知識・意識　　□ **coscienza** 意識・良心　□ **intelligenza** 知性

□ **sfortuna** 不幸　□ **fama** 名声　□ **comprensione**女 理解　□ **genio**(複 geni) 才能

● 時（形容詞）

□ **quotidiano** 毎日の　vita *quotidiana* 日常生活　□ **presente/attuale** 現在の
□ **passato** 過去の　□ **futuro** 未来の　□ **recente** 最近の di - 最近　□ **rapido** 急な
□ **veloce** 速い　　□ **lento** 遅い　　□ **contemporaneo** 同時の
□ **eterno** 永遠の　in - 永久に　□ **opportuno** 好都合な　□ **moderno** 現代の
□ **classico**(複 classici/classiche) 古典の　□ **improvviso** 突然の　all'- 突然

□ **settimanale** 一週間の　□ **notturno** 夜の　□ **natalizio**(複 natalizi/natalizie) クリスマスの
□ **estivo** 夏の　□ **urgente** 急ぎの　□ **immediato** 即時の　□ **di seconda mano** 中古の

★イタリア語にしてみよう！★

1) 私は君に最近の欠点を言う　　　　　　Ti d____ il d____ r____ .
2) 君たちは私にあるグループの現在の意見を言う　Mi d____ l'o____ a____ di un g____ .
3) 彼らは残酷な運命を呪う　　　　　　　M____ il d____ c____ .
4) 私たちはすべての真実を言う　　　　　D____ t____ la v____ .
5) 君は一言も言わない　　　　　　　　　Non d____ una p____ .
6) 彼は毎日私のために祈りを唱える　　　D____ una p____ per me o____ g____ .

前ページの解答 1) Do inizio al lavoro in primavera. 2) Danno alla luce un bambino d'inverno.
3) Ci dai un consiglio? 4) Mi dà un libro in regalo. 5) Le diamo la chiave della casa.

Unità 8

9 | andare

● 移動 ② (動詞)

- □ **andare**① 行く - bene うまくいく □ **attraversare** 横切る - la strada 道を横切る
- □ **andarsene**①/**togliersi**②(過 tolto) 立ち去る - da casa 家から立ち去る
- □ **dirigersi**(過 diretto) 向かって行く - a/verso Milano ミラノへ向かう □ **recarsi**[3] 赴く
- □ **accompagnare** 同行する accompagnarmi a casa 私を家まで送る
- □ **seguire**<seguo> 後についていく - la guida ガイドの後についていく
- □ **raggiungere**(過 raggiunto) 追いつく - l'obiettivo 目標に達する
- □ **avvicinare/accostare** 近づける - la sedia alla tavola 椅子をテーブルに近寄せる
- □ **avvicinarsi/accostarsi** 近づく - al 3000 3000に近づく
- □ **allontanare** 遠ざける allontanarlo da Roma 彼をローマから遠ざける
- □ **allontanarsi** 遠ざかる - dalla città 街から遠ざかる
- □ **lasciare**¹<lascio> 離れる - il lavoro 仕事を辞める
- □ **girare** 曲がる - l'angolo 角を曲がる □ **portarsi** 進む - sulla sinistra 左に寄る

表現 ── andare 表現 ──

- □ **andare avanti** 進む □ **andare fuori** 外出する □ **andare via** 行ってしまう
- □ **andare a letto** 寝る(動作) □ **andare in scena** 上演される
- □ **andare di moda/ andare per la maggiore** 流行する
- □ **andare pazzo per** te 君に夢中になる
- □ **andare d'accordo con** Luigi ルイージとうまくいく

essere in + 名詞

- □ **essere in difficoltà** 窮地に陥っている □ **essere in partenza** 間もなく出発する
- □ **essere in programma** 計画されている □ **essere in vendita** 売り物である
- □ **essere in commercio** 市販されている

★イタリア語にしてみよう！★

1) 今晩私は映画に行く   S____ v____ al c____.
2) 君は電車で海に行くの？   V____ al m____ in t____?
3) 午後に彼女は医者に行く   Nel p____ v____ dal m____.
4) 君たちは何時に寝るの？   A c____ o____ a____ a l____?
5) なぜ彼らは私から去って行くのだろうか？ P____ se ne v____ da me?
6) ローマ行きの特急列車が間もなく3番線から出発する
                                       L'intercity per R____ è in p____ dal b____ 3.

前ページの解答 1) Ti dico il difetto recente. 2) Mi dite l'opinione attuale di un gruppo.
3) Maledicono il destino crudele. 4) Diciamo tutta la verità. 5) Non dici una parola.
6) Dice una preghiera per me ogni giorno.

10 venire

● 移動 ③（動詞）

- **venire**㊱(㊹ venuto) 来る - da Foggia フォッジャ出身である
- **provenire**㊱(㊹ provenuto) （由来として）来る - da Giappone 日本から来る
- **muovere**⑯(㊹ mosso/㊥ m(u)ovendo) 動かす - una mano 手を動かす
- **muoversi**⑯(㊹ mosso/㊥ m(u)ovendo) 動く - verso l'uscita 出口の方へ行く
- **spostare** 移動させる - quest'armadio このタンスを移動させる
- **trasferire**<isc> 移す - un ufficio オフィスを移す
- **trasmettere**(㊹ trasmesso) 伝える - il calore 熱を伝える
- **scuotere**(㊹ scosso) 揺り動かす - un albero 木を揺り動かす
- **recare**³ 運ぶ - dei fiori 花を持っていく   **scorrere**(㊹ scorso) 流れる
- **trasferirsi**<isc> 引っ越す   **fermarsi/arrestarsi** 止まる

- **spostarsi** 移動する - in campagna 田舎に引っ越す
- **traslocare**³ 移転する - i mobili 家具を移動する

表現 ──── venire 表現 ────
- **venire fuori** 現れる   **venire meno** 不足する   **venire in mente** 心に浮かぶ
- **venire al mondo/alla luce** 生まれる
- **venire a conoscenza di** questo passaggio このくだりを知っている

● 特別な日（名詞）

- **vacanze**㊛㊹ 長期休暇 - estive 夏期休暇 - natalizie/di Natale クリスマス休暇
- **vacanza** 休日 in - 休暇中に   **festa** 祭日・休日 - nazionale 国民の休日
- **Pasqua** 復活祭   **Natale**㊚ クリスマス vigilia di - クリスマスイブ
- **compleanno** 誕生日

- **anniversario**(㊹ anniversari) 記念日   **capodanno** 元旦
- **l'ultimo giorno dell'anno** 大晦日

★venire を使ってイタリア語にしてみよう！★

1) 私はミラノ出身です　　　　　　　V____ da M_____ .
2) 君は私たちと復活祭に来る？　　　V____ con noi a P_____ ?
3) クリスマスに誰が来るの？　　　　C____ v____ a N____ ?
4) 君たちは日曜日に私の家に来る　　V____ a c____ mia la d_____ .
5) 彼らはそこに歩いて来る　　　　　Ci v____ a p____ .
6) 私たちは重大な事実を知っている　V____ a c____ di f____ g____ .

前ページの解答 1) Stasera vado al cinema. 2) Vai al mare in treno? 3) Nel pomeriggio va dal medico.
4) A che ora andate a letto? 5) Perché se ne vanno da me? 6) L'intercity per Roma è in partenza dal binario 3.

Unità 8

11 uscire / salire

● 移動 ④ (動詞)

□ **uscire**[3] 出る - *di/da* casa 家を出る □ **salire**[23] 乗る・登る - *in/su* un treno 電車に乗る
□ **sc<u>e</u>ndere**(過 sceso)/**disc<u>e</u>ndere**(過 disceso) 降りる - *dall'* a<u>e</u>reo 飛行機を降りる

● 様態 ② (副詞)

□ **insieme** 一緒に   □ **personalmente** 個人的に □ **altrimenti** 違う方法で
□ **lo stesso** どちらにしても □ **naturalmente** もちろん
□ **evidentemente** 明らかに   □ **volentieri** 喜んで

□ **comunque** いずれにしても □ **separatamente** 別々に □ **seriamente** まじめに
□ **liberamente** 自由に   □ **inutilmente** 無駄に   □ **purtroppo** あいにく

● 位置関係 ② (前置詞句)

□ **lungo** 〜に沿って - la riva 岸に沿って □ **attraverso** 〜を横切って - il giardino 庭を横切って
□ **incontro a** 〜に向かって - *alla* palla ボールに向かって
□ **intorno/attorno a** 〜の周りに - *alla* Terra 地球の周りに
□ **sopra (a)** 〜の上に - la scrivania 机の上に □ **sotto (a)** 〜の下に - il monte 山の麓に
□ **davanti/dinanzi a** 〜の前に - *alla* stazione 駅の前で
□ **dietro (a)** 〜の後ろに - la/*alla* porta 戸の後ろで
□ **dentro (a)** 〜の中に - il/*al* cassetto 引き出しの中に
□ **fuori (di/da)** 〜の外に - Firenze フィレンツェの外に
□ **fino/sino a** 〜まで - *a* Torino トリノまで

□ **prima di/ al di qua di** 〜の手前に - *prima del* ponte 橋の手前に

---
fuori + 名詞

□ **fuori porta** 郊外に   □ **fuori luogo** 場違いの   □ **fuori uso** 使われていない

★イタリア語にしてみよう！★

1) 私は仕事に行くために家を出る   E___ di c___ per a___ a l___.
2) 彼らはショーを見るために電車に乗る S___ in t___ per lo s___.
3) 今晩私たちは一緒に郊外に出かける   S___ u___ f___ p___ i___.
4) 私は丘を（に沿って）登る   S___ l___ la c___.
5) 私の夫はよく友人と晩に出かける   Mio m___ e___ s___ la s___ con gli a___.
6) 彼はビルの6階まで登る   S___ f___ al q___ p___ della p___.

前ページの解答 1) Vengo da Milano. 2) Vieni con noi a Pasqua? 3) Chi viene a Natale?
4) Venite a casa mia la domenica. 5) Ci vengono a piedi. 6) Veniamo a conoscenza di fatti gravi.

12 rimanere

● 停留（動詞）

- **rimanere**㉒（過 rimasto）（残留して）留まる - *a Roma a lungo* 長期間ローマに留まる
- **restare**（静止して）留まる - *in Milano* ミラノに留まる

● 関係（前置詞句）

- **mediante** 〜を介して - *l'amico* 友人を介して
- **insieme a/con** 〜と一緒に - *ai genitori* 両親と一緒に
- **senza** 〜なしで - *fine* 果てしなく　　**contro** 〜に反して - *il muro* 壁に対して
- **nonostante** 〜にも関わらず - *la pioggia* 雨にもかかわらず
- **secondo** 〜によると - *me* 私によれば　　**circa (a)** 〜について - *il lavoro* 仕事に関して

- **via** 〜経由で - *Bologna* ボローニャ経由で　　**più** 〜に加えて - *quattro* 4に加えて
- **eccetto/tranne/salvo/ a parte** 〜を除いて - *la domenica* 日曜日を除いて
- **escluso** 〜を除いて *escluso Luigi* ルイージを除いて　　**oltre (a)** 〜以外に - *al lavoro* 仕事以外に
- **come** 〜のように・として - *mio padre* 私の父のように

前置詞句 ①

- **in cambio di** *soldi* お金の代わりに（代償）　　**al posto del** *burro* バターの代わりに（代用品）
- **a spese dell'***interessato* 当事者の負担で　　**a rischio della** *vita* 生命の危険を冒して
- **per paura di** *amare* 愛するのを恐れて　　**senza bisogno di** *andarci* そこに行く必要もなく

---
senza + 名詞

- **senza motivo** 理由もなく　　**senza dubbio** 疑いもなく　　**senza mezzi termini** はっきりと
- **senza fine** 果てしなく　　**senza tetto** ホームレスで

★イタリア語にしてみよう！★

1) 私は理由もなく一人で事務所にいる　　　　Ri___ in u___ da s___ s___ m___.
2) 彼の前では若者たちは静かにしたままだ　　D___ a lui i g___ ri___ s___.
3) 彼は父の代わりにヴェネツィアに留まる　　In l___ del p___ ri___ a V___.
4) 私たちはバールに行くことなく朝食をとることができる
　　　　　　　　　　　　　　　　　　　　P___ f___ c___ s___ b___ di a___ al b___.
5) 私たちは動かず立ったままでいる　　　　　Ri___ in p___ s___ m___.
6) 君は彼女と一緒に残るのか？　　　　　　　R___ i___ a lei?

前ページの解答 1) Esco di casa per andare a lavoro. 2) Salgono in treno per lo spettacolo.
3) Stasera usciamo fuori porta insieme. 4) Salgo lungo la collina.
5) Mio marito esce spesso la sera con gli amici. 6) Sale fino al quinto piano della palazzo.

Unità 8

13 tenere

● 身体的動作 ① (動詞)

- **tenere**③ 持つ・保つ - un libro in mano 手に本を持つ **pigliare**¹<piglio> 取る
- **rubare** 盗む - il portafoglio 財布を盗む **sollevare** 持ち上げる - la mano 手を上げる
- **reggere**(過 retto) 支える - un bambino 子供を抱く **trattenere**③ 引き止める
- **sostenere**③ 支える - un amico 友達を支える
- **afferrare** つかむ - un coltello ナイフを握る
- **abbracciare**¹<abbraccio> 抱く - il cane 犬を抱く

- **tenersi**③ つかまる - per mano 互いに手を取り合う

表現 — tenere 表現 —
- **tenere lontano** i cani 犬を遠ざける   **tenere duro** 耐える
- **tenere conto dell**'aspetto religioso 宗教的側面を考慮する
- **tenere presente** una serie di problemi 一連の問題を気に留める

● 場所の状況 (形容詞)

- **aperto** 開かれた all'(aria) aperta 屋外で **chiuso** 閉じた **libero** 空いた
- **occupato** 使用中の **pulito** 清潔な **netto** きれいな **segreto** 秘密の
- **sporco**(複 sporchi/e) 汚い **lucido** つやつやした **luminoso** 明るい
- **scuro/oscuro/cupo** 暗い **silenzioso/calmo** 静かな **tranquillo** 平穏な
- **sicuro** 安全な **pericoloso** 危険な **comodo** 便利な・心地よい
- **carico**(複 carichi/e) 積んだ **mobile** 動かせる **immobile** 動かない

- **acceso** 点灯した **spento** 消えた **nascosto** 隠された **animato** にぎやかな
- **rumoroso** うるさい **ordinato** 整頓された **disordinato** 乱雑な
- **mosso** 動きのある **conveniente** 都合が良い **virtuale** バーチャルの

★tenere を使ってイタリア語にしてみよう！★

1) 私は猫を遠ざける T___ l___ i g___ .
2) 私に言わせれば君は多くのことを考慮していない S___ me non t___ c___ di t___ c___ .
3) 彼らは開いた鞄の中の本をつかむ T___ un l___ nella b___ a___ .
4) 私たちは10分間目を閉じる T___ gli o___ c___ per 10 m___ .
5) 彼はそれぞれの手に銀のスプーンを持つ In c___ m___ t___ un c___ d'a___ .
6) あなたたちは部屋を清潔に保っている T___ le s___ p___ .

前ページの解答 1) Rimango in ufficio da solo/a senza motivo. 2) Davanti a lui i giovani rimangono silenziosi. 3) In luogo del padre rimane a Venezia. 4) Possiamo fare colazione senza bisogno di andare al bar. 5) Rimaniamo in piedi senza muoverci. 6) Rimani insieme a lei?

14 spegnere / sedere

● 日常活動 ③ (動詞)

- □ **vivere**[47](過 vissuto) 生活する □ **abitare**<abito> 住む - al decimo piano 11 階に住む
- □ **vedere**[35](過 visto/veduto) 会う - Simona シモーナに会う
- □ **rivedere**[35]/**rivedersi**[35](過 rivisto/riveduto) 再会する *rivedere* un amico 友達に再会する
- □ **incontrare/trovare** 出会う - un'amica 友達と出会う
- □ **invitare** 招待する - a cena un mio amico 夕食に私の友達を招待する
- □ **celebrare** 祝う - il compleanno 誕生日を祝う   □ **riposare** 休む
- □ **sedere**[26]/**sedersi**[26] 座る - su una sedia 椅子に座る   □ **dormire** 眠る (状態)
- □ **addormentare** 眠らせる - il bambino 子供を寝かす
- □ **svegliare**[1]<sveglio> 目を覚ます   □ **possedere**[26] 所有する - una casa 家を持っている
- □ **accendere**(過 acceso) スイッチを入れる - la radio ラジオをつける
- □ **spegnere**[47](過 spento) 消す - la luce 明かりを消す

- □ **festeggiare**[1]<festeggio> 祝う - il compleanno 誕生日を祝う
- □ **frequentare** 交際する - brutte compagnie 悪い仲間とつきあう

● 家電製品 (名詞)

- □ **macchina** 機械 - fotografica カメラ - digitale デジタルカメラ
- □ **televisione**㊛/ **TV**㊛ テレビ *televisione* via cavo ケーブルテレビ
- □ **radio**㊛㊌ ラジオ   □ **frigorifero/frigo**㊌ 冷蔵庫

- □ **televisore**㊚ テレビ (受像機)   □ **telecamera** テレビカメラ   □ **video**㊚㊌ ビデオ
- □ **videoregistratore**㊚ ビデオデッキ   □ **registratore DVD**㊚ DVDレコーダー
- □ **congelatore**㊚ 冷凍庫   □ **aspirapolvere**㊚㊌ 掃除機 passare l' - 掃除機をかける
- □ **lavatrice**㊛ 洗濯機   □ **condizionatore**㊚ エアコン

★イタリア語にしてみよう！★

1) 私は地面に座る   Mi s___ p___ per t___.
2) その少年は食卓につく   Il r___ s___ a t___.
3) ルカの友達たちはどこに座るのか？ D___ s___ gli a___ di Luca?
4) ようやく彼らはテレビを消す   A___ s___ la t___.
5) 今私はラジオを消す   O___ s___ la r___.

前ページの解答 1) Tengo lontano i gatti. 2) Secondo me non tieni conto di tante cose.
3) Tengono un libro nella borsa aperta. 4) Teniamo gli occhi chiusi per 10 minuti.
5) In ciascuna mano tiene un cucchiaio d'argento. 6) Tenete le stanze pulite.

Unità 8

15 scegliere / togliere

● 身体的動作 ②（動詞）

- □ **togliere**[25]（過 tolto）取り除く - il termometro *dalla* custodia ケースから温度計を取り出す
- □ **lanciare**[1]<lancio> 投げる - un sasso 石を投げる
- □ **buttare/gettare** 投げる - i rifiuti ゴミを捨てる *buttare* via/fuori 捨てる／放り出す
- □ **abbandonare** 捨てる - un cane 犬を捨てる □ **minacciare**[1]<minaccio> 脅す

● 選択（動詞）

- □ **scegliere**[25]（過 scelto）選ぶ - le parole 言葉を選ぶ
- □ **eleggere**（過 eletto）（投票で）選ぶ - il nuovo Presidente 新しい大統領を選ぶ
- □ **votare** 投票する - per un candidato ある候補者に投票する

- □ **nominare** <nomino> 任命する - il nuovo direttore 新しい部長を任命する

● 身分 ②（名詞）

- □ **proprietario**(複 proprietari)/**proprietaria** 所有者　□ **ospite** 男女 客
- □ **padrone** 男/**padrona**（女）主人・持ち主　□ **cliente** 男女（常連）客
- □ **viaggiatore** 男/**viaggiatrice** 女（列車・バスの）旅行者
- □ **turista** 男女(複 turisti/e) 観光客　□ **intellettuale** 男女 知識人
- □ **vittima** 犠牲者　□ **malato/malata** 病人　□ **schiavo/schiava** 奴隷
- □ **ladro/ladra** 泥棒　□ **assassino/assassina** 殺人者

- □ **gentiluomo**(複 gentiluomini) 紳士　□ **staff** 男不 スタッフ　□ **contribuente** 男女 納税者
- □ **candidato/candidata** 候補者　□ **consumatore** 男/**consumatrice** 女 消費者
- □ **produttore** 男/**produttrice** 女 生産者　□ **utente** 男女 ユーザー
- □ **passeggero/passeggera**（飛行機・船の）乗客　□ **socio**(複 soci)/**socia** 会員
- □ **presente** 男女 出席者　□ **partecipante** 男女 参加者　□ **controllore** 男 車掌
- □ **fumatore**/**fumatrice** 女 喫煙者　□ **paziente** 男女 患者　□ **colpevole** 男女 犯人
- □ **esperto/esperta** 専門家　□ **professionista** 男女(複 professionisti/e) プロ

★イタリア語にしてみよう！★

1) 知識人は正しい言葉を選ぶ　　　　　　Gli i____ s____ le p____ g____ .
2) 彼らは口から2本歯を抜く　　　　　　Dalla b____ gli t____ d___ d____ .
3) 飼い主は自分の犬のために食料を選ぶ　La p____ s____ il c____ per il suo c____ .
4) 泥棒は主人から衣類を奪う　　　　　　Il l____ t____ la r____ al p____ .
5) 私は自分の医者を選ぶ　　　　　　　　S____ il mio m____ .

前ページの解答 1) Mi siedo per terra. 2) Il ragazzo siede a tavola. 3) Dove siedono gli amici di Luca? 4) Appena spengono la televisione. 5) Ora spengo la radio.

16 porre

● 基本動詞

- porre[20] (過 posto/ジ ponendo) 置く - i fiori nel vaso 花瓶に花を生ける
- disporre[20] (過 disposto/ジ disponendo) 配置する - i libri nella libreria 本棚に本を並べる
- comporre[20] (過 composto/ジ componendo) 構成する・書く - un romanzo 小説を書く
- supporre[20] (過 supposto/ジ supponendo) 仮定する - l'esistenza 存在を仮定する
- proporre[20] (過 proposto/ジ proponendo) 提案する - questo progetto この計画を提案する
- opporre[20] (過 opposto/ジ opponendo) 対置する - argomenti 反論する
- sottoporre[20] (過 sottoposto/ジ sottoponendo) 服従させる - il popolo 民衆を従わせる
- esporre[20] (過 esposto/ジ esponendo) 見せる - il piano 計画を見せる

表現 — **porre 表現** —

- porre fine/termine alla guerra 戦争を終える

● 感情（名詞）

- sentimento 感情　　umore(男) 気分　　atmosfera/ambiente(男) 雰囲気
- piacere(男)/gioia 喜び　　soddisfazione(女) 満足　　felicità(女) 幸福
- bene(男) 善　　male(男) 悪・苦しみ　　pena 苦痛　　rabbia 怒り
- odio (複 odi) 憎しみ　　sorpresa/meraviglia 驚き　　amore(女) 愛
- affetto/tenerezza 愛情　　amicizia 友情　　passione(女) 情熱
- entusiasmo 熱意　　favore/carità(女)(不) 好意　　pietà(女)(不) 哀れみ
- interesse(男) 関心　　curiosità(女)(不) 好奇心　　attenzione(女)/riguardo 注意
- preoccupazione(女)/ansia 心配　　timore(男) 不安　　angoscia(男)(複 angosce) 苦悩
- fastidio (複 fastidi) 迷惑　　calma 平静　　noia 退屈

- emozione(女) 感動　　gusto 好み　　tristezza 悲しみ　　simpatia 好感
- gentilezza 親切　　nostalgia 懐かしさ　　disturbo 迷惑

★イタリア語にしてみよう！★

1) 彼女は花瓶に花を生ける　　　　　　　　D___ i f___ nel v___.
2) 冷静に私たちはその皿を窓のそばに置く　Con c___ p___ il p___ v___ alle f___.
3) 私は春に関して詩を書く　　　　　　　　C___ una p___ sulla p___.
4) その歌手は喜びの情を語る　　　　　　　La c___ r___ il s___ di g___.
5) 彼らはピノッキオに興味深い取引を提案する　P___ un a___ i___ a Pinocchio.

前ページの解答 1) Gli inellettuali scelgono le parole giuste. 2) Dalla bocca gli tolgono due denti.
3) La padrona sceglie il cibo per il suo cane. 4) Il ladro toglie la roba al padrone. 5) Scelgo il mio medico.

Unità 8

17　bere

● 飲食・調理（動詞）

- **mangiare**¹<m<u>a</u>ngio> 食べる - il gelato アイスクリームを食べる - fuori 外食する
- **bere**④ (過 bevuto/ジ bevendo) 飲む - vino ワインを飲む □ **fumare** タバコを吸う
- **ordinare**<<u>o</u>rdino> 注文する - un cappuccino カップチーノを注文する

- **servire** 食事を出す - tè お茶を出す　　□ **pranzare** 昼食をとる　　□ **cenare** 夕食をとる
- **gustare** 味わう - un caffè コーヒーを味わう　□ **aspirare** 吸い込む - l'<u>a</u>ria 空気を吸う
- **assaggiare**¹<ass<u>a</u>ggio> 味見する - vini ワインをテイスティングする
- **cucinare** 料理する - un uovo 卵を料理する
- **cu<u>o</u>cere**⑧ (過 cotto/ジ c(u)ocendo) 煮る・焼く・炒める - la pasta パスタをゆでる
- **fr<u>i</u>ggere** (過 fritto) 炒める・揚げる - il pesce 魚をフライにする
- **saltare** ソテーする - la carne in padella フライパンで肉をソテーする
- **scaldare** 熱する - il latte 牛乳を温める　□ **raffreddare** 冷やす - il vino ワインを冷やす
- **decorare** 飾る - la torta con le cil<u>ie</u>gie サクランボでタルトを飾る

● 肉類（名詞）

- **carne**⑨ 肉 - macinata 挽肉　□ **maiale**⑨ 豚肉　□ **pollo** 鶏肉 - arrosto ローストチキン
- **prosciutto** ハム - crudo 生ハム　□ **formaggio** (複 formaggi) チーズ
- **uovo** (複 le uova) 卵 - strapazzato スクランブルエッグ

- **manzo/ carne bovina**⑨ 牛肉　　□ **vitello** 子牛肉　□ **scaloppa** （子牛の）薄切り肉
- **p<u>e</u>cora** 羊の肉　□ **agnello** 子羊肉 - arrosto 子羊のロースト　□ **salumi**⑨複 サラミ
- **sals<u>i</u>ccia** (複 salsicce) ソーセージ　　□ **parmigiano** パルメザンチーズ
- **gorgonzola**⑨不 ゴルゴンゾーラチーズ　□ **mozzarella** モッツァレッラチーズ

★イタリア語にしてみよう！★

1) 時々私はたくさんの牛乳を飲む　　　　　　　A v___ b___ t___ l___.
2) 君はハムと一緒にワインを飲む？　　　　　　B___ un v___ con p___?
3) 私たちは一緒にコーヒーを飲む　　　　　　　B___ un c___ i___.
4) 君たちは朝にコップ１杯の水を飲みますか？　La m___ b___ un b___ di a___?
5) 今彼らはアイスティーを飲んでいる　　　　　A___ b___ un t___ f___.
6) 私はオリーブオイルで肉を焼く　　　　　　　C___ la c___ nell'___ d'___.

前ページの解答 1) Dispone i fiori nel vaso. 2) Con calma poniamo il piatto vicino alle finestre.
3) Compongo una poesia sulla primavera. 4) La cantante racconta il sentimento di gioia.
5) Propongono un affare interessante a Pinocchio.

18 trarre

● 身体的動作 ③ (動詞)

- **trarre**[31] (過 tratto/⌓ traendo) 引く・引き出す・連れて行く - la barca 船を引く
- **sottrare**[31] (過 tratto/⌓ traendo) 取り去る - del denaro dalla cassa 金庫から金を持ち去る
- **tirare** 引っ張る - i capelli 髪を引っ張る □ **piegare**[4] 折る - un foglio 紙を折る
- **spingere** (過 spinto) 押す - un bottone ボタンを押す
- **cavare** 取り出す - un dente 歯を抜く □ **colpire** <isc> 打つ - una palla 球を打つ
- **trascinare** 引きずる - una sedia 椅子を引きずる □ **sparare** 撃つ - un colpo 銃を撃つ
- **strappare** 引きちぎる - la borsa バッグをひったくる
- **battere** たたく - la porta ドアをノックする
- **picchiare**[1] <picchio> (強く)打つ - la testa 頭を打つ
- **agitare** <agito> 揺らす - una bottiglia ビンを振る

―――― 表現 ―――――――― **tirare** 表現 ――――――――
- **tirare vento** 風が吹く   □ **tirare giù** 引き下ろす
- **tirare su** 元気づける   □ **tirare fuori** i vestiti dall'armadio タンスから服を取り出す

● 衣料関係 (名詞)

- **tessuto** 布   □ **filo** 糸   □ **corda** ロープ
- **catena** 鎖   □ **tasca** (複 tasche) ポケット

- **maglia** 編み物   □ **bottone** 男 ボタン   □ **ago** (複 aghi) 針

● 買い物 (形容詞)

- **caro** 高い a - prezzo 高値で   □ **prezioso** 高価な
- **economico** (複 economici/economiche) 経済的な

a +「デザイン」
- **a colori** カラーの   □ **a fiori** 花柄の   □ **a righe/strisce** ストライプの   □ **a pois** 水玉の
                                                                                                プワ

★イタリア語にしてみよう！★

1) 彼は陸に舟を引き上げる   Tr___ la b___ a t___ .
2) 私は重要な結論を引き出す   Tr___ una c___ i___ .
3) その情報はユーザーを誤らせる   Le i___ tr___ in e___ l'u___ .
4) 彼はズボンのポケットから携帯電話を取り出す Ti_ f___ dalla t___ dei p___ il telefonino.
5) その花柄のスカートはとてもきれいだ   La g___ a f___ è m___ b___ .
6) あなたたちは貴重品や宝石類をお持ちですか？ A___ degli o___ p___ o g___ ?

前ページの解答 1) A volte bevo troppo latte. 2) Bevi un vino con prosciutto? 3) Beviamo un caffè insieme.
4) La mattina bevete un bicchiere di acqua? 5) Adesso bevono un tè freddo.
6) Cuocio la carne nell'olio d'oliva.

| Dati Italiani 4 | 美術・建築・文学 |

☆ **Arte e Architettura**（美術・建築）
● **Stile romanico**（ロマネスク様式）：11世紀〜
建築：建物全体が厚い石壁を基礎として作られているため、壁面を使ったフレスコ画などが多く描かれる
　　　□ Basilica di San Francesco『サン・フランチェスコ大聖堂』(Assisi)
　　　□ Duomo『大聖堂』(Pisa)

Duomo (Pisa)

Basilica di San Francesco (Assisi)

● **Stile gotico**（ゴシック様式）：13世紀〜
建築：天にそびえるような高い柱を中心として建てられる
　　　□ Duomo di Milano『ミラノの大聖堂』(Milano)

絵画：ゴシック建築時代の絵画
　　　□ チマブーエ (Cimabue: 1240-1302)：
　　　　Maestà di Santa Trinita『サンタ・トリニタの聖母』
　　　□ ブオニンセーニャ (Duccio di Buoninsegna: 1255/1260?-1319)：
　　　　Madonna Rucellai『ルチェライの聖母』
　　　□ ジョット (Giotto di Bondone: 1267?-1337)：
　　　　Madonna di Ognissanti『荘厳の聖母』

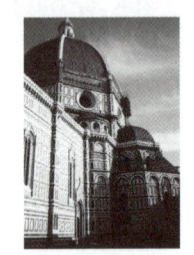

Duomo (Milano)

● **Stile rinascimentale**（ルネサンス様式）：15世紀〜
建築：人体の比例と音楽の調和を建築に組み合わせる
　　　□ ブルネレスキ (Filippo Brunelleschi: 1377-1446)：
　　　　Duomo『大聖堂』(Firenze)
　　　□ アルベルティ (Leon Battista Alberti: 1404-1472)：
　　　　Santa Maria Novella『サンタ・マリア・ノベッラ教会』(Firenze)

Duomo (Firenze)

前ページの解答 1) Trae la barca a terra. 2) Traggo una conclusione importante.
3) Le informazioni traggono in errore l'utente. 4) Tira fuori dalla tasca dei pantaloni il telefonino.
5) La gonna a fiori è molto bella. 6) Avete degli oggetti preziosi o gioielli?

絵画：ルネサンス期の絵画
Firenze
- フラ・アンジェリコ (Fra' Angelico: 1390/1395?-1455)：
  Annunciazione『受胎告知』
- マザッチョ (Masaccio: 1401-1428)：Trinità『聖三位一体』
- フィリッポ・リッピ (Fra Filippo Lippi: 1406-1469)：
  Madonna col Bambino e Angeli『聖母子と二天使』
- ボッティチェッリ(Sandro Botticelli: 1445?-1510)：
  Primavera『春』、La Nascita di Venere『ヴィーナスの誕生』
- ギルランダイオ (Domenico Ghirlandaio: 1449-1494)：
  Adorazione dei Magi Tornabuoni『東方三博士の来訪』
- レオナルド・ダ・ヴィンチ (Leonardo da Vinci: 1452-1519)：
  Ultima Cena『最後の晩餐』
- ミケランジェロ (Michelangelo di Lodovico Buonarroti Simoni:1475-1564)：La volta della Cappella Sistina『システィーナ礼拝堂天井画』
- ラファエロ (Raffaello Santi: 1483-1520)：Scuola di Atene『アテナイの学堂』

Venezia
- ヤーコポ・ベッリーニ (Jacopo Bellini: 1400-1470)：
  Madonna col Bambino『ケルビムの聖母』
- ジェンティーレ・ベッリーニ (Gentile Bellini: 1429-1507)：
  Processione in piazza San Marco『聖十字架の奇跡』
- ジョヴァンニ・ベッリーニ (Giovanni Bellini: 1430?-1516)：Pietà『ピエタ』
- カルパッチョ (Vittore Carpaccio: 1455?-1525?)：
  Ritratto di cavaliere『騎士の帰還』
- ジョルジョーネ(Giorgione: 1477/1478?-1510)：Tempesta『テンペスタ』
- ティントレット (Tintoretto: 1518-1594)：Ultima Cena『最後の晩餐』

Padova
- マンテーニャ (Andrea Mantegna: 1431-1506)：Cristo morto『死せるキリスト』

Parma
- コレッジョ (Antonio Allegri da Correggio: 1489-1534)：
  Madonna di San Girolamo『聖ヒエロニムスのいる聖母』

彫刻：ルネサンス期の彫刻
- ドナテッロ (Donatello: 1386?-1466)：
  Monumento Equestre al Gattamelata『ガッタメラータ騎馬像』
- ミケランジェロ：Pietà『ピエタ』、David『ダビデ像』

● **Stile barocco**（バロック様式）：17世紀～
建築：複雑で立体的な構成、曲線と曲面の使用、錯視の利用、豊富で多様な装飾
   □ Basilica di San Pietro『サン・ピエトロ大聖堂』(Vaticano)
絵画：劇的な描写技法、豊かで深い色彩、強い明暗法などが特徴
   □ カラヴァッジョ (Michelangelo Merisi da Caravaggio: 1571-1610)：
    Martirio di San Matteo『聖マタイの殉教』
彫刻：人物の集合、人間の動きなどが特徴
   □ ベルニーニ (Gian Lorenzo Bernini: 1598-1680)：
    Fontana dei Quattro Fiumi『四大河の泉』

☆ **letteratura**（文学）
● **Umanismo**（人文主義）：
   □ ダンテ (Dante Alighieri: 1265-1321)：La Divina Commedia『神曲』
   □ ペトラルカ (Francesco Petrarca: 1304-74)：Canzoniere『歌集』
   □ ボッカッチョ (Giovanni Boccaccio: 1313-75)：Decameron『デカメロン』
   □ アリオスト (Ludovico Ariosto: 1474-1533)：
    Orlando furioso『狂えるオルランド』

 フィレンツェ (Firenze) で生まれたダンテが書いた『神曲』は、イタリア文学最大の古典であると共に、世界的な文学史においても重要な役割を果たしています。『神曲』は、当時の知識人の共通語であったラテン語ではなく、俗語であるイタリア語（トスカーナ方言）で書かれた作品で、「地獄」(Inferno)、「煉獄」(Purgatorio)、「天国」(Paradiso) の三編で構成されています。文体は、三行を固まりとする「三行詩節」(terza rima) で、各行は11音節から成り、「三行詩節」ごとに脚韻のパターンがあります。有名な冒頭の6行は、

Nel mezzo del cammin di nostra vita	私たちの人生行路のなかば頃
mi ritorvai per una selva oscura	正しい道をふみはずした私は
ché la diritta via era smarrita.	一つの暗闇の森の中にいた
Ahi quanto a dir qual era è cosa dura	ああ，それを話すのはなんと難しいことか
esta selva selvaggia e aspra e forte	人手が入ったことのないひどく荒れた森の様は
che nel pensier rinova la paura!	思い出すだに恐怖が胸に蘇ってくるようだ

で、暗い森の中に迷い込んだダンテ自身が、そこで出会った古代ローマの詩人ウェルギリウス (PublioVirgilio Marone: BC70-BC19) に導かれ、地獄、煉獄、天国を回るという話となっています。

● **Classicismo**（古典主義）：
   □ ベンボ (Pietro Bembo: 1470-1547)：Prose della volgar lingua『俗語の散文』
   □ タッソ (Torquato Tasso: 1544-95)：
      La Gerusalemme liberata『解放されたエルサレム』
   □ ゴルドーニ (Carlo Osvaldo Goldoni: 1707-1793)：劇作家

● **Romanticismo**（ロマン主義）：
   □ マンゾーニ (Alessandro Manzoni: 1785-1873)：I promessi sposi『婚約者』
   □ レオパルディ (Giacomo Leopardi: 1798-1837)：Canti『カンティ』

● **Verismo**（真実主義）：
   □ コッローディ (Carlo Collodi: 1826-1890)：
      Le Avventure di Pinocchio『ピノッキオの冒険』
   □ ダヌンツィオ (Gabriele D'Annunzio: 1863-1938)：
      Trionfo della Morte『死の勝利』

● ノーベル文学賞
   □ 1906年 カルドゥッチ (Giosuè Carducci: 1835-1907)
   □ 1926年 デレッダ (Grazia Deledda: 1872-1936)
   □ 1934年 ピランデッロ (Luigi Pirandello: 1867-1936)
   □ 1959年 クアジーモド (Salvatore Quasimodo: 1901-1968)
   □ 1975年 モンターレ (Engenio Montale: 1896-1981)
   □ 1997年 ダリオ・フォ (Dario Fo: 1926-)

Unità 9

1 過去分詞

● 行動・実行（動詞）

□ **agire**<isc> 行動する　□ **comportarsi** 振る舞う
□ **occuparsi**<occupo> 従事する　- *di* unico affare 一つのことに従事する
□ **dedicarsi**³<dedico> 専念する　- *alla* musica 音楽に夢中になる
□ **realizzare** 実現する　- il progetto 計画を実現する
□ **provare** 試す　- un vestito 試着する
□ **sviluppare** 発展させる　- l'industria 産業を発展させる
□ **svilupparsi** 発展する　□ **migliorare** 改善する　- una legge 法律を改正する
□ **esercitare**<esercito> 鍛える　- il corpo 体を鍛える

□ **praticare**³<pratico> 実行する　- uno sport スポーツをする
□ **darsi** 没頭する　- *allo* studio 研究に没頭する
□ **perdersi**(過 perso/perduto) 熱中する　- *in* chiacchierare おしゃべりに熱中する

● 交通・旅行（動詞）

□ **viaggiare**¹<viaggio> 旅行する　□ **guidare** 運転する・案内する　- l'auto 車を運転する
□ **visitare**<visito> 訪問する　- un museo 博物館を訪れる
□ **caricare**³<carico> 積む　- i passeggeri sull'aereo 飛行機に乗客を乗せる
□ **riservare** 予約する　- il posto 席を予約する

□ **cambiare**¹<cambio> **treno** 電車を乗り換える　□ **pedalare** ペダルを踏む
□ **parcheggiare**¹<parcheggio> 駐車する　- la macchina 車を駐車させる
□ **prenotare** 予約する　- una camera 部屋を予約する
□ **anticipare**<anticipo> 予定より早くする　- la partenza 出発を早める

文法 ── 過去分詞 ──
-are 動詞 → **-ato** (trov*are* → trov*ato*)
-ere 動詞 → **-uto** (tem*ere* → tem*uto*)
-ire 動詞 → **-ito** (cap*ire* → cap*ito*)

表現 ── ecco ② ──
□ **Ecco** + 過去分詞　～したぞ
Ecco fatto! ほらできた！

★次の動詞を過去分詞にして意味を言ってみよう！★

1) agire → ＿「　　」　2) realizzare → ＿「　　」　3) provare → ＿「　　」
4) esercitare → ＿「　　」　5) migliorare → ＿「　　」　6) visitare → ＿「　　」
7) viaggiare → ＿「　　」　8) venire → ＿「　　」　9) produrre → ＿「　　」
10) fare → ＿「　　」　11) rimanere → ＿「　　」　12) accendere → ＿「　　」

2　近過去 ①

● 旅行関連（名詞）

- **viaggio**(複 viaggi) 旅行　in - 旅行中に　　**gita** 小旅行　　**turismo** 観光
- **passeggiata** 散歩　　**guida** 案内 - turistica ガイドブック　　**carta** 地図
- **bagalio**(複 bagali) 荷物　　**partenza** 出発　　**arrivo** 到着　　**volo** 飛行
- **uscita** 外出　　**ritorno** 帰ること　　**attesa** 待つこと　　**cammino** 道のり
- **soggiorno** 滞在　　**visita** 訪問　　**invito** 招待　　**prenotazione**(女) 予約

- **giro** 散歩 - in macchina ドライブ　　**luna di miele/ viaggio di nozze** ハネムーン
- **escursione**(女) 遠足　　**picnic**(男)(不) ピクニック　　**andata** 行くこと　　**sorta** 停止
- **destinazione**(女) 目的地　　**controllo passaporti** 入国審査
- **controllo doganale** 通関検査　　**dogana** 税関　　**permesso di soggiorno** 滞在許可証
- **mappa/pianta** 地図　　**souvenir**(男)(不) お土産
- **imbarco**(複 imbarchi)（船・飛行機に）乗ること

● コンピュータ ①（名詞）

- **computer**(男)(不) コンピュータ　　**disco**(複 dischi) ディスク - rigido ハードディスク
- **compact disc**(男)(不)/**CD**(男)(不) CD　　**D V D**(男)(不) DVD

- **tastiera** キーボード　　**tasto** キー　　**monitor**(男)(不) モニター
- **schermo** スクリーン・ディスプレー　　**stampante**(男) プリンター
- **cartuccia**(複 cartucce) カートリッジ　　**mouse**(男)(不) マウス　　**memoria** メモリー
- **sistema informativo**(男) 情報処理システム　　**periferica**(複 periferiche) 周辺機器
- **cavo** ケーブル - USB USBケーブル　　**spina** プラグ　　**lettore**(男) リーダー

文法　── 過去分詞 ──

essere ＋過去分詞（自動詞・再帰動詞）

avere ＋過去分詞（他動詞・自動詞）

★近過去形を使ってイタリア語にしてみよう！★

1) 私は電車で旅行した　　　　　　　　　　Ho f___ un v___ in t___.
2) 私たちは彼のコンサートの DVD を見た　　A___ g___ il D___ del suo c___.
3) 私の父は荷物を手で運んだ　　　　　　　Mio p___ ha p___ un b___ a m___.
4) 君たちはボローニャで中心街を散歩した？　A___ f___ una p___ in c___ a B___?
5) 私はコンピュータでその CD を試した　　　Ho p___ il CD sul c___.
6) 昨日私たちは町の外へ遠足に行った　　　Ieri abbiamo f___ una g___ f___ c___.

前ページの解答 1) agito 行動する 2) realizzato 実現する 3) provato 試す 4) esercitato 鍛える
5) migliorato 改善する 6) visitato 訪問する 7) viaggiato 旅行する 8) venuto 来る 9) prodotto 生産する
10) fatto する 11) rimasto 留まる 12) acceso スイッチを入れる

Unità 9

3 否定表現

● 配布（動詞）

- **mandare/inviare**²**/spedire**<isc> 送る - una lettera 手紙を送る
- **restituire**<isc>/**rendere**(過 reso) 返す - la penna ペンを返す
- **distribuire**<isc> 配る - le carte カードを配る
- **scambiare**¹<scambio> 交換する - i francobolli 切手を交換する
- **applicare**³<applico> 付与する・適用する - la legge 法律を施行する
- **consegnare** 渡す・配達する - i documenti al Comune 役所に書類を提出する
- **presentare** 提出する - un rapporto レポートを提出する

- **affittare** （料金を取って・払って）貸す・借りる - una camera 部屋を貸す
- **scambiarsi**¹<scambio> 交換しあう - i regali プレゼントを交換しあう

● コンピュータ ②（名詞）

- **Internet** 女丙 インターネット **rete** 女 ネット **archivio**(複 archivi) ファイル
- **pagina Web/ homepage** 女丙 ホームページ   **dato** データ
- **e-mail** 女丙/ **posta elettronica** E メール indirizzo *e-mail* E メールアドレス

- **sito** ウェブサイト - ufficiale 公式サイト   **preferiti** 男複 お気に入り
- **blog** 男丙 ブログ   **account** 男丙 アカウント

● 否定（副詞）

- **Non** ho **mai** paura. 全然怖くない   **Non** si lava **quasi mai** i denti. 彼は滅多に歯を磨かない
- **Non** farlo **mai più**! もう二度とそんなことをしないで   **Non** bevo **più**. もう飲めない
- **Non** sono **mica** stupido. 私は決して馬鹿ではない   **Non** costa **nulla**. 全然高くない
- A me il ristorante **non** è piaciuto **per niente**. 私はそのレストランが全く好きではなかった
- **Non** mi dispiace **affatto**. 全然嫌いじゃない
- **Non** ho **ancora** realizzato. まだ実現していない
- **Non** ho soldi **nemmeno/neanche/neppure** io. 私もまたお金がない

★イタリア語にしてみよう！★

1) 私たちはあの女性に手紙を全然送っていない　Non abbiamo ma__ m__ una l__ a quella d__.
2) 私はまだ書類を提出していない　Non ho a__ p__ i d__.
3) 彼らは決してEメールでファイルを送らない　Non hanno mi__ s__ gli a__ via e__.
4) どの様にしたか私も分からない　Non s__ nem__ io c__ ho f__.
5) 私たちは君たちに30ユーロ返した　Vi abbaimo resti__ 30 e__.

前ページの解答 1) Ho fatto un viaggio in treno. 2) Abbiamo guardato il DVD del suo concerto.
3) Mio padre ha portato un bagaglio a mano. 4) Avete fatto una passeggiata in centro a Bologna?
5) Ho provato il CD sul computer. 6) Ieri abbiamo fatto una gita fuori città.

4 近過去 ②

● 発生（動詞）

- **avvenire**㊗(㊊ avvenuto)/**accadere**⑤/**succedere**(㊊ successo) 起こる
  Che cosa *avviene*? 何が起こっているの？
- **svolgersi**(㊊ svolto) 起こる　　□ **capitare**<capito> やって来る・起こる
- **succedere**(㊊ succeduto) 続いて起こる
  Il tuono *succede al* lampo. 雷鳴が稲光に続いて起こる
- **apparire**②(㊊ apparso/apparito) 姿を現す　□ **mostrarsi** 姿を現す
- **affacciarsi**¹<affaccio> 現れる　- alla porta ドアから顔を出す
- **derivare** 由来する　- dal giapponese 日本語から派生する
- **provocare**³<provoco> 引き起こす　- alcun problema いくつかの問題を引き起こす
- **sparire**<isc> 消える　□ **scomparire**②(㊊ scomparso/scomparito) 消える
- **nascondere**(㊊ nascosto) 隠す　- l'indirizzo 住所を隠す
- **nascondersi**(㊊ nascosto) 隠れる　□ **ripararsi** 身を隠す - dalla pioggia 雨宿りをする
- **saltare fuori** 突然現れる　□ **comportare** 引き起こす - i pericoli 危険を引き起こす

● 社会的事象 ①（名詞）

- **società** ㊛㊝ 社会　　□ **Rinascimento** ルネサンス　　□ **conquista** 征服
- **rivoluzione**㊛ 革命　- francese/industriale フランス／産業革命□ **pace**㊛ 平和
- **occupazione**㊛ 占拠　□ **delitto** 犯罪　□ **violenza** 暴力　□ **peccato** (宗教的)罪
- **pena** 刑罰　□ **libertà**㊛㊝ 自由　□ **disagio**(㊊ disagi) 不便　□ **incidente**㊚ 事故
- **avvenimento**（重要な）出来事　□ **guasto** 故障　□ **incendio**(㊊ incendi) 火事
- **evento** 出来事　□ **controllo** 支配・点検　□ **rischio**(㊊ rischi) 危険　□ **disastro** 大災害

★近過去形を使ってイタリア語にしてみよう！★

1) ロシアで何が起こったの？　　　　　C___ c___ è av___ in R___?
2) 彼女は僕の人生からすぐに消えた　　È sp___ su___ dalla mia v___.
3) 夜の10時頃事故が起こった　　　　L'i___ è c___ v___ le d___ di s___.
4) 森の火事は消えたのか？　　　　　　Gli i___ nei b___ sono s___?
5) 猫はどこに隠れたのか？　　　　　　D___ si è n___ il g___?
6) 彼らは椅子の下に身を隠した　　　　Si sono r___ s___ le s___.

前ページの解答 1) Non abbiamo mai mandato una lettera a quella donna. 2) Non ho ancora presentato i documenti. 3) Non hanno mica spedito gli archivi via e-mail. 4) Non so nemmeno io come ho fatto.
5) Vi abbiamo restituito 30 euro.

Unità 9

5 近過去 ③

● 戦闘・武器（名詞）

□ **guerra** 戦争 la Seconda *Guerra* Mondiale 第二次世界大戦　□ **battaglia** 戦闘
□ **lotta** 闘争・戦い　□ **conflitto** 争い　□ **arma**(複) armi) 武器 *armi* nucleari 核兵器
□ **arco**(複 archi) 弓

□ **terrorismo** テロリズム　□ **colpo** 発砲 - di Stato クーデター

助動詞に essere をとる自動詞

□ essere ～である	□ stare （～の状態に）ある	□ esistere 存在する
□ diventare/divenire ～なる	□ risultare 明らかになる	□ riuscire うまく～できる
□ apparire/capitare 現れる	□ sparire/scomparire 姿を消す	
□ avvenire/accadere/succedere 起こる	□ derivare 由来する	
□ cominciare/incominciare/iniziare 始める	□ fiorire 開花する	
□ finire/terminare/cessare 終わる	□ cambiare 変わる	□ migliorare 向上する
□ aumentare 増える	□ diminuire 減る	□ cadere/cascare 落ちる	□ scorrere 流れる
□ nascere 生まれる	□ vivere 生きる	□ crescere 成長する	□ ingrassare 太る
□ bruciare 燃える	□ asciugare 乾く	□ morire 死ぬ	□ andare 行く
□ avanzare 進む	□ rimanere/restare 留まる	□ venire 来る	□ seguire 次に来る
□ tornare/ritornare 戻る	□ rientrare 帰る	□ passare 通る	□ entrare 入る
□ uscire 出る	□ partire 出発する	□ arrivare/giungere 着く	□ salire 上がる
□ sorgere 昇る	□ scendere/calare 降りる	□ intervenire 介入する	
□ penetrare 入り込む	□ toccare ふりかかる	□ dipendere 依存する	
□ ricorrere 助けを求める	□ scappare/fuggire/sfuggire 逃げる	□ sedere 座る	
□ arrabbiare 怒る	□ stupire びっくりする	□ guarire 治る	□ scoppiare 破裂する
□ rovinare 崩壊する	□ costare 費用がかかる	□ valere 価値がある	

★近過去形を使ってイタリア語にしてみよう！★

1) ジョルジャはママになった　　　　　Giorgia è d___ m___.
2) 私たちはここから出発した　　　　　Siamo p___ da q___.
3) なぜカエサルとポンペイウスとの戦争が起きたのか？
　　　　　　　　　　　　　　　　　　P___ è s___ la g___ f___ Cesare e Pompeo?
4) 彼の気分が大変良くなった　　　　　Il suo u___ è m___ m___.
5) 争いが増えた　　　　　　　　　　　I c___ sono a___.
6) 兵士は恐怖のため戦闘から逃げた　　I s___ sono s___ dalla b___ per la p___.

前ページの解答 1) Che cosa è avvenuto in Russia? 2) È sparita subito dalla mia vita.
3) L'incidente è capitato verso le dieci di sera. 4) Gli incendi nei boschi sono scomparsi?
5) Dove si è nascosto il gatto? 6) Si sono riparate sotto le sedie.

6　間接目的語+動詞+主語／主語+（間接目的語）+動詞+補語

●[間接目的語 ＋ 動詞 ＋ 主語]型

- **piacere**[18]（過 piaciuto）　気に入る　*Mi piace* fare shopping. 私はショッピングが好きだ
- **dispiacere**[18]（過 dispiaciuto）　残念である
   Mi dispiace partire presto. 私は早く出発するのが残念だ
- **venire**[30]（過 venuto）　起こる　*Mi è venuto* la febbre. 私は熱が出た
- **interessare**　興味を起こさせる　*Mi interessa* questo libro. 私はこの本に興味がある
- **andare**[1]（好みが）合う　Non *mi va* di aspettare. 私は待つのが嫌いだ
- **stare**[28] **bene**　似合う　Questa gonna ti *sta bene*. このスカートは君によく似合う
- **importare**　重要である　*Mi importa* la tua opinione. 君の意見が私には重要だ
- **occorrere**（過 occorso）/**servire**　必要である
   Mi occorre un francobollo. 私は切手が必要だ
- **volerci**[38]　かかる・必要である　*Ci vuole* molto tempo. 多くの時間がかかる
- **mancare**[3]　不足している　*Mi mancano* le forze. 私は体力が足りない
- **stare**[28] **a cuore**　気にかかる　Quest'affare *mi sta a cuore*. この事件が私は気になる

●[主語 ＋（間接目的語）＋ 動詞 ＋ 補語]型

- **sembrare/parere**[17]（過 parso）　〜であるように思える
   Lei *mi sembra* una persona competente. 彼女はうってつけの人だと私には思える

前置詞句 ②

- **a/per causa della** morte　死が原因で
- **per motivi di** famiglia　家庭の理由で
- **per opera d'**arte　芸術によって
- **grazie al** genio　天才のおかげで
- **in/per conseguenza del** suo comportamento　彼の振る舞いのために（理由）
- **per via della** crisi　危機のために（原因）
- **per effetto del** calore　暑さの結果として
- **in seguito a** incidente　事故の結果として
- **a titolo di** aiuti　援助を名目として

★イタリア語にしてみよう！★

1) 私はここで働くのが好きだ　　　　　　　M___ p___ l___ q___ .
2) 君は何に興味がある？　　　　　　　　　Cosa t___ i___ ?
3) 彼は私には良い人のように思える　　　　M___ s___ una b___ p___ .
4) 肉を料理するのには多くの時間がかかる　C___ v___ m___ t___ per c___ la c___ .
5) あのめがねは君に似合うよ　　　　　　　Quegli o___ t___ s___ b___ .
6) そのレストランは家庭の理由で閉まったままだ　Il r___ ri___ c___ per m___ di f___ .

前ページの解答 1) Giorgia è diventata mamma. 2) Siamo partiti da qui.
3) Perché è successa la guerra fra Cesare e Pompeo? 4) Il suo umore è migliorato molto.
5) I conflitti sono aumentati. 6) I soldati sono scappati dalla battaglia per la paura.

Unità 9

7 近過去 ④

助動詞に essere をとる自動詞（特殊型）
- □ **piacere** 気に入る □ **interessare** 興味を起こさせる □ **importare** 重要である
- □ **occorrere/servire** 必要である □ **sembrare/parere** 〜であるように思える
- □ **volerci** かかる

助動詞に essere と avere どちらもとる自動詞
- □ **volere** 〜したい □ **potere** 〜できる □ **dovere** 〜しなければならない
- □ **appartenere** 所属する □ **durare/proseguire** 続く
- □ **muovere** 動き始める □ **girare** 曲がる □ **scivolare** 滑る □ **piovere** 雨が降る
- □ **nevicare** 雪が降る □ **tuonare** 雷が鳴る □ **pesare** 重さがある

助動詞に essere と avere を使い分ける自動詞
- □ **saltare**[助 avere] 跳ぶ（動作）/ [助 essere] 跳ぶ（移動）
- □ **correre**[助 avere] 走る（動作）/ [助 essere] 走る（移動）
- □ **procedere**[助 avere] 着手する/ [助 essere] 前進する
- □ **volare**[助 avere] 飛ぶ/ [助 essere] 飛んでいく
- □ **suonare**[助 avere] 演奏する/ [助 essere] 響く
- □ **mancare**[助 avere]（人が）欠ける/ [助 essere]（ものが）不足している
- □ **continuare** 続く[助 avere] 主語：物/ [助 essere] 主語：人・物

前置詞句 ③
- □ **in ordine al** contenuto 内容に関して □ **sul conto di** Mario マーリオに関して
- □ **per quel che riguarda/ per quanto riguarda** le scuole elementari 小学校に関しては
- □ **sulla base di/ in base al** contratto 契約によれば □ **per mano di** mio marito 夫を通じて
- □ **sotto la guida di** un maestro 先生の指導の下で
- □ **a cura dell'**ente locale 地方公共団体の監修によって

★イタリア語にしてみよう！★

1) 私は家に戻る必要があった　　　　　　　　　Mi è s____ t___ a c___.
2) 私たちはノーと言うことができなかった　　　Non a__ p___ d___ no.
3) 仕事のために私は外国に行かなければならなかった　Per l___ sono d___ a___ all'e____.
4) 祭日に鐘の音が響いた　　　　　　　　　　　Le c___ sono s___ a f___.
5) 私に関してはとても幸せです　　　　　　　　Per q___ r___ me, sono m___ f___.
6) 看護師は医師の指導の下で働いている　　　　Gli i___ l___ s___ la g___ di m___.

前ページの解答 1) Mi piace lavorare qui. 2) Cosa ti interessa? 3) Mi sembra una buona persona.
4) Ci vuole molto tempo per cucinare la carne. 5) Quegli occhiali ti stanno bene.
6) Il ristorante rimane chiusa per motivi di famiglia.

8 近過去 ⑤

● 経済活動（動詞）

- **comprare** 買う - un libro 本を買う　　□ **pagare**[4] 払う - le tasse 税金を払う
- **acquistare** 購入する - una casa 家を買う　□ **vendere** 売る - la casa 家を売る
- **guadagnare** もうける - qualche euro su Internet インターネットで数ユーロかせぐ
- **spendere**(過 speso) 使う - 30 euro per un DVD DVD に 30 ユーロ使う
- **consumare** 消費する - le scarpe 靴をすり減らす　□ **costare** 費用がかかる
- **risparmiare**[1]<risparmio> 節約する - tempo 時間を節約する
- **limitare**<limito> 制限する - le spese 支出を制限する
- **ritirare** 引き出す - del denaro dalla banca 銀行からお金を引き出す
- **permettersi**(過 permesso) 余裕がある
  non potere - una vacanza lunga 長い休みを取る余裕がない
- **avanzare** 残る　□ **importare** 輸入する - petrolio 石油を輸入する
- **impegnare** 質に入れる - i gioielli 宝石を質に入れる

- **comprarsi**（自分のために）買う - un motorino ミニバイクを買う
- **sprecare**[3] 浪費する - il tempo 時間をつぶす
- **versare** 払い込む - lo stipendio in banca 銀行に給料を振り込む
- **depositare**<deposito> 預ける - i soldi in banca お金を銀行に預ける
- **prelevare** 引き出す - una somma 預金を引き出す　□ **esportare** 輸出する

● 経済活動 ①（名詞）

- **soldi**(男)(複)/**denaro** お金　quattro *soldi* 小銭　□ **biglietto** 紙幣　□ **moneta** 硬貨
- **prezzo** 値段・価値　□ **valore**(男) 価値　□ **sconto** 値引き　□ **spesa** 買い物・費用

- **contanti**(男)(複) 現金　　□ **tasca**(複 tasche) 所持金　□ **banconota** 紙幣
- **assegno (bancario)** 小切手　□ **saldi**(男)(複) バーゲン　□ **mancia**(複 mance) チップ

● 疑問詞 ②

- **quanto costa/ quant'è** いくら？ *Quanto costano* le arance? オレンジはいくらですか？

★イタリア語にしてみよう！★

1) どこで君はそれ（女性）を買ったの？　　　D___ l'___ c___?
2) フランチェスカは長い休暇を取る余裕がなかった　Francesca si è p___ p___ una v___ l___.
3) その男は私にそれらを売った　　　　　　Il s___ me li h___ v___.
4) 私はようやく銀行からお金を引き出した　Ho a___ r___ del d___ dalla b___.
5) その靴はいくらですか？　　　　　　　　Q___ c___ le s___?

前ページの解答 1) Mi è servito/a tornare a casa. 2) Non abbiamo potuto dire no.
3) Per lavorare sono dovuto andare all'estero. 4) Le campane sono suonate a festa.
5) Per quanto riguarda me, sono molto felice. 6) Gli infermieri lavorano sotto la guida di medici.

Unità 9

9 等位接続詞

● 等位接続詞

- **e** そして　Sei gentile *e* generoso. 君は優しくて寛大だ
- **o/oppure**（o より意味が強い）**または**
  Quale prende, questo *o* quello? これかあれかどちらになさいますか？
- **Sia** mio fratello **sia/che** mia sorella hanno partecipato al mio matrimonio.
  私の兄も妹も私の結婚式に参加した
- Non mangio **né** carne **né** pesce.　私は肉も魚も食べない
- **ma/però**（ma より意味が強い）**/tuttavia/eppure/ del resto/ solo (che)**　しかし
  È difficile, *ma* interessante. それは難しいがおもしろい
- **d'altra parte** とは言っても
  D'altra parte, la temperatura è i 16 gradi centigradi. とは言っても気温は摂氏１６度である
- **anzi/ al contrario** それどころか　*Anzi*, è facilissimo. それどころかそれはとても簡単だ
- **perciò/quindi/dunque/così/ di conseguenza** だから
  Oggi sta male, *perciò* non viene a scuola. 彼は今日は具合が悪い、だから学校に来ない
- **allora** それでは　*Allora*, arrivederci. それでは、さようなら
- **infatti** 実際に
  Non posso uscire, *infatti* non sto bene. 私は外出できない、実際に体調が良くないのだ
- **e poi** その上　Sei bella, *e poi* sei simpatica. 君は美しくその上感じが良い

★等位接続詞を使ってイタリア語にしてみよう！★

1) 彼は私にそうだとも違うとも言わなかった　　Non mi ha d___ n___ sì n___ no.
2) 君は何も食べなかった。だから空腹なのだ　　Non hai m___ nu___, perc___ hai f___.
3) 私は昼でも夜でも植物を目立つところに置く　M___ in vista la p___ s___ di g___ s___ di n___.
4) 私はアイスクリームが好きではない。実際に決して買わない

　　　　　　　　　　　　　　　　　　　　　Non m___ p___ il g___, i___ non lo c___ m___.
5) 私は信じることができないが、それは真実だ　Non ci p___ credere, e___ è v___.
6) それでは私たちは何をしましょうか？　　　　A___, cosa f___?

前ページの解答　1) Dove l'hai comprata? 2) Francesca si è potuta permettere una vacanza lunga. = Francesca ha potuto permettersi una vacanza lunga. 3) Il signore me li ha venduti.
4) Ho appena ritirato del denaro dalla banca. 5) Quanto costano le scarpe?

10 非人称動詞

● **非人称動詞**（間接目的語が不定詞の主語の役割をする）

- **bisognare/occorrere**(過 occorso)/**convenire**(過 convenuto) + [INF] 必要がある
  Bisogna fare qualcosa per lui. 彼のために何かする必要がある
- **importare** (**di**) + [INF] 重要である
  Mi importa (di) riuscirci. 私にはそれが成功するかどうかが重要である
- **bastare** + [INF] 十分である *Basta dire* "sì". 「はい」と言ってくれるだけで十分だ
- **sembrare/parere**(過 parso) **di** + [INF] 思われる
  Mi sembra di conoscerle. 私は彼女を知っているような気がする
- **accadere**(過)/**capitare**<capito> **di** + [INF] 起こる
  A volte accade di sbagliare. 時々間違えることがある
- **succedere**(過 successo) **di** + [INF] 〜することがある
  Mi succede spesso di essere in ritardo. 私はよく遅れることがある

● **天候**（非人称動詞）

- **piovere** 雨が降る *Piove forte.* ひどく雨が降る
- **nevicare**³<nevica> 雪が降る *Nevica tanto.* たくさん雪が降る
- **tuonare** 雷が鳴る *Tuona tutta la notte.* 一晩中雷が鳴る

● **序列**（副詞）

- **per la prima volta** 初めて   **per cominciare/ prima di tutto** まず最初に
- **all'inizio/ agli inizi/ da prima** 最初は   **poi** その後に
- **finalmente/infine** やっと   **in/alla fine** 最終的には   **in fondo** 結局は
- **in un primo momento** 初めの頃は   **in primo/secondo luogo** 第一／二に
- **per finire** 締めくくりとして   **a conti fatti** 結論として

★非人称動詞を使ってイタリア語にしてみよう！★

1) まず最初にヴェネツィアに行く必要がある　　Per c___ b___ a___ a V___.
2) その後に私はダイエットする必要がある　　P___ mi c___ f___ una d___.
3) 私は食べ過ぎたように思う　　Mi s___ di m___ t___.
4) 一晩中強く雨が降った　　È p___ f___ t___ la n___.
5) それを理解するためには写真を見るので十分だ　B___ g___ le f___ per c___.
6) 私はおもしろいことを見つけることがよくある　Mi s___ s___ di t___ c___ i___.

前ページの解答 1) Non mi ha detto né sì né no. 2) Non hai mangiato nulla, perciò hai fame.
3) Metto in vista la pianta sia di giorno sia di notte. 4) Non mi piace il gelato, infatti non lo compro mai.
5) Non ci posso credere, eppure è vero. 6) Allora, cosa facciamo?

Unità 9

11 非人称表現

● 天候（名詞）

□**tempo** 天気 bel - 晴れ previzioni del - 天気予報　□**clima**男(複 climi) 気候
□**temperatura** 温度　□**nuvola** 雲　□**pioggia**(複 piogge) 雨 cadere la - 雨が降る
□**vento** 風 tirare - 風が吹く　□**neve**女 雪 cadere la - 雪が降る　□**nebbia** 霧

□**tempaccio**(複 tempacci) 悪天候　□**pressione**女 気圧　□**nuvolosità**女不 曇天
□**temporale**男 雷雨　□**tempesta** 嵐　□**tuono** 雷鳴　□**lampo** 稲光　□**terremoto** 地震

● 天候（形容詞）

□**sereno** 晴れた tempo - 晴れ cielo - 晴天　□**chiaro** 晴れ渡った
□**buio**(複 bui/ buie) 暗い　　　　　　　　　□**umido** 湿った

□**nuvoloso** 曇った　□**mite** 温暖な　□**centigrado** 摂氏の

表現 ── fare 非人称表現 ──
□**fare caldo** 暑い　　　　　□**fare freddo** 寒い　　　□**fare fresco** 涼しい
□**fare bel tempo** 良い天気である　□**fare brutto tempo** 悪い天気である
□**fare giorno** 夜が明ける　　□**fare notte** 夜になる　□**fare buio** 暗くなる

essere + 形容詞・名詞 + INF（非人称表現）
□**essere difficile** trovare l'uscita 出口を見つけるのが難しい
□**essere facile** rispondere alla tua domanda 君の質問に答えるのは簡単だ
□**essere importante** parlare italiano per me 私にとってイタリア語を話すのは大切だ
□**essere inutile** pensare troppo 考えすぎても無駄だ
□**essere necessario** presentare la tessera 会員証を見せる必要がある
□**essere possibile** vederla 彼女に会うことができる
□**essere impossibile** vivere senza te 君なしで生きることは不可能だ
□**essere meglio** invitarle 彼女たちを招待する方が良い
□**essere un piacere** tornare qui ここに戻るのは嬉しい

★イタリア語にしてみよう！★

1) 歯を抜く必要がある　　　　　　　　È n___ t___ un d___.
2) 過去を忘れることはできない　　　　È i___ d___ il p___.
3) もっと働く必要がある　　　　　　　È n___ l___ di p___.
4) 今日は暑い　　　　　　　　　　　　O___ f___ c___.
5) 天気予報：北部、晴れ、南部、雨と風　Meteo: t___ s___ al N___, p___ e v___ al S___.

前ページの解答 1) Per cominciare bisogna andare a Venezia. 2) Poi mi conviene fare una dieta.
3) Mi sembra di mangiare troppo. 4) È piovuto forte tutta la notte.
5) Basta guardare le foto/fotografie per capirlo. 6) Mi succede spesso di trovare cose interessanti.

12 ジェルンディオ

● 感覚・感情 ③（動詞）

- **sentirsi** (自分が) 感じる - male 気分が良くない
- **commuovere**⑯/**commuoversi**⑯ (⑱ commosso/ⓖ comm(u)ovendo) 感動させる／する
- **disperare** 絶望する - nell'avvenire 将来に絶望する
- **rassegnarsi** あきらめる - *a* questa situazione この状況をあきらめる
- **rinunciare**¹ <rinuncio> あきらめる - *a* un premio 賞を放棄する
- **accomodarsi** <accomodo> くつろぐ *S'accomodi* pure. どうぞおかけください
- **preoccuparsi** <preoccupo> 心配する - *dell'*/*per* l'avvenire 将来を心配する
- **preoccupare** <preoccupo> 心配させる   **tormentare** (肉体的に) 苦しめる
- **soffrire** (⑱ sofferto) 苦しむ - *per*/*di* mal di cuore 心臓の痛みを患う

- **tranquillizzarsi** 安心する   **rilassarsi** リラックスする   **disturbarsi** 気を遣う
- **affliggersi** (⑱ afflitto) 苦しむ - *per* il mal di testa 頭痛に苦しむ
- **agitarsi** <agito> 動揺する   **pentirsi** 後悔する - *di* un peccato 罪を悔いる
- **offendersi** (⑱ offeso) 気分を害する   **ridersi** (⑱ riso) からかう - *di* te 君をからかう
- **esaurirsi** <isc> 疲れ切る - nel lavoro 仕事で疲れ果てる

● 身分 ③（名詞）

- **direttore**男/**direttrice**女 部長・指導者 - d'orchestra 指揮者
- **comandante**男女 指揮官   **capo** 長   **dottore**男/**dottoressa**女 学士・博士

- **vicedirettore**男/**vicedirettrice**女 副部長   **caporeparto**男女 (⑱ capireparto) 課長
- **rettore**男/**rettrice**女 学長   **preside**男女 校長・学部長   **generale**男 将軍

文法 ── ジェルンディオ ──

-are 動詞 → **-ando** (gio*care* → gio*cando*)
-ere 動詞 → **-endo** (ca*dere* → ca*dendo*)
-ire 動詞 → **-endo** (ve*nire* → ve*nendo*)

★次の動詞をジェルンディオにして意味を言ってみよう！★

1) disperare → ＿「　」 2) preoccupare → ＿「　」 3) soffrire → ＿「　」
4) tormentare → ＿「　」 5) vivere → ＿「　」 6) avere → ＿「　」
7) dire → ＿「　」 8) fare → ＿「　」 9) andare → ＿「　」
10) bere → ＿「　」 11) porre → ＿「　」 12) trarre → ＿「　」

前ページの解答 1) È necessario togliere un dente. 2) È impossibile dimenticare il passato.
3) È necessario lavorare di più. 4) Oggi fa caldo. 5) Meteo: tempo sereno al Nord, piogge e venti al Sud.

Unità 9

13 進行相

● 身体的動作 ④（動詞）

- **rivolgersi**(過 rivolto) 振り向く - *a/verso* la porta ドアの方に振り向く
- **camminare** 歩く   **correre**(過 corso) 走る - per la casa 家に向かって走る
- **saltare** 跳ぶ - dalla finestra 窓から飛び降りる   **volare** 飛ぶ
- **gettarsi** 飛び込む - in acqua 水に飛び込む   **nuotare** 泳ぐ
- **sciare**[2] スキーをする   **tremare** 震える - *di* freddo 寒さに震える
- **respirare** 呼吸する - l'aria 空気を吸い込む   **soffocare**[3]<soffoco> 窒息させる
- **uccidere**(過 ucciso)/**ammazzare** 殺す - un uomo 人を殺す   **urlare** 叫ぶ・吠える
- **commettere**(過 conmesso) 犯す - un errore 誤る   **gridare** 叫ぶ

- **puntare** 突く - il bastone 棒をさす   **mordere** かむ - un frutto 果物をかじる
- **scivolare**<scivolo> 滑る - sul ghiaccio 氷の上を滑る   **abbaiare**[1]<abbaio> 吠える

● 魚介類（名詞）

- **pesce**男 魚 - spada メカジキ - volante トビウオ   **tonno** マグロ

- **orata** クロダイ   **branzino/spigola** スズキ   **sogliola** シタビラメ
- **acciuga**(複 acciughe) イワシ・アンチョビー   **salmone**男 鮭   **trota** マス
- **calamaro**（ヤリ）イカ   **seppia**（コウ）イカ nero di - イカスミ
- **scampo** エビ   **aragosta** 伊勢エビ   **vongola** アサリ   **cozza** ムール貝
- **ostrica**(複 ostriche) カキ   **alga**(複 alghe) 海草

文法 ── 進行形 ──
stare	+ ジェルンディオ	〜している最中である
andare	+ ジェルンディオ	〜になっていく・よく〜する
venire	+ ジェルンディオ	〜し続ける

★進行相でイタリア語にしてみよう！★

1) 私は丘を歩いている　　　　　　　　　　　S___ c___ in c___.
2) 私たちは同じ空気を吸っている　　　　　　S___ r___ la s___ a___.
3) 私は君に良い知らせを届けるために走り続ける　V___ c___ per d___ la b___ n___.
4) 彼は広場でよく叫んでいる　　　　　　　　V___ u___ nella p___.
5) 君の息子たちはどこでスキーをしているの？　Dove s___ s___ i tuo i___ f___?
6) 魚たちが穏やかに泳いでいる　　　　　　　I p___ s___ n___ tranquillamente.

前ページの解答 1) disperando 絶望する 2) preoccupando 心配させる 3) soffrendo 苦しむ
4) tormentando 苦しめる 5) vivendo 生活する 6) avendo 持つ 7) dicendo 言う 8) facendo する 9) andando 行く
10) bevendo 飲む 11) ponedo 置く 12) traendo 引く

14 使役表現

● 使役（動詞）

- **fare**[13](fatto/ facendo) + 自動詞・再帰動詞 + 人 ～させる
  - *venire l'amico* 友達に来てもらう
- **fare** + 他動詞 + **a** + 人 / **da** + 物 ～させる - *dire la verità a Maria* マリーアに真実を言わせる
- **lasciare**[1] <lascio> + 自動詞 + 人 ままにさせる - *piangere il bambino* 子供を泣かせておく
- **lasciare** + 他動詞 + **a** + 人 ままにさせる *lasciarmi vedere* 私に見せる
- **costringere**(costretto) + 人 + **a** + INF 無理に～させる
  costringermi a vendere la casa やむを得ず私に家を売らせる
- **imporre**[20](imposto/ imponendo) **a** + 人 + **di** + INF 無理に～させる
  - *a Carlo di uscire* 無理にカルロを出て行かせる
- **obbligare**[4] + 人 + **a** + INF 強制する *obbligarti ad andarci* 君にそこに行かせる

- **spingere**(spinto) + 人 + **a** + INF 駆り立てる
  - *mio figlio a studiare* 息子を勉強するように仕向ける

● 電話（名詞）

- **telefono** 電話 - *pubblico* 公衆電話 **telefonino/(telefono) cellulare**(男) 携帯電話
- **numero** 数字 - *di telefono* 電話番号 - *verde* フリーダイヤル

- **telefonata** 通話 - *internazionale* 国際電話 **segreteria telefonica** 留守番電話
- **fax**(男)(不) ファックス **prefisso di zona/teleselezione** 市内／市外局番

● 地理（形容詞）

- **mondiale** 世界の   **internazionale** 国際的な   **nazionale** 国の
- **locale** 地方の   **straniero/estero** 外国の

- **statale** 国の   **comunale/municipale** 市・町・村の   **regionale** 地方の
- **rustico**(rustici/rustiche) 田舎の   **tropicale** 熱帯の   **terrestre** 地球の
- **spaziale** 空間の・宇宙の   **stradale** 道の

★イタリア語にしてみよう！★

1) 私は娘をベッドに寝かせた　　　　　　　　Ho f___ d___ mia f___ in un l___.
2) マーリオは私たちにミラノの町を見せた　　Mario ci ha f___ v___ la c___ di M___.
3) お母さんは子供を泣かせたままにしている　La m___ l___ p___ il b___.
4) 私の父は私を無理に出発させる　　　　　　Mio p___ mi c___ a p___.
5) 誰も私にここに留まることを強制しなかった　N___ mi ha o___ a rim___ qui.
6) 外国の電話番号から住所を見つけることができますか？　È p___ t___ un i___ da un n___ di t___ e___?

前ページの解答 1) Sto camminando in collina. 2) Stiamo respirando la stessa aria. 3) Vengo correndo per darti la bella notizia. 4) Va urlando nella piazza. 5) Dove stanno sciando i tuoi figli? 6) I pesci stanno nuotando tranquillamente.

Unità 9

15 受動態 ①

● 発見・確認（動詞）

- **trovare** 見つける - lavoro 仕事を見つける
- **ritrovare** （失ったものを）見つける - la chiave 鍵を見つける
- **scoprire** (過 scoperto) 発見する - la verità 真実を突き止める
- **inventare** 発明する - la radio ラジオを発明する
- **cercare**³ 探す - una camera 部屋を探す
- **ricercare**³ 何度も探す - un bambino 子供を何度も探す
- **confermare/verificare**³ <verifico> 確認する - l'orario 時刻表を確認する
- **controllare** 点検する - la posta メールを確認する

● 結合（動詞）

- **combinare** 結びつける - i colori 色を合わせる
- **attaccare**³ つける - un bottone ボタンをつける   **legare**⁴ 縛る - i capelli 髪を結ぶ
- **sciogliere**²⁰ (過 sciolto) ほどく - un pacco 包みをほどく
- **sciogliersi**²⁰ (過 sciolto) ほどける   **dividere** (過 diviso) 分割する
- **separare** 分離する - la buona *dalla* cattiva carne 良い肉と悪い肉を区別する
- **staccare**³ 引き離す - i francobolli dalle buste 切手を封筒からはがす

● 天体（名詞）

- **spazio** (複 spazi) 宇宙   **Terra** 地球   **sole** 男 太陽 al - 日なたで   **luna** 月
- **stella** 星 - cadente 流れ星 - cometa 彗星

- **globo** 地球   **pianeta** 惑星   **Mercurio** 水星   **Venere** 女 金星   **Marte** 男 火星
- **Giove** 男 木星   **Saturno** 土星   **Urano** 天王星   **Nettuno** 海王星   **Via Lattea** 天の川

```
文法 ─────────── 受動態 ───────────
  essere/venire + 過去分詞 +(da)     （〜によって）〜される
  andare + 過去分詞                  〜されるべきである（義務的受け身）
  si + 他動詞三人称                  〜される
```

★受動表現を使ってイタリア語にしてみよう！★

1) その星は 2001 年に発見された　　　La s＿＿＿ è s＿＿＿ s＿＿＿ nel 2001.
2) ガラスはプラスティックと分けるべきだ　Il v＿＿ v＿＿ s＿＿ dalla p＿＿ .
3) その国は二つに分けられる　　　　Il p＿＿ si d＿＿ in d＿＿ .
4) 私のサイトが見つけられないの？　　Il mio s＿＿ non v＿＿ t＿＿ ?

前ページの解答 1) Ho fatto dormire mia figlia in un letto. 2) Mario ci ha fatto vedere la città di Milano.
3) La mamma/madre lascia piangere il bambino. 4) Mio padre mi costringe a partire.
5) Nessuno mi ha obbligato a rimanere qui. 6) È possibile trovare un indirizzo da un numero di telefono estero?

16 受動態 ②

● 伸縮（動詞）

- **estendere**(過 esteso)/**allargare**[4]（範囲を）広げる - una strada 道幅を広げる
- **stendere**(過 steso)（たたんであるものを）広げる - il bucato 洗濯物を干す
- **svolgere**(過 svolto)（巻いたものを）広げる - un pacco 包みを広げる
- **diffondere**(過 difuso) 広める - l'italiano イタリア語を広める
- **diffondersi**(過 difuso) 広まる
- **spargere**(過 sparso) まく - la voce うわさを広める
- **allungare**[4] 伸ばす - la gonna スカートを長くする **allungarsi**[4] 長くなる
- **tendere**(過 teso) 張る - l'arco 弓を張る

- **aprirsi** 開く - con il vento 風で開く

● 学校・学習（名詞）

- **istruzione**(女)（学校）教育 **educazione**(女)（家庭）教育 **presenza** 出席
- **studio**(複 studi) 勉強 **indagine**(女) 調査 **ricerca**(複 ricerche) 研究
- **esperimento** 実験 **lezione**(女) 授業 **disciplina** 学科 **materia** 科目
- **conferenza** 講演 **tesi**(女不) 論文 - di laurea 卒業論文 **tema**(男)(複 temi) 作文
- **esame**(男) 試験・検査 - di fine 期末試験 **prova** 試験・試し - scritta 筆記試験
- **voto**（試験の）点数 **esempio**(複 esempi) 例 per - 例えば **aula** 教室
- **laboratorio**(複 laboratori) 実験室 **facoltà**(女不) 学部 - di medicina 医学部
- **corso** コース - d'italiano イタリア語のコース **classe**(女) 学年 **lista** 名簿

- **compiti**(男複) 宿題 **introduzione**(女) 序論 **test**(男不) 検査（テスト） **concorso** コンクール
- **orari delle lezioni**(男複) 授業時間割 **registro** 名簿 **elenco**(複 elenchi) リスト
- **tessera studentesca** 学生証 **lavagna** 黒板 **laurea** 学位
- **diploma**(男)(複 diplomi)（大学・高校の）卒業証書 **assenza** 欠席

★受動表現を使ってイタリア語にしてみよう！★

1) その調査は 300 の学校に広げられている   L'i___ è e___ a 300 s___.
2) 午後の間にそのうわさが広まった   Nel corso di p___ si è s___ la voce.
3) ワインの文化がヨーロッパに広げられた   La c___ del v___ è s___ d___ in E___.
4) 試験は金曜日に変更された   L'e___ è s___ sp___ a v___.
5) 授業はフェッラーリ先生によって行われた   Le l___ sono s___ te___ dal p___ Ferrari.

前ページの解答 1) La stella è stata scoperta nel 2001. 2) Il vetro va separato dalla plastica.
3) Il paese si divide in due. 4) Il mio sito non viene trovato?

Unità 10

1 直説法未来形 ①

● 受領（動詞）

- **accettare**（意思を持って）受け取る - un invito 招待に応じる
- **ricevere**（受動的に）受け取る - un messaggio メッセージを受け取る
- **ottenere**[30] 獲得する - un premio 賞を得る
- **procurare** 手に入れてやる - un biglietto 切符を手配する
- **perdere**(過 perso/perduto) 失う - *di* vista 視力を失う - i sensi 気絶する
- **assumere**(過 assunto) 引き受ける - un ruolo più importante より重要な役割を担う
- **subire**<isc> 被る・受ける - incidenti 事故に遭う
- **cedere** 譲る - il passo 先を譲る **adottare** 採用する - l'opinione 意見を採用する

- **godere**[14] 享受する - *di* un diritto 権利を享受する
- **gradire**<isc> 喜んで受ける - un invito 招待を喜んで受ける

● 人間の属性 ②（名詞）

- **nome**(男) 名前 - e cognome/ - completo 氏名 **cognome**(男) 姓 **età**(女㊇) 年齢
- **umanità**(女㊇) 人間性 **ragione**(女) 理性 **carattere**(男) 性格・性質
- **disposizione**(女) 気質 **personalità**(女㊇) 個性 **grazia** 優美さ **anima** 魂
- **animo** 心 **mente** 頭脳・精神 **spirito** 精神 **figura** 姿・容姿
- **voce**(女) 声 a gran -/ ad alta - 大声で **pronuncia**(複 pronunce) 発音 **tono** 口調
- **grido**(複 le grida) 叫び声 **respiro** 呼吸 **fiato** 息 **vista/visione**(女) 視力
- **lacrima** 涙 **vigore**(男) 生命力 **istinto** 本能 **potenza**（能）力
- **facoltà**(女㊇)/**capacità**(女㊇)/**abilità**(女㊇) 能力 **valore**(男)（人間の）能力
- **potere**(男) 権力 **autorità**(女㊇) 権限

- **aspetto** 顔つき

★未来形を使ってイタリア語にしてみよう！★

1) 私は君の招待を受け取らないだろう　　　　　Non a_____ un tuo i_____.
2) 君は私に大きな権限を与えるつもりなのか？　Mi p_____ una grande a_____?
3) 彼は新しいシステムを採用するだろう　　　　A_____ un n_____ s_____.
4) 私たちは神の力を受け取ることになるだろう　R_____ la p_____ di Dio.
5) 君たちは私のように声が出なくなるだろう　　P_____ la v_____ come me.
6) 彼らは交通事故に遭うことはないだろう　　　Non s_____ i_____ s_____.

前ページの解答 1) L'indagine è estesa a 300 scuole. 2) Nel corso di pomeriggio si è sparsa la voce.
3) La cultura del vino è stata diffusa in Europa. 4) L'esame è stato spostato a venerdì.
5) Le lezioni sono state tenute dal professor Ferrari.

2 直説法未来形 ②

● 指示（動詞）

- **indicare**³<indico> 指し示す - l'uscita 出口を指さす
- **accennare**（手や目で）示す - la via 道を指し示す　**significare**³<significo> 意味する
- **rivolgere**（過 rivolto）/**dirigere**（過 diretto） 向ける
  rivolgere gli occhi *a* destra 右に目を向ける
- **comandare** 命じる *comandarla* il silenzio 彼女に静かにするよう命じる
- **destinare** 〜宛てにする - una lettera a Filippo 手紙をフィリッポ宛てにする

● 時 ①（前置詞句）

- **in** 〜の時 - primavera 春に　**verso** 〜頃 - le due 2時頃
- **per** 〜の間 - una notte 一晩　**durante** 〜の間（ずっと） - la guerra 戦争中
- **entro** 〜以内に - i termini 期間内に

- **all'età di** 〜の時に - *di* 8 anni 8歳の時に　**in occasione di** 〜の際に - *della* gara 試合の時に
- **all'atto di** 〜の時点で - *del* pagamento 支払いの時点で　**in sede di** 〜中に - *d'*esami 試験中に
- **all'arrivo di** 〜の到着点で - *del* treno 電車が着いたときに
- **nel corso di** 〜の間に - *di* 2012 2012年の間に

● 位置関係 ③（前置詞句）

- **in fondo a/ alla fine di** 〜の突き当たりに
  in fondo al/ alla fine del corridoio 廊下の突き当たりに
- **in capo a** 〜の先端に - *al* ponte 橋の向こうの端に
- **in/alla presenza di** 〜のいるところで - *della* madre 母のいるところで
- **di fronte a/ in faccia a** 〜の正面に - *alla* stazione 駅の正面に
- **al centro di** 〜の中央に - *del* mondo 世界の中心で
- **in mezzo a/ nel mezzo di** 〜の中央に　*in mezzo alla* stanza 部屋の真ん中で
- **alla/sulla destra/sinistra di** 〜の右／左に　*sulla destra della* piazza 広場の左に
- **a est/ovest/sud/nord di** 〜の東／西／南／北に　*a nord di* un edificio 建物の北に
  （エスト　オーヴェスト　スッド　ノルド）

★未来形を使ってイタリア語にしてみよう！★

1) 発表日は１０月１５日頃になるだろう　　La d___ di p___ s___ v___ il 15 o___ .
2) 誰が私に正しい方向を示してくれるのだろうか？　Chi mi i___ la d___ g___ ?
3) 私たちは仕事に注意を向けるつもりだ　　D___ l'a___ sul l___ .
4) 夏休みの間君は何をするつもりなの？　　Che f___ d___ le v___ e___ ?
5) 皆様は約20分で駅の正面に到着するでしょう　A___ di f___ alla s___ in c___ 20 m___ .

前ページの解答 1) Non accetterò un tuo invito. 2) Mi procurerai una grande autorità?
3) Adotterà un nuovo sistema. 4) Riceveremo la potenza di Dio. 5) Perderete la voce come me.
6) Non subiranno incidenti stradali.

Unità 10

3 　直説法前未来

● 要求（動詞）

- **chiedere**(過 chiesto) 求める - 50 euro 50 ユーロを求める
- **richiedere**(過 richiesto) 強く求める・必要とする - aiuto 助けを強く求める
- **invocare**[3] 懇願する - l'aiuto 助けを求める　□ **ricorrere**(過 ricorso) 追い求める
- **pretendere**(過 preteso) 強く要求する - rispetto 尊敬を強要する
- **insistere**(過 insistito) 固執する - in/su questo problema この問題に固執する

● 経済活動 ② （名詞）

- **conto** 会計・計算　□ **calcolo** 計算　□ **totale**(男) 合計 in - 全部で　□ **somma** 合計
- **servizio**(複 servizi) サービス　□ **scambio**(複 scambi) 交換　□ **capitale**(男) 資本
- **economia** 経済・節約　□ **stipendio**(複 stipendi) （ホワイトカラーの）給料
- **pensione**(女) 年金 andare in - 年金生活に入る　□ **bilancio**(複 bilanci) 予算・収支
- **imposta** 税金　□ **costo** 経費・費用 ad ogni - / a tutti i *costi*/ a qualunque - 是非とも
- **debito** 借金　□ **affitto** 賃貸借　□ **sciopero** ストライキ　□ **importazione**(女) 輸入
- **esportazione**(女) 輸出　□ **tesoro** 宝　□ **ricchezza** 富　□ **beni**(男複) 財産
- **possesso** 所有　□ **proprietà**(女)(不) 所有権

- **finanza** 財政　□ **paga** 給料 busta - 給料袋　□ **salario**(複 salari) （ブルーカラーの）給料
- **compenso** 謝礼 in - その代わりに　□ **pagamento** 支払い　□ **resto** お釣り　□ **consumo** 消費
- **cambio**(複 cambi) 両替 ufficio *cambi* 両替所　□ **noleggio**(複 noleggi) 賃貸借
- **vendita** 売ること　□ **tariffa** 料金 - postale/telefonica 郵便／電話料金
- **tassa** 税金・公共料金　□ **IVA** 付加価値税

文法　── 前未来：助動詞の未来形＋過去分詞 ──

・未来のさらに以前に完了した動作・状態
・過去の確信の持てない推測・想像
・過去の事実の語調緩和

★前未来を使ってイタリア語にしてみよう！★

1) 彼は月に 1000 ユーロの給料を求めていたのだろうか？
　　　　　　　　　　　　　　　　　A__ c__ uno s__ di 1000 e__ al m__?
2) 6 年内に私は年金生活に入っているだろう　　In s__ a__ s__ a__ in p__.
3) きっと彼は音楽の能力に固執していたのだろう　Di s__ a__ i__ sul v__ della m__.
4) 皆さんが公共サービスを要望していたなら、バスの運行が始まることになるだろう
　　　　　　　　　　　　　　　　　Se a__ r__ il s__, p__ un a__.

前ページの解答 1) La data di presentazione sarà verso il 15 ottobre. 2) Chi mi indicherà la direzione giusta?
3) Dirigeremo l'attenzione sul lavoro. 4) Che farai durante le vacanze estive?
5) Arriverete di fronte alla stazione in circa 20 minuti.

4 動詞 + di + INF ①

● 他動詞 + di + INF

- **credere/pensare/supporre**[20](過 supposto/ジ supponendo) **di** *partire* 出発しようと思う
- **immaginare**<immagino> **di** *essere* al mare 海にいる気になる
- **sentire di** *avere* i nostri diritti 自分たちの権利があると感じる
- **dimostrare di** *essere* un bravo imprenditore 立派な実業家であるようにみえる
- **decidere**(過 deciso) **di** *smettere* di fumare タバコをやめる決心をする
- **stabilire**<isc> **di** *riunirci* 集まることに決める
- **permettere**(過 permesso)/**ammettere**(過 ammesso)/**consentire di** fumare 喫煙を許す
- **affermare/pretendere**(過 preteso) **di** *essere* innocente 潔白であることを主張する
- **confessare di** *avere* paura 怖いと告白する
- **rivelare di** *essere* una donna 女であることを明かす
- **accettare di** *fare* un lavoro 仕事を引き受ける
- **rifiutare di** *partire* 出発するのを断る
- **proporre**[20](過 proposto/ジ proponendo) **di** *fare* una vacanza 休暇をとるよう提案する
- **accusare di** non *sapere* l'italiano イタリア語が分からないことを非難する
- **dimenticare**[3] **di** *essere* un professore 教師であることを忘れる
- **escludere**(過 escluso) **di** *venire* 来るのを否定する
- **finire**<isc>/**smettere**(過 smesso)/**cessare di** *parlare* 話すのをやめる
- **evitare**<evito> **di** *comporre* frasi ambigue 曖昧な文章を作るのを避ける
- **aspettare/attendere**(過 atteso) **di** *ricevere* il regalo プレゼントをもらうのを待つ
- **tentare di** *fuggire* 逃亡を試みる
- **sognare di** *diventare* una star スターになる夢をみる

★不定詞を使ってイタリア語にしてみよう！★

1) いつも私は明かりを消すのを忘れる　　　　　S___ d___ di s___ la l___.
2) 私たちは正しいと信じている　　　　　　　　C___ di a___ r___.
3) その女の子は彼と踊るのを断った　　　　　　La r___ ha r___ di b___.
4) 今日たばこを吸うのをやめることに決めた　　O___ ho d___ di s___ di f___.
5) 私たちは何が起こるか分かるまで待っている　As___ di v___ cosa a___.
6) 人間は飛ぶことを夢見ている　　　　　　　　L'u___ s___ di v___.

前ページの解答 1) Avrà chiesto uno stipendio di 1000 euro al mese?
2) In sei anni sarò andato/a in pensione. 3) Di sicuro avrà insistito sul valore della musica.
4) Se avrete richiesto il servizio, partirà un autobus.

Unità 10

5 動詞 + di + INF ②

● 自動詞 + di + INF

□ **mancare**[3] **di** *fare* il mio commento コメントをし忘れる
□ **parlare di** *creare* un nuovo sistema 新しいシステムを作りたいと言う
□ **cercare**[3] **di** *tornare* presto 早く戻るよう試みる
□ **rischiare**[1]<rischio> **di** *perdere* tutto 危うくすべてを失いそうになる

● 再帰動詞 + di + INF

□ **accorgersi**(過 accorto) **di** *sognare* 夢を見ているのに気づく
□ **convincersi**(過 convinto)/**assicurarsi di** *avere* le abilità 能力があると確信する
□ **ricordarsi di** *preparare* ricette レシピを用意するのを思い出す
□ **dimenticarsi**[3] **di** *telefonarmi* 私に電話するのを忘れる
□ **offrirsi**(過 offerto) **di** *dare* assistenza ai malati 病人の看護を申し出る
□ **rifiutarsi di** *parlare* con lei 彼女と話すのを強く拒否する
□ **scusarsi di/per** *essere* in ritardo 遅れたことを謝る
□ **sorprendersi**(過 sorpreso) **di** *rivedermi* qui ここで私に会って驚く
□ **vantarsi di** *sapere* tre lingue 三つの言語ができることを自慢する
□ **permettersi**(過 permesso) **di** *scriverti* あえて君に手紙を書こうとする

essere + 形容詞 + di + INF

□ **essere sicuro/certo di** *aver* ragione 正しいと確信する
□ **essere curioso di** *sentire* la sua opinione 彼の意見を聞きたい
□ **essere capace/incapace di** *mentire* 嘘をつく能力がある／ない
□ **essere all'altezza/in grado di** *cantare* la canzone その歌を歌う能力がある
□ **essere felice/contento/lieto di** *aiutarmi* 私を助けてくれて嬉しい
□ **essere stanco di** *mangiare* le stesse cose 同じものを食べるのに飽きる
□ **essere occupato a** *scrivere* alla lavagna 黒板を書くのに忙しい

★不定詞を使ってイタリア語にしてみよう！★

1) 私は何も知らないことに気づく　　　　　Mi a___ di non s___ nu___.
2) 私たちは試験勉強をするのを思い出す　　Ci r___ di s___ per l'___.
3) 彼はクリックするのを忘れている　　　　Si d___ di f___ clic.
4) 私はあえてすべての人に話をする　　　　Mi p___ di p___ per tutte.
5) なぜ彼は本当のことが言えないのか？　　Perché è i___ di d___ la v___?
6) 私はより適切な言葉を見つけようとしている　C___ di t___ le p___ più a___.

前ページの解答 1) Sempre dimentico di spegnere la luce. 2) Crediamo di avere ragione.
3) La ragazza ha rifiutato di ballare. 4) Oggi ho deciso di smettere di fumare.
5) Aspettiamo di vedere cosa accadrà. 6) L'uomo sogna di volare.

6 動詞 ＋ a ＋ INF

● 他動詞 ＋ a ＋ INF

- **insegnare a** *guidare* 運転の仕方を教える **imparare a** *leggere* 読みを習う
- **cominciare**[1]<com_incio>/**incominciare**[1]<incom_incio>/**iniziare**[1]<in_izio> **a** *studiare* 勉強をし始める
- **provare a** *entrare* dentro 中に入るのを試みる
- **riprendere**(過 ripreso) **a** *salire* 再び上がり始める
- **continuare**<cont_inuo> **a** *dormire* 眠り続ける

● 自動詞 ＋ a ＋ INF

- **andare**① **a** *fare* le gite 小旅行に行く **venire**㊱(過 venuto) **a** *giocare* 遊びに来る
- **godere**⑫ **a** *prendere* il sole 日光浴を楽しむ
- **arrivare/riuscire a** *distinguerlo* それをうまく見分けることができる
- **giungere**㊸(過 giunto) **a** *scoprire* la verità うまく真実を発見する
- **scoppiare**[1]<sc_oppio> **a** *piangere* 突然泣き出す

● 再帰動詞 ＋ a ＋ INF

- **decidersi**(過 deciso) **a** *partire* 出発することを決める
- **risolversi**(過 risolto) **a/di** *andare* dal medico 医者に行く決心がつく
- **impegnarsi a** *terminare* il lavoro 仕事を終わらせると約束する
- **prepararsi ad** *andare* a scuola 学校に行く準備をする
- **divertirsi a** *giocare* a tennis テニスをして楽しむ
- **vergognarsi a/di** *cantare* in pubblico 人前で歌うのが恥ずかしい
- **fidarsi a/di** *guidare* 運転する自信がある **stancarsi**[3] **a/di** *leggere* 読書に飽きる
- **stancarsi**[3] **a** *lavorare* 働いて疲れる **mettersi**(過 messo) **a** *piangere* 泣き始める
- **affrettarsi/sbrigarsi**[4] **a** *terminare* un lavoro 急いで仕事を終了する

★不定詞を使ってイタリア語にしてみよう！★

1) 赤ん坊が話し始めた　　　　　　　　　　Una b___ è c___ a p___ .
2) 私たちはどこへ踊りに行こうか？　　　　Dove a___ a b___ ?
3) 私たちはすぐに君に会うつもりです　　　V___ a t___ p___ .
4) 男の子たちは私の前で泣き始めた　　　　I r___ si è m___ a p___ d___ a me.
5) 君は息子とコミュニケーションできないの？　Non r___ a c___ con tuo f___ ?
6) たばこの売り上げが下がり続けている　　Le v___ di s___ hanno c___ a s___ .

前ページの解答 1) Mi accorgo di non sapere nulla. 2) Ci ricordiamo di studiare per l'esame.
3) Si dimentica di fare clic. 4) Mi permetto di parlare per tutte. 5) Perché è incapace di dire la verità?
6) Cerco di trovare le parole più adatte.

Unità 10

7 動詞 + (a) + 人 + di/a + INF

● 動詞 + a + 人 + di + INF

- **chiedere**(過 chiesto) a Francesco **di** *aspettare*　フランチェスコに待つよう**頼む**
- **dire**[10](過 detto/ジ dicendo) a Paolo **di** *portare* del vino
  パオロにワインを持ってくるよう**命じる**
- **ordinare**<ordino> *ordinargli* **di** *accettare* i fatti　彼らに事実を認めるよう**命じる**
- **consigliare**[1]<consiglio> *consigliarmi* **di** *mangiare* frutta
  私に果物を食べるよう**勧める**
- **annunciare**[1] a colleghi **di** *dimettere*　同僚に辞めることを**知らせる**
- **promettere**(過 promesso) *promettermi* **di** *smettere* di fumare　私に禁煙すると**約束する**
- **impedire**<isc> alla figlia **di** *uscire* la sera　娘が夜に外出するのを**防ぐ**

● 動詞 + 人 + di + INF

- **pregare**[4] il medico **di** *venire* subito　医者にすぐ来るよう**頼む**
- **avvertire** l'amico **di** *essere* in ritardo　友人に遅刻することを**知らせる**

● 動詞 + 人 + a + INF

- **convincere**(過 convinto) mio padre **a** *cambiare* casa　父に引っ越すよう**説得する**
- **invitare** Riccardo **a** *leggere* la storia d'Italia　リッカルドにイタリア史を読むよう**勧める**
- **indurre**[7](過 indotto/ジ inducendo) *indurmi* **a** *crederlo*　私にそれを信じるように**仕向ける**
- **aiutare** Mario **a** *finire* il compito　マーリオに宿題を終わらせるのを**手伝ってもらう**
- **abituare**<abituo> il bambino **a** *mangiare*　子供に食事の**習慣をつけさせる**

表現　　　　　　　　　　　**使役表現**

- **fare/lasciare intendere** ほのめかす　□ **fare piangere** quella ragazza　あの女の子を**泣かす**
- **fare valere** le sue ragioni　自分の言い分を**主張する**

★不定詞を使ってイタリア語にしてみよう！★

1) 私は私のために祈るよう君たちに頼む　　　　Vi c___ di p___ per me.
2) 私たちは君に早く戻ると約束した　　　　　　Ti abbiamo p___ di r___ p___ .
3) 食べ物は我々がより元気になるのを手助けする　I c___ ci a___ a s___ m___ .
4) 私は医者にすぐ来るように頼む　　　　　　　P___ il m___ di v___ s___ .
5) 私は君に詩を書いたことを知らせた　　　　　Ti ho a___ di aver s___ una p___ .
6) 誰がシモーナを泣かせたの？　　　　　　　　Chi ha f___ p___ Simona?

前ページの解答 1) Una bambina è cominciata a parlare. 2) Dove andiamo a ballare?
3) Verremo a trovarti presto. 4) I ragazzi si è messi a piangere davanti a me.
5) Non riesci a comunicare con tuo figlio? 6) Le vendite di sigarette hanno continuato a scendere.

8 不定詞表現

● 動詞 + (前置詞) + INF

- **avere**[3]/**esserci**[12] **da** *cominciare* il lavoro 仕事を始めなければならない
- **intendere**(過 inteso) *rimanere* qui ここに留まるつもりである
- **osare** *dire* la verità 思い切って真実を言うことにする
- **usare** *levarsi* di buon'ora 早起きをする習慣がある
- **fare**[13](過 fatto/ジ facendo) **per** *uscire* di casa 外出しようとする
- **finire**<isc> **per** *diminuire* 結局減少する
- **insistere**(過 insistito) **per** *restare* con me a cena 私と夕食をしたいと求める

表現 ── 不定詞表現 ──

- **esserci bisogno di** *dare* la mancia チップを渡す必要がある
- **Si tratta di** *decidere* 決める必要がある／ことが重要だ
- **valere la pena di** *leggere* questo libro この本を読む価値がある
- **non potere fare a meno di** *ridere* 笑わずにはいられない
- **non vedere l'ora di** *rivederti* 君に会うのが待ち遠しい
- **correre il rischio di** *perdere* il treno 危うく電車に乗り損ねそうになる
- **difficile da** *realizzare* 実現し難い   **facile a/da** *usare* per guidatori 運転者に使いやすい
- **nel** *dire così* こう言いながら   **C'è poco da** *festeggiare*. お祝いどころではない

avere + 名詞 + di/a + INF

- **avere la possibilità di** *lavorare* in banca 銀行で働くことができる
- **avere il dovere di** *esprimere* le proprie opinioni 自分の意見を言う義務がある
- **avere bisogno di** *riposare* 休む必要がある   **avere difficoltà a** *arrivare* 着くのは難しい
- **avere voglia di** *andare* a Venezia ヴェネツィアに行きたい
- **avere intenzione di** *andare* in Italia イタリアに行くつもりである
- **avere la fortuna di** *trovare* una casa a Firenze 幸運にもフィレンツェで家を見つける
- **avere il piacere di** *presentarLe* Carlo カルロをあなたに紹介できて嬉しい
- **avere timore di** *ammalarsi* 病気になるのではないかと心配する

★不定詞を使ってイタリア語にしてみよう！★

1) 君は仕事を始めなければならない   H___ da c___ il l___.
2) あなたはイタリアで何をするつもりですか？ Cosa i___ f___ in I___?
3) 君たちは他人を尊敬する義務がある   A___ il d___ di r___ gli a___.
4) すべての人からの愛情を感じる必要がある   C'è b___ di s___ l'a___ da tutte le p___.
5) 私たちは家を出ようとしている   F___ per u___ di c___.
6) 私は君のことを考えずにはいられない   Non p___ f___ a meno di p___.

前ページの解答 1) Vi chiedo di pregare per me. 2) Ti abbiamo promesso di ritornare presto. 3) I cibi ci aiutano a stare meglio.
4) Prego il medico di venire subito. 5) Ti ho annunciato di aver scritto una poesia. 6) Chi ha fatto piangere Simona?

Unità 10

9 非人称・受身の si

● 移動・変化（名詞）

- □ **movimento/moto** 動き　□ **vicenda** 推移　□ **fermata** 停止
- □ **aumento** 増加　□ **passaggio**（複 passaggi）通過・車に乗せること
- □ **giro** 回転　*Giro* d'Italia ジーロディターリア（イタリアー周自転車レース）
- □ **corso**（水泳・気流の）流れ　□ **corrente** ⑤（川・時間の）流れ　□ **nodo** 結び（目）
- □ **fuga** 逃亡　□ **solito** いつものこと　□ **perdita** 損失

- □ **spostamento** 移動　□ **variazione** ⑥ 変化　□ **crescita** 成長　□ **salita** 上ること
- □ **discesa** 降りること　□ **riduzione** ⑥**/diminuzione** ⑥ 減少　□ **intervento** 介入
- □ **caduta** 落下

● 時 ②（前置詞句）

- □ **prima di** 〜の前に　- *di* andare a letto 寝る前に
- □ **da** 〜の前から（過去から現在も継続）- cinque minuti 5分前から
- □ **dopo** 〜の後で　- cena 夕食後　□ **fra/tra**（今から）後に　- venti minuti 20分後に
- □ **fino/sino a** 〜まで　- *alle* sette 7時まで

- □ **al principio di/ all'inizio di** 〜の初めに　- *dell'*anno 年の初めに
- □ **al termine di** 〜の終わりに　- *di* questa stagione この季節の終わりに
- □ **alla fine di** 〜の末に　- *del* mese 月末に　□ **a partire da** 〜から　- *da* domani 明日から
- □ **a cominciare da** 〜から始まって　- *da* oggi 今日から
- □ **al di sopra di** 〜以上に　- *di* trenta anni 30歳以上に
- □ **nel mezzo di/ in mezzo a/ a metà di/ nel corso di** 〜の半ばに
  nel mezzo del cammin di nostra vita 我々の人生の道半ばで（ダンテ『神曲』の冒頭句）

文法

si	
si + 三人称単数	非人称の si
si + 他動詞三人称単数・複数	受身の si

★イタリア語にしてみよう！★

1) あのレストランでおいしく食事をする　　In quel r____ si m____ bene.
2) 人々は10月の終わりまで海に行く　　Si v____ al m____ f____ alla f____ di o____.
3) 人は使うためでなく稼ぐために働く　　Si l____ per g____ non per s____.
4) 夕食後に勉強しなければならない　　Si d____ s____ d____ c____.
5) その電車はボローニャで臨時停車した　　Il t____ ha f____ una f____ s____ a Bologna.
6) 今日私はその機械を動かした　　O____ ho m____ in mov____ la m____.

前ページの解答 1) Hai da cominciare il lavoro. 2) Cosa intende fare in Italia? 3) Avete il dovere di rispettare gli altri.
4) C'è bisogno di sentire l'affetto da tutte le persone. 5) Facciamo per uscire di casa.
6) Non posso fare a meno di pensarti.

10 命令法 ①

● 応答（動詞）

- **domandare/chiedere**(過 chiesto) 尋ねる - il nome a qualcuno 誰かに名前を尋ねる
- **rispondere**(過 risposto) 答える - alla domanda 質問に答える
- **consigliare**[1]<consiglio> 助言する - un albergo ホテルを勧める
- **favorire**<isc> 援助する - le arti 芸術を援助する
- **aiutare** 助ける - il ragazzo 少年を助ける   **richiamare** 電話をかけ直す
- **chiamare** 呼ぶ・電話する - il Giappone 日本に電話する
- **telefonare**<telefono> 電話する - ai famigliari 家族に電話する
- **consultare** 相談する - un dizionario 辞書を引く

● 配置（動詞）

- **posare** 置く - la borsa sul tavolo 鞄をテーブルに置く
- **collocare**[3]<colloco> 配置する - i mobili nell'ufficio 家具を事務所に置く
- **ordinare**<ordino> 整理する - i libri sullo scaffale 本を本棚に片付ける
- **riportare** 戻す - la macchina in garage ガレージに車を戻す
- **rimettere**(過 rimesso) 戻す - il cellulare a posto 携帯電話を元の位置に戻す
- **appoggiare**[1]<appoggio> 立てかける - una scala al muro 壁にはしごを立てかける
- **appoggiarsi**[1]<appoggio> もたれる - al braccio 腕につかまる
- **arredare** 家具調度を備え付ける - il salotto 応接間に家具を入れる

● 疑問詞 ③

- **perché non** ～してはどうですか？（勧誘）
  Perché non domandi a qualquno? 誰かに尋ねてはどうですか？

★イタリア語にしてみよう！★

1) （君は）食卓に子供たちを呼んで！　　　　　　C___ i b___ a t___.
2) （あなたは）ローマに電話してください　　　　T___ a R___.
3) （私たちは）あのかわいそうな女の子を助けましょう　A___ quella p___ r___.
4) （君たちは）本を本棚に直しなさい　　　　　　O___ i l___ sullo s___.
5) （あなたたちは）鞄を机の上に置いてください　　P___ la b___ sul t___.
6) （君は）先生たちに尋ねてみたらどうですか？　　P___ non d___ alle m___?

前ページの解答 1) In quel ristorante si mangia bene. 2) Si va al mare fino alla fine di ottobre.
3) Si lavora per guadagnare non per spendere. 4) Si deve studiare dopo cena.
5) Il treno ha fatto una fermata straordinaria a Bologna. 6) Oggi ho messo in movimento la macchina.

Unità 10

11 命令法 ②

● コンピュータ（動詞）

- inserire<isc> 挿入する - un DVD DVDを挿入する
- avviare[2] 起動する - il computer コンピュータを起動する
- collegare[4] 接続する - il PC alla TV パソコンをテレビに接続する
- riavviare[2] 再起動する - il computer コンピュータを再起動する
- installare インストールする - un programma プログラムをインストールする
- cliccare[3] クリックする salvare 保存する - documenti 文書を保存する
- eliminare<elimino> 消去する - il account アカウントを消去する
- scandire<isc> スキャンする - le foto 写真をスキャンする chattare[3] チャットする
- navigare[4] ネットサーフィンをする - su/in Internet インターネットで情報検索する
- scaricare[3]<scarico> ダウンロードする - canzoni 曲をダウンロードする

● 料理（動詞）

- preparare 準備する - la cena 夕食を準備する
- tagliare<taglio> 切る - a dadini/cubetti 角切りにする
- rovesciare[1]<rovescio> ひっくり返す - la frittata オムレツをひっくり返す
- versare 注ぐ - l'acqua nel bicchiere コップに水を注ぐ

- mescolare<mescolo> 混ぜる - la farina con la zucchero 小麦粉と砂糖を混ぜる
- condire<isc> 味付けする - l'insalata con olio オイルでサラダを味付けする
- tritare 細かく刻む - la carne 肉を細かく刻む scolare 水を切る - i piatti 皿の水を切る
- spremere 搾る - un limone レモンを搾る
- sbucciare[1]<sbuccio> 皮をむく - un'arancia ミカンの皮をむく
- macinare<macino> 粉にする - il caffè コーヒーを挽く
- immergere (immerso) 浸す - l'uovo in acqua fredda 卵を冷水に浸す

★命令法を使ってイタリア語にしてみよう！★

1) （君は）レモンを搾ってその汁を肉の上にかけなさい　S___ un l___ e v___ il s___ sopra la c___.
2) （あなたは）空のDVDを挿入してください　I___ un DVD v___.
3) （私たちは）ケーキを半分に切りましょう　T___ la t___ a m___.
4) （君たちは）5分以内に夕食の準備をしなさい　P___ la c___ in m___ di c___ m___.
5) 皆さんの味覚に応じてサラダに味付けをしましょう　C___ l'___ secondo i loro g___.
6) （私たちは）DVDからコンピュータを起動しましょう　A___ il c___ da DVD.

前ページの解答 1) Chiama i bambini a tavola. 2) Telefoni a Roma. 3) Aiutiamo quella povera ragazza. 4) Oridinate i libri sullo scaffale. 5) Posino la borsa sul tavolo. 6) Perché non domandi alle maestre?

12 命令法 ③

● 許可（動詞）

□ **permettere**(過 permesso) 許可する - una domanda 質問を許可する
□ **scusare** (人・過ちを) 許す - i figli 息子たちを許す
□ **perdonare** (罪・悪を) 許す - la tua mancanza 君の失敗を許す
□ **proibire**<isc> 禁じる - il fumo nei luoghi pubblici 公共の場所での喫煙を禁じる
□ **basta con** やめなさい Basta con il fumo. タバコはやめなさい

□ **vietare** 禁止する - l'ingresso 立ち入りを禁止する

● 決断（動詞）

□ **determinare**<determino>/**fissare** 確定する - la data 日付を決める
□ **stabilire**<isc> 制定する - il giorno della partenza 出発日を決める
□ **esitare**<esito> 躊躇する
□ **definire**<isc> 定義する - questo luogo un paradiso terrestre この場所を地上の楽園と定義づける
□ **risolvere**(過 risolto) 解決する - il problema 問題を解決する
□ **concludere**(過 concluso) まとめる - un affare 商談をまとめる
□ **desinare** 運命づける - ogni cosa すべてのことを運命づける

文法 ── 再帰動詞の命令法（lavarsi） ──

	単数	複数
一人称	-	laviamo*ci*
二人称	lava*ti*	lava*te*vi
三人称	*si* lavi	*si* lavino

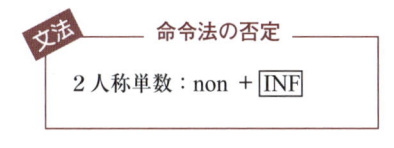

文法 ── 命令法の否定 ──

2人称単数：non + |INF|

★命令法を使ってイタリア語にしてみよう！★

1) 遅れてすいません　　　　　　　　　　Mi p____ per il r____.
2) 戦争はやめなさい　　　　　　　　　　B____ con la g____.
3) （君は）正確な日時を決めてはいけない　Non f____ una d____ p____.
4) いい子にしなさい！　　　　　　　　　S____ b____!
5) （君たちは）我慢しなさい！　　　　　　A____ p____!
6) （君は）一人でそこに行きなさい　　　　V____ da s____.
7) （あなたは）私に真実を言ってください　Mi d____ la v____.
8) （君は）すぐに宿題をやりなさい！　　　F____ s____ i c____!

前ページの解答 1) Spremi un limone e versa il succo sopra la carne. 2) Inserisca un DVD vuoto.
3) Tagliamo la torta a metà. 4) Preparate la cena in meno di cinque minuti. 5) Condiscano l'insalata secondo i loro gusti.
6) Avviamo il computer da DVD.

| Dati Italiani 5 | 著名なイタリア人 |

☆ **科学者 (scientista)**
□ パチョーリ (Fra Luca Bartolomeo de Pacioli: 1445-1517)
　　　近代会計学の父・複式簿記の発明者
□ カルダーノ (Gerolamo Cardano: 1501-1576)
　　　三次方程式の根の公式・四次方程式の解法・カルダーノの輪の発見
□ ガリレオ・ガリレイ(Galileo Galilei: 1564-1642)
　　　天文学の父・地動説・木星の衛星を発見・振り子の等時性

> 　トスカーナ公国 (Granducato di Toscana) のピサ (Pisa) で誕生したガリレオは、パドヴァ(Padova)大学などで幾何学、天文学、数学などを教えています。多くの業績がありますが、特に物理学における「振り子の等時性」と「落体の法則」と、地動説を支持して木星の衛星を発見したことは有名です。ピサ大聖堂(Duomo di Pisa) にあるシャンデリアの揺れを見て「振り子の等時性」を発見し、ピサの斜塔(Torre di Pisa)から大小の球を落として「落体の法則」を発見したという逸話が残っていますが、真偽のほどは分かりません。また、地動説を唱えて異端裁判にかけられて有罪を告げられたとき、"Eppur si muove"「それでも地球は動いている」と言ったという話は作り話である可能性が高いようです。

□ トリチェリ (Evangelista Torricelli: 1608-1647)
　　　ガリレオの弟子・トリチェリの真空・トリチェリの定理
□ カッシーニ (Giovanni Domenico Cassini: 1625-1712)
　　　土星の４つの衛星を発見
□ サッケーリ (Giovanni Girolamo Saccheri: 1667-1733)
　　　非ユークリッド幾何学の成立に大きな役割
□ ラグランジュ (Joseph-Louis Lagrange: 1736-1813)
　　　ラグランジュ力学

前ページの解答 1) Mi perdoni per il ritardo. 2) Basta con la guerra. 3) Non fissare una data precisa. 4) Sii buono/a! 5) Abbiate pazienza! 6) Vacci da solo/a. 7) Mi dica la verità. 8) Fa' subito i compiti!

- □ ガルヴァーニ (Luigi Galvani: 1737-1798)
    - 生体電気
- □ ヴォルタ (il Conte Alessandro Giuseppe Antonio Anastasio Volta: 1745-1827)
    - ボルタ電池
- □ アヴォガドロ (il Conte Lorenzo Romano Amedeo Carlo Avogadro di Quaregna e Cerreto:1776-1856)
    - アボガドロの法則
- □ ロンブローゾ (Cesare Lombroso: 1835-1909)
    - 犯罪人類学の創始者
- □ マルコーニ (Guglielmo Marconi: 1874-1937)
    - ノーベル物理学賞受賞・無線電信
- □ フェルミ (Enrico Fermi: 1901–1954)
    - ノーベル物理学賞受賞・放射性元素の発見
- □ マフェイ(Paolo Maffei: 1926-2009)
    - マフェイ銀河群の発見

☆ 人文学者 (umanista)

- □ トマス・アクィナス (Tommaso d'Aquino: 1225?-1274)
    - スコラ学の神学者・『神学大全』(Summa Theologiae)
- □ マキャヴェッリ (Niccolò Machiavelli: 1469-1527)
    - 『君主論』(Il principe)
- □ ヴァザーリ (Giorgio Vasari: 1511-1574)
    - 『画家・彫刻家・建築家列伝』
    - (Le vite de' più eccellenti pittori, scultori e architettori)
- □ モンテッソーリ (Maria Montessori: 1870-1952)

> イタリアで初めての女性医学博士号をローマ大学で取得したモンテッソーリは、障害児の治療教育を通じてモンテッソーリ教育法を確立していきます。モンテッソーリ教育法の基本的な考え方は、「子供は成長・発達する力を生得的に持っているため、教育者は子供の自発的な行動を援助する存在でなければならない」ということです。モンテッソーリ教育法を実施する施設は、「子供の家」(Casa dei bambini) と呼ばれ、現在、世界各地にこの教育を実践している施設があります。

☆ 探検家 (esploratore)

□ マルコ・ポーロ (Marco Polo: 1254-1324)
　　『東方見聞録』［写本名：『イル・ミリオーネ』(Il milione)］
□ コロンブス (Cristoforo Colombo: 1451?-1506)
　　新大陸発見
□ アメリゴ・ヴェスプッチ (Amerigo Vespucci: 1454-1512)
　　アメリカ大陸の探検

　ジェノヴァ出身であるとされるコロンブスは、カスティーリャ王国 (Regno di Castiglia)（現スペイン）から援助を受け1492年に西インド諸島にあるサン・サルバドル島に上陸しました。いわゆる、新大陸発見です。しかし、コロンブスは元々マルコ・ポーロの『東方見聞録』に書かれてある黄金の国ジパング (Cipango)を西廻りで行くことを計画していたので、最後までそれが新大陸であるという認識はありませんでした。その後、フィレンツェ出身のヴェスプッチが新大陸（主に南米大陸）への航海に数度行きます。そして、ヴェスプッチは、それがアジアではなく新大陸であるということに気づき、それを論文『新世界』(Mundus novus)として発表します。このため、新大陸を発見したのがヴェスプッチであるということになり、彼のラテン語名 Americus の女性形から新大陸を America と呼ぶようになっています。

☆ 政治家 (statista)

□ マッツィーニ (Giuseppe Mazzini: 1805-1872)
　　「イタリア統一の三傑」の一人
□ ガリバルディ (Giuseppe Garibaldi: 1807-1882)
　　「イタリア統一の三傑」の一人
□ カヴール (Camillo Benso, Conte di Cavour: 1810-1861)
　　「イタリア統一の三傑」の一人・イタリア王国初代首相
□ ムッソリーニ (Benito Amilcare Andrea Mussolini: 1883-1945)
　　イタリア王国第40代首相、ファシスト党
□ グラムシ (Antonio Gramsci: 1891-1937)
　　イタリア共産党創設者

Unità 11

1 関係代名詞 ①

● 健康（動詞）

- **riguardarsi** 健康に気を配る　**guarire**\<isc\> 治す - l'influenza インフルエンザを治す
- **curare** 治療する・世話をする - i figli 子供の世話をする
- **badare** 注意する - alla salute 健康に注意する　**salvare** 救う - il mondo 世界を救う
- **calmare** 鎮める - il bambino 子供を落ち着かせる
- **liberare** 解放する - gli schiavi 奴隷を解放する
- **ferire**\<isc\> 傷つける - una gamba 脚を負傷する

- **riprendersi**(過 ripreso) 回復する - da una malattia 病気から回復する
- **ferirsi**\<isc\> 傷つく - alla testa 頭をけがする　**rovinarsi** 台無しになる
- **bruciarsi**[1]\<brucio\> 火傷する - un dito 指を火傷する　**uccidersi**(過 ucciso) 自殺する
- **rompersi**(過 rotto) 壊れる - una gamba 脚が折れる

● 皮膚・臓器（名詞）

- **cuore** 男 心臓 di - 心から　**stomaco**(複 stomachi/stomaci) 胃　**pelle** 女 皮膚
- **sangue** 男単 血　**costa** 肋骨・脇腹

- **organo** 臓器 - interno 内臓　**polmone** 男 肺　**nervo** 神経　**osso**(複 le ossa) 骨

● 指示代名詞

- **ciò** 男不 そのこと　**stesso** 男 同じこと　**medesimo** 同一人物

	語尾変化	先行詞	主格	目的格	+前置詞	定冠詞
che	なし	人・もの	○	○	×	不要
cui	なし	人・もの	×	×	○	不要
quale	quale/quali	人・もの	○	○	○	必要
chi	なし	×	○	○	○	不要

★関係代名詞を使ってイタリア語にしてみよう！★

1) 彼女はその患者の世話をした看護師です　　　È l'i__ c__ ha c__ il p__.
2) 私は病気の心臓に注意しなければならない　　Ho d__ b__ al c__ c__ fa m__.
3) 私たちは表現の自由を制限するすべてを拒絶する　R__ tutto c__ c__ l__ la libertà di e__.
4) このコンピュータにはデータを救うプログラムがある　Questo c__ ha un p__ con il q__ s__ i d__.
5) この女の子を傷つけた人に何かする必要があるのか？　Cosa b__ f__ a c__ ha f__ questa r__?

Unità 11

2 関係代名詞 ②

● 人間の一生（動詞）

- **nascere**(過 nato) 生まれる
- **vivere**[57](過 vissuto) 生きる
- **crescere**(過 cresciuto) 成長する
- **nutrire**<(isc)> 養う - un bambino 子供を養う
- **adottare** 養子にする - un bambino 子供を養子にする
- **passare** 過ごす
- **destinare** 運命づける
- **trascorrere**(過 trascorso) 過ごす - il tempo 時を過ごす
- **sposare** 結婚する - Carlo カルロと結婚する
- **morire**[15](過 morto) 死ぬ - *di* fame 餓死する *da* - 死ぬほど
- **seppellire**<isc> 埋葬する - padre 父を埋葬する

- **divorziare**[1]<divorzio> 離婚する - dalla moglie 妻と別れる

● 日常活動 ④（動詞）

- **presentare** 紹介する *presentarti* al mio amico 友達に君を紹介する
- **salutare** 挨拶する - i vicini 近所の人に挨拶する
- **promettere**(過 promesso) 約束する - un matrimonio 結婚を約束する
- **aspettare/attendere**(過 atteso) 待つ - la telefonata 電話を待つ
- **vestire** 衣服を着せる - il bambino 子供に服を着せる
- **spogliare**[1]<spoglio> 服を脱がせる - la bambina 子供の服を脱がせる
- **lavare** 洗う - i piatti お皿を洗う **pulire**<isc> 掃除する - i vetri ガラスを磨く
- **bagnare** 濡らす - la camicia シャツを濡らす
- **asciugare**[4] 乾かす - il bucato 洗濯物を乾かす
- **appendere**(過 appeso) 掛ける - il quadro 絵を掛ける
- **sospendere**(過 sospeso) 吊す - un lampadario シャンデリアを吊す
- **coprire** 覆う - la pentola 鍋にふたをする
- **bruciare**[1]<brucio> 乾燥させる・燃やす - la camicia シャツを焦がす

- **indossare** 着る - l'abito ドレスを着る   **spazzare** 掃く - la camera 部屋を掃除する
- **stirare** アイロンをかける - una camicia シャツにアイロンをかける

★関係代名詞を使ってイタリア語にしてみよう！★

1) 私たちは養子にした子供たちと出会う   I___ i b___ c___ abbiamo a___.
2) （あなたは）私を知らない人に私を紹介してください Mi p___ a c___ non mi c___.
3) （君は）濡らしたものを乾かしなさい！   A___ c___ c___ hai b___!
4) 朝に洗ったものを干さなければならない La m___ c'è da st___ c___ c___ ho l___.
5) 夕べディスコで過ごしたイレーネとソーニアが大好きです
    Ad___ Irene e Sonia con i q___ hanno p___ una s___ in d___.

前ページの解答 1) È l'infermiera che ha curato il paziente. 2) Ho da badare al cuore che fa male.
3) Rifiutiamo tutto ciò che limita la libertà di espressione. 4) Questo computer ha un programma con il quale salva i dati.
5) Cosa bisogna fare a chi ha ferito questa ragazza?

3 半過去 ①

● 利用・習慣（動詞）

- **usare** 使う - il computer コンピュータを使う - *del* pr**o**prio potere 自分の力を用いる
- **servirsi/utilizzare/adoperare**<ad**o**pero> 利用する *servirsi dell*'autom**o**bile 車を使う
- **impiegare**（資金・時間を）使う - il tempo 時間を使う
- **sfruttare** 最大限に利用する - lo sp**a**zio 土地を利用する
- **contribuire**<isc> 貢献する - *alla* cr**e**scita dell'It**a**lia イタリアの成長に寄与する
- **servire** 役立つ non - *a* niente 何の役にも立たない　☐**funzionare** 機能する
- **abituare**<ab**i**tuo> 習慣づける - gli studenti *allo* st**u**dio 学生に勉強を習慣づける
- **abituarsi**<ab**i**tuo> 慣れる - *a* v**i**vere da solo 一人暮らしに慣れる
- **approfittare** 利用する - *dell*'occasione チャンスを使う

● 収集（動詞）

- **racc**o**gliere**[25]（過 raccolto）集める・取り上げる - firme 署名を集める
- **riunire**<isc> 集める - gli amici 友達を集める
- **conten**e**re**[30]（中に）含む - 10 studenti 10人の学生を収容する
- **circondare** 囲む - il nemico 敵を取り囲む
- **avv**o**lgere**（過 avvolto）包む - il pane nella carta パンを紙で包む
- **escl**u**dere**（過 escluso）排除する - gli stranieri 外国人を排除する
- **incl**u**dere**（過 incluso）含める - una foto nella l**e**ttera 手紙に写真を入れる
- **compr**e**ndere**（過 compreso）含む - le spese 費用を含む
- **tagliare**[1]<taglio> **fuori** 排除する - Carlo カルロを排除する

---

essere + di + 名詞

☐ **e**ssere di moda 流行する　☐ **e**ssere d'aiuto 役に立つ　☐ **e**sserci bisogno di 必要である

★半過去を使ってイタリア語にしてみよう！★

1) 子供の頃私はそのカメラを使っていた　　Us___ la m___ f___ quando e___ b___ .
2) 君は強い味に慣れていた　　　　　　　　Ti a___ al g___ f___ .
3) 彼はうまく仕事に時間を使っていた　　　I___ bene il t___ nel l___ .
4) 私たちは太陽エネルギーを使っていた　　Ut___ l'e___ del s___ .
5) あの日君たちは何をしていたの？　　　　Cosa f___ quel g___ ?
6) 私たちは昨年流行していた靴を持っていた A___ le s___ che e___ di m___ lo s___ a___ .

前ページの解答 1) Incontriamo i bambini che abbiamo adottato. 2) Mi presenti a chi non mi conosce.
3) Asciuga ciò che hai bagnato! 4) La mattina c'è da stendere ciò che ho lavato.
5) Adora Irene e Sonia con i quali hanno passato una serata in discoteca.

Unità 11

4 半過去 ②

● 社会的活動（動詞）

- **dominare**<d<u>o</u>mino> 支配する - la l<u>in</u>gua 言語をマスターする
- **governare/reggere**(過 retto) 統治する - un paese 国を統治する
- **dirigere**(過 diretto) 管理する - gil studenti 学生を指導する
- **occupare**<<u>o</u>ccupo> 占める - un posto 席をとる
- **controllare** 支配下に置く - i prezzi 価格を統制する
- **arrestare** 逮捕する - S<u>i</u>lvio シルヴィオを逮捕する

● 社会的事象 ②（名詞）

- **tradizione**⊛ 伝統 **aiuto** 助け **collaborazione**⊛ 協力 **scoperta** 発見
- **osservazione**⊛ 観察 **sviluppo** 発達 **progresso** 進歩 **sicurezza** 安全
- **avventura** 冒険 **pericolo** 危険 **crisi**⊛㊌ 危機 **indipendenza** 独立
- **amministrazione**⊛（運営・経営）管理 **direzione**⊛（指導）管理 **guardia** 警備

- **ordine**㊚ 秩序 - p<u>u</u>bblico 治安   **assistenza** 援護 - sociale 社会福祉
- **invenzione**⊛ 発明   **ben<u>e</u>ssere**㊚㊌ 福祉・幸福   **liberazione**⊛ 解放

前置詞句 ④

- **nell'interesse dei** consumatori italiani イタリアの消費者のために（利益）
- **al fine/ allo scopo di** pagare 支払いのために（目的）
- **per conto della** gi<u>o</u>vane mamma 若いお母さんのために（原因）
- **in modo da** fornire idee 考えを提示するように   **in qualità di** amico 友人として
- **con l'intenzione di** sp<u>e</u>ndere in CD un po' dei soldi 少しのお金を CD に使うつもりで (チディ)
- **alla/in mem<u>o</u>ria del** campione del mondo 世界チャンピオンを記念して

★半過去を使ってイタリア語にしてみよう！★

1) 18歳で私はすでに子供オーケストラの指揮をしていた
   A 18 anni g___ d___ un'o___ di r___.
2) 経済はめざましい発展を遂げていた   L'e___ e___ in pieno s___.
3) カテリーナは息子のために国を統治していた   Caterina r___ uno s___ per c___ del f___.
4) 君は朝食にビールを飲んでいたの？   B___ la b___ a c___?
5) 私たちはすばらしい冒険をしていた   A___ l'a___ m___.

前ページの解答 1) Usavo la macchina fotografica quando ero bambino/a. 2) Ti abituavi al gusto forte.
3) Impiegava bene il tempo nel lavoro. 4) Utilizzavamo l'energia del sole. 5) Cosa facevate quel giorno?
6) Avevamo le scarpe che erano di moda lo scorso anno.

5　半過去 ③

● 思考（動詞）

- **pensare** 考える - *a* questa cosa このことを考える - *di* sì/no そうだ／違うと思う
- **ritenere**㉚ 考える *ritenerlo* necessario それを必要だと考える
- **considerare**<cons_i_dero> 考慮する - vera una religione 宗教を真実だとみなす
- **rifl_e_ttere**(過 riflesso) 熟考する - *su* questa possibilità この可能性をよく考える
- **trovare** みなす *trovarla* molto pericolosa それをはとても危険だと思う
- **figurarsi** 思い描く - più anziano もっと年だと思う
- **prevedere**㊺(過 previsto/preveduto) 予想する - il futuro 未来を占う
- **immaginare**<imm_a_gino> 想像する　**indovinare** 占う - il futuro 未来を占う

- **pensarci** そのことを考える *Ci pensi* tu? 君に任せて良い？
- **immaginarsi**<imm_a_gino> 思い描く - la scena その場面を思い描く
- **ispirarsi** インスピレーションを得る - *alla* tradizione 伝統から着想を得る
- **aspettarsi** 期待する - la rivoluzione 改革に期待する

● 維持（動詞）

- **mantenere**㉚ 維持する - il segreto 秘密を守る
- **conservare** 保存する - i carciofi sotto _o_lio オイルにアーティチョークを保存する
- **assicurare** 確保する - un futuro 将来に備える
- **ubbidire**<isc> 従う - *ai* genitori 両親に従う

- **rispettare** （規則などを）守る - le regole ルールを守る

● 自然（形容詞）

- **naturale** 自然の　**solare** 太陽の　**minerale** 鉱物の　**materiale** 物質の

★半過去を使ってイタリア語にしてみよう！★

1) 子供の時私は両親に従っていた　　　　　　Quando e___ b___ u___ ai miei g___.
2) 私たちは自然食品を食べるのに満足していた　E___ c___ di m___ i c___ n___.
3) 君は理想の女性が見つかると想像していなかったの？　Non i___ di t___ la d___ i___?
4) 彼らは様々な方法で未来を予想していた　　P___ il f___ in v___ m___.
5) 果たして君たちは何を思い描いていたのか？　C___ cosa vi f___?
6) 昨年私たちは同じ事を言っていた　　　　　Lo s___ a___ d___ la s___ c___.

前ページの解答 1) A 18 anni già dirigevo un'orchestra di ragazzi. 2) L'economia era in pieno sviluppo.
3) Caterina reggeva uno stato per conto del figlio. 4) Bevevi la birra a colazione?
5) Avevamo l'avventura meravigliosa.

Unità 11

6 | 大過去

● 判断（動詞）

- □ **giudicare**[3]<giudico> 判断する - Mario una persona onesta マーリオを正直な人だと見なす
- □ **stimare** 評価する - il terreno 土地を査定する
- □ **valere**[34](㋾ valso) 価値がある - 10.000 euro 1万ユーロの価値がある
- □ **meritare**<merito> 値する - una lode 賞に値する
- □ **riguardare** 関係する - la scuola 学校に関係する
- □ **interessarsi** 興味を持つ - *di* musica 音楽に興味がある
- □ **trattare** 扱う *trattarmi* come un bambino 私を子供のように扱う
- □ **corrispondere**(㋾ corrisposto) 一致する - *ad* un chilo 1キログラムに等しい
- □ **approvare** 賛成する - la decisione その決定に賛成する
- □ **consentire** 同意する - *alle* richieste del figlio 息子の要求に同意する
- □ **ammettere** 認める - un errore 誤りを認める
- □ **affermare** 断言する - l'innocenza 無実だと断言する
- □ **rifiutare** 断る - una proposta 申し出を断る
- □ **opporsi**[20](㋾ opposto) 反対する - *al* nemico 敵に立ち向かう
- □ **negare**[4] 否定する - la responsabilità 責任を否定する
- □ **cancellare** 取り消す - il contratto 契約を取り消す
- □ **sbagliare**[1]<sbaglio>/**sbagliarsi**[1]<sbaglio> 間違う／える *sbagliare* l'ora 時間を間違う

- □ **apprezzare**（高く）評価する - la natura 自然を評価する
- □ **confondersi**(㋾ confuso) 混同する - con l'altra specie 他の種類と混同する
- □ **avere**[3] **a che fare/vedere con** 関係がある
  Non *ho* più *a che fare con* Lei. 私はもうあなたとは関係を持たない

前置詞句 ⑤

□ **alla ricerca della** felicità 幸せを探して	□ **in via di** sviluppo 発展に向かって
□ **a bordo dell'**aereo 飛行機に乗って	□ **da parte dei** clienti 客の側から
□ **in vista della** gara di domani sera 明日午後の試合を視野に入れて	
□ **in ragione della** medesima 同じ割合で	□ **in segno di** amicizia 友情の印として
□ **in/sotto forma di** neve 雪の形をした	□ **in nome di** Dio 神の名において

★大過去を使ってイタリア語にしてみよう！★

1) その頃まで私は音楽に興味があった　　　F___ ad a___ mi e___ i___ di m____.
2) 外国人たちは船に乗って旅行していた　　Gli s___ a___ v___ a b___ della n____.
3) 君は私を悪いと判断していた　　　　　　Mi a___ g___ male.
4) たぶん私たちは間違っていた　　　　　　F___ ci e___ s___.
5) 彼は価値のあるものを受け取っていた　　A___ r___ quello che a___ m___.

前ページの解答 1) Quando ero bambino/a ubbidivo ai miei genitori. 2) Ervamo contenti/e di mangiare i cibi naturali.
3) Non immaginavi di trovare la donna ideale? 4) Prevedevano il futuro in vari modi. 5) Chissà cosa vi figuravate?
6) Lo scorso anno dicevamo la stessa cosa.

7　動詞 + che 節（直説法）①

● 時 ④（副詞）

- ieri 昨日　l'altro - 一昨日　□mai 今まで［複合時制疑問文で］　quanto - この上なく
- prima（過去・未来の時点から）その前に　due giorni - その二日前　come - これまで通り
- fa（現在の時点から）〜前［近過去時制と］　qualche anno - 数年前　poco - 少し前に
- dopo（過去・未来から）〜後［過去時制と］　un anno - 1年後　poco - まもなく
- un momento/attimo しばらく　□già すでに　□ormai 今ではもう
- il mese scorso/ lo scorso mese 先月　□la settimana scorsa/ la scorsa settimana 先週
- da tempo しばらく前から　□fino ad ora 今まで　□un tempo/ una volta 昔
- nella notte dei tempi 大昔に

● 従属接続詞 ①

□che 〜ということ　□se 〜かどうか

動詞 + che 節（直説法）①

- capire che l'amico perfetto non esiste　完璧な友達は存在しないことが分かる
- sapere che è lontano　遠いのは知っている
- intendere che c'è un problema　問題があると聞いて知っている
- ammettere/riconoscere/confermare che hai torto　君が間違ったと認める
- assicurare che è buono　それが良いことを保証する
- tenere presente che sono napoletano　ナポリ人であることを気に留める
- dire che non gli piace　彼は好きではないと言う
- Si dice che l'amore è cieco．愛は盲目であると言われる［非人称］
- annunciare che sono partiti i lavori　仕事が始まったことを告げる
- confessare che ho paura　怖いと告白する

★従属接続詞を使ってイタリア語にしてみよう！★

1) 昨日彼は私に雨は降らないと言った　　　　　I___ mi ha d___ c___ non p___．
2) マーリオは君なしでは生きることができないことを知っている
　　　　　　　　　　　　　　　　　　　　　　Mario i___ c___ non p___ v___ s___ di t___．
3) 君はこれが本当だと認めるのか？　　　　　　A___ c___ questo è v___?
4) 本当の友達は常にほとんどいないと言われる　Si d___ c___ gli a___ v___ sono s___ p___．
5) 一週間前私は彼に恋をしていると告白した　　Una s___ f___ gli ho c___ c___ mi sono i___ di lui.
6) 君を愛していたことを今まで理解してなかったの？　Non hai mai c___ c___ ti a___?

前ページの解答 1) Fino ad allora mi ero interessato di musica.
2) Gli stranieri avevano viaggiato a bordo della nave. 3) Mi avevi giudicato male.
4) Forse ci eravamo sbagliati/e. 5) Aveva ricevuto quello che aveva meritato.

Unità 11

8　動詞 + che 節（直説法）②

● 表明（動詞）

- **dichiarare** 表明する - questo in dogana 税関でこれを申告する
- **annunciare**[1]<annuncio> 知らせる *annunciarlo agli* amici 友達にそれを知らせる
- **informare** 知らせる - gli amici *del* mio arrivo 友人に到着を知らせる
- **rappresentare** 表す - la pace 平和を象徴している
- **mostrare/dimostrare** 示す - la foto 写真を見せる
- **suggerire**<isc> ほのめかす - un soggiorno al mare 海での滞在を勧める
- **figurare** 象徴する - la giustizia 正義を象徴する
- **confessare** 告白する - la mia paura 私の恐怖を告白する
- **proclamare** 宣言する - una legge 法律を公布する
- **pubblicare**[3]<pubblico> 公表する - una notizia ニュースを発表する
- **chiarire**<isc> 明白にする - le responsabilità 責任を明らかにする
- **rivelare**（事実・秘密を）明かす - un segreto 秘密を暴露する
- **risultare**（真相が）明らかになる - la colpevolezza 有罪が明らかになる

- **denunciare**[1]<denuncio> 告発する - lo scandalo スキャンダルを暴く
- **rivelarsi**（事実が）明らかになる - una vera arte 真の芸術であることが明らかになる

動詞 + che 節（直説法）②

- **dubitare che** c'è qualcosa 何かあるのかと疑問に思う
- **prevedere che** la discussione sarà lunga 議論が長くなるだろうと予想する
- **sperare che** il mondo è ancora bello 世界がまだ美しいことを願っている
- **vedere che** è vivo 彼が生きているのを見る
- **sentire che** domani ci sarà uno sciopero 明日ストがあるということを聞く
- **ricordare che** la banca è chiusa 銀行が休みであることを思い出させる
- **dimenticare/dimenticarsi che** è il suo compleanno 彼女の誕生日であることを忘れる

★イタリア語にしてみよう！★

1) 私は今日彼の誕生日だったのを忘れている　　　D___ c___ o___ è il suo c___.
2) 私は昨晩メッセージを書いたことを思い出していた　R___ c___ avevo s___ un m___ i___ s___.
3) 君は私に到着を知らせなかった　　　　　　　Non mi hai i___ del tuo a___.
4) 彼が結婚していたと私たちは聞いた　　　　　Abbiamo s___ c___ si s___.
5) 君の写真を見せて　　　　　　　　　　　　M___ la tua f___.

前ページの解答 1) Ieri mi ha detto che non piove. 2) Mario intende che non può vivere senza di te.
3) Ametti che questo è vero? 4) Si dice che gli amici veri sono sempre pochi.
5) Una settimana fa gli ho confessato che mi sono innamorata di lui. 6) Non hai mai capito che ti amavo?

9　essere ＋ 形容詞 ＋ che 節（直説法）

● 切符・席の種類（名詞）

- **biglietto** 切符　- di andata e ritorno 往復切符　- aereo 航空券
- **classe**㊛ クラス　- economica/prima エコノミー／ファーストクラス
- **orario**(㊷ orari) 時刻表　- di apertura 営業時間
- **tessera** 定期券　　**carta d'imbarco** 搭乗券

● 人間関係（形容詞）

- **umano** 人間の　genere -/ specie umana 人類　essere - 人間
- **maschio**(㊷ maschi/ maschie)/**maschile** 男性
- **femminile** 女性の　　**familiare** 家庭の　　**popolare** 人民の・庶民の
- **proprio**(㊷ propri/proprie) 自分自身の・固有の　　**civile** 市民の・民間の
- **borghese** 中産階級の　　**nobile** 貴族の　　**pubblico**(㊷ pubblici/pubbliche) 公の
- **privato** 私的な・個人の　in - 非公式に　　**personale** 個人の　　**singolo** 個々の
- **divino** 神の

- **paterno** 父の　　**materno** 母の　　**individuale** 個人の
- **civico**(㊷ civici/civiche) 市(民)の　　**formale** フォーマルな
- **informale** インフォーマルな　　**studentesco**(㊷ studenteschi/e) 学生の

---

essere ＋ 形容詞 ＋ che 節（直説法）

- **È chiaro che** la tristezza esiste.　悲しみがあるのは明白だ
- **È vero che** sono giapponese.　私が日本人であるということは事実だ
- **essere sicuro/certo che** è sincero　彼が誠実であるという確信がある

★イタリア語にしてみよう！★

1) マルコが私を愛していないのは明白だ　　　　È c___ c___ Marco non mi a___ .
2) 私が女性であるというのは事実だ　　　　　　È v___ c___ sono f___ .
3) 君はパオロが誠実であると確信している？　　Sei s___ c___ Paolo è s___ ?
4) 少し前に私は電車の時刻表を見た　　　　　　P___ f___ ho c___ l'o___ dei t___ .
5) 各自が自分の意見を表明することができる　　O___ p___ e___ la p___ o___ .
6) 最近私はミラノ発東京行きの航空券を購入した
　　　　　　　　　　　　　　　　　　　　　　Di r___ ho a___ un b___ a___ da M___ a Tokyo.

前ページの解答 1) Dimentico che oggi è il suo compleanno.
2) Ricordavo che avevo scritto un messaggio ieri sera. 3) Non mi hai informato del tuo arrivo.
4) Abbiamo sentito che si sposava. 5) Mostra la tua foto(grafia).

Unità 11

10 副詞節 ①

● 存在（動詞）

- **esistere**(過 esistito)（確実に）存在する　□ **trovarsi** いる・ある
- **consistere**(過 consistito)（根拠などが）ある　- *nel* suo orgoglio 彼の傲慢さに起因する
- **appartenere**③ 所属する　- *al* gruppo そのグループに属している

● 宗教（名詞）

- **religione**⑤ 宗教　□ **paradiso** 天国　□ **inferno** 地獄　□ **dio**(複 gli dei) 神
- **angelo** 天使　□ **diavolo** 悪魔　□ **messa** ミサ　□ **croce**⑨ 十字架
- **cristianesimo** キリスト教　□ **buddismo** 仏教　□ **islamismo** イスラム教
- **purgatorio** 煉獄（天国と地獄の中間）　□ **dea** 女神　□ **Gesù Cristo** イエス・キリスト

● 従属接続詞 ②

- **Se** esci subito, arriverai in tempo. すぐに出かける**ならば**、時間に間に合うだろう
- Vi aspettiamo, **anche se** piove. **たとえ**雨が降っ**ても**、私たちは君たちを待っている
- Bevo l'acqua, **perché** ho sete. のどが渇いた**ので**、水を飲む
- **Siccome/Poiché** sono stanco, non voglio uscire. 疲れた**ので**外出したくない
- **Come** ti ho detto, domani parto per Roma. 君に言った**ように**、明日ローマに出発する
- Vieni, **quando** vuoi. 来たい**とき**に来なさい
- **Mentre** lavo i piatti, puoi preparare il caffè? お皿を洗う**間**にコーヒーを入れてくれる？
- La aspettiamo, **finché** Maria arriva. マリーアが着く**まで**待ちましょう
- **Appena** lo vedo, glielo dico. 彼に会う**やいなや**それを言う
- **Pur** *essendo* stanco, doveva lavorare. 疲れ**にもかかわらず**仕事をしなければならなかった
- Devo scrivergli, **se no/ sennò** si arrabbia.
  彼に手紙を書かなければならない。**そうでないと**怒られる

★従属接続詞を使ってイタリア語にしてみよう！★

1) 神が存在するのであれば、悪魔も存在する　　S___ e___ D___, allora e___ anche il D___.
2) 仕事が終わったので、私は海に行くことができる　P___ il l___ è f___, p___ a___ al m___.
3) 私が勉強している間に祖母が夕食を準備していた　M___ s___, la n___ a___ p___ la c___.
4) 若いとき踊るのが好きだった　　　　　　　　　Q___ e___ g___, mi p___ b___.
5) （君は）家に着いたらすぐに私に電話して　　　A___ a___ a c___, t___ s___.
6) 君に言っているように、彼はまだ私のものです　Lui a___ ancora a me, c___ ti ho d___.

前ページの解答 1) È chiaro che Marco non mi ama. 2) È vero che sono femminile. 3) Sei sicuro che Paolo è sincero? 4) Poco fa ho consultato l'orario dei treni. 5) Ognuno può esprimere la propria opinione. 6) Di recente ho acquistato un biglietto aereo da Milano a Tokyo.

11 副詞節 ②

● 身体的動作（名詞）

- **vista/visione**㊛ 見ること
- **sguardo** 見ること・視線
- **occhiata** ちらりと見ること
- **scelta** 選ぶこと
- **taglio**(複 tagli) 切ること
- **cammino** 歩くこと
- **corsa** 走ること
- **calcio**(複 calci) 蹴ること
- **salto** ジャンプ

- **ascolto** 聞くこと
- **riso**(複 le risa) 笑い
- **chiacchiera** おしゃべり
- **presa** 取ること

● 症状（名詞）

- **salute**㊛ 健康　condizioni di - 健康状態
- **malattia** 病気
- **male**㊚ 病気・痛み
- **febbre**㊛ 熱　- spagnolo スペイン風邪
- **dolore**㊚ 痛み・苦しみ
- **colpo** 打撃・発作
- **raffreddore** 風邪
- **tensione**㊛ 緊張

- **sintomo** 症状
- **tosse**㊛ 咳
- **asma** 喘息
- **nausea** 吐き気
- **brivido** 震え・寒気
- **ferita** 傷
- **frattura** 骨折
- **tumore**㊚ 腫瘍
- **gastrite**㊛ 胃炎
- **influenza** インフルエンザ
- **stress**㊚㊥ ストレス
- **stitichezza** 便秘
- **virus**㊚㊥ ウイルス

● 技術関係（形容詞）

- **tecnico**(複 tecnici/tecniche) 技術の
- **elettrico**(複 elettrici/elettriche) 電気の
- **fisico**(複 fisici/fisiche) 物理の・肉体の
- **meccanico**(複 meccanici/meccaniche) 機械の

- **energetico**(複 energetici/energetiche) エネルギーの
- **nucleare** 原子力の
- **elettronico**(複 elettronici/elettroniche) 電子の
- **televisivo** テレビの
- **informatico**(複 informatici/informatiche) 情報処理の
- **telefonico**(複 telefonici/telefoniche) 電話の
- **postale** 郵便の
- **automobilistico**(複 automobilistici/automobilistiche) 自動車の

★ジェルンディオを使ってイタリア語にしてみよう！★

1) 私たちはお客様のニーズに目を通しながらサービスを提供しています
　　　　　　　　　　　　　　　　　　　　O___ un s___ pr___ visi___ delle n___ del c___.
2) それは肉体的健康を維持しているにもかかわらず体重を減らすのを助ける
　　　　　　　　　　　　　　　　　　　　A___ a p___ p___, p___ m___ la s___ f___.
3) ジャンプをした時、彼は自転車のコントロールを失った　Ha p___ il c___ della b___ f___ un s___.
4) 彼女は熱があるにもかかわらず元気が良い　　　　　　P___ a___ la f___, è v___.
5) ちらっと見て私にはおもしろいように見えた　　　　　D___ un'o___, mi è s___ i___.

前ページの解答 1) Se esiste Dio, allora esiste anche il Diavolo. 2) Poiché il lavoro è finito, posso andare al mare.
3) Mentre studiavo, la nonna aveva preparato la cena. 4) Quando ero giovane, mi piaceva ballare.
5) Appena arriverai a casa, telefonami subito. 6) Lui appartiene ancora a me, come ti ho detto.

Unità 11

12 直説法の表現

● 攻撃・防御（動詞）

- **attaccare**[3] 攻撃する - il nemico 敵を攻撃する　□ **difendere**(過 difeso) 防衛する
- **proteggere**(過 protetto) 保護する - i deboli 弱者を守る
- **combattere** 戦う - *contro* il terrorismo テロと戦う
- **affrontare** 立ち向かう - un pericolo 危険に直面する
- **vincere**(過 vinto) 勝つ - il nemico 敵に勝つ　□ **cedere** 屈する - *al* nemico 敵に屈する
- **conquistare** 占領する - lo stato 国を占領する
- **battere** 打ち負かす - per 2 a 0 l'Udinese ウディネーゼを2-0で負かす
- **respingere** 撃退する - la folla 群衆を撃退する
- **resistere**(過 resistito) 抵抗する - *al* freddo 寒さに耐える　□ **protestare** 抗議する
- **condannare** 非難する　□ **sopportare** 我慢する - il caldo 暑さに耐える
- **difendersi**(過 difeso) 身を守る　□ **criticare**[3]<critico> 批評する - gli altri 他人を批判する
- **non poterne**[20] più もうこれ以上我慢できない　*Non ne posso più*! もう我慢できない

直説法の表現

- **in/di modo che** non posso usare il PC(ピチ) 私がパソコンを使うことができないように
- **dal momento che** non sei contento 喜んでいないので
- **ora/adesso che** sei qui 君がここにいるので　□ **una volta che** sei nato いったん生まれたら
- **ogni volta che** vai in banca 銀行に行くたびに
- **tale che** scoppio a piangere わっと泣き出すほどの
- **nella misura in cui** mi è possibile 私ができる程度に応じて
- **via via che/ man mano che** i giorni passano 日がたつにつれて
- **nel senso che** sta a guardarmi 私を傍観するという意味において
- **Quasi quasi** vado a piedi. 歩いて行ってしまおうかな
- **La verità è che** la Stazione Spaziale non serve a niente.
  実を言うと宇宙ステーションは何の役にも立たない

★イタリア語にしてみよう！★

1) 君がここにいてくれるので僕は怖くない　　　O___ che sei q___ con me, non h___ p___ .
2) ファビオはよく説明するという意味で良い教師だ　Fabio è un b___ i___, nel s___ che s___ b___ .
3) 我々は問題に直面するたびに強くなる　　　O___ v___ che a___ il p___, d___ f___ .
4) もしかして私は土曜まで抵抗するかもしれない　Q___ q___ r___ f___ a S___ .
5) 実を言うと勝ったのは彼らだ　　　　　　　La v___ è che hanno v___ Loro.
6) 需要が増えるにつれて値段も上がる　　　　M___ m___ che la d___ c___, a___ anche i p___ .

前ページの解答 1) Offriamo un servizio prendendo visione delle necessità del cliente.
2) Aiuta a perdere peso, pur mantenendo la salute fisica. 3) Ha perso il controllo della bici/bicicletta facendo un salto.
4) Pur avendo la febbre, è vivace. 5) Dando un'occhiata, mi è sembrato interessante.

Unità 12

1 条件法現在 ①

● 参加（動詞）

- **partecipare**<partecipo> 参加する - *a* un concorso コンクールに参加する
- **assistere**(過 assistito) 出席する - *al* funerale 葬式に出席する
- **aggiungere**(過 aggiunto) 加える - dello zucchero *al* caffè コーヒーに砂糖を加える

- **intervenire**[36](過 intervenuto) 介入する - in politica 政治に介入する
- **entrare in gioco** 介入する

● 信用・参加（名詞）

- **credito** 信用
- **fiducia/fede**(女) 信頼
- **onore**(男)/**gloria** 栄誉
- **promessa** 約束
- **impegno** 誓約
- **commissione**(女) 依頼
- **accordo/patto** 協定
- **trattato** 条約
- **alleanza** 同盟
- **dubbio**(複 dubbi)/**sospetto** 疑い
- **segreto** 秘密
- **mistero** 謎
- **preparazione**(女) 準備
- **provvedimento** 対策

- **confidenza** 信頼
- **appuntamento**（会合の）約束
- **assicurazione**(女) 保険
- **contratto** 契約
- **ordinazione**(女) 注文
- **partecipazione**(女) 参加
- **iscrizione**(女) 入会

文法 — 条件法現在の用法 —

- ・語調緩和 　　　　　　「〜なのですが」
- ・起こりえる動作、状態　「〜であっただろうに」
- ・意見、推測 　　　　　「たぶん〜でしょう」

表現 — 条件法 —

Vorrei ＋ INF： 〜したいのですが
Ti/Le/Vi dispiacerebbe(dispiace)＋ INF： 〜してもらえませんか？

★条件法を使ってイタリア語にしてみよう！★

1) この議論に参加したいのですが　　　　　　　V___ p___ a questa d___.
2) 彼も加えてもらえませんか？　　　　　　　　Ti d___ a___ anche lui?
3) たぶん会社は対策を講じなければならないでしょう　La d___ d___ p___ p___.
4) 君は私の兄との約束を守ることができたろうに　P___ m___ il s___ con mio f___.
5) 私たちは真実が知りたいのですが　　　　　　V___ s___ la v___.
6) 君たちは私に何か情報をくれることができたのに　P___ d___ q___ i___.

前ページの解答 1) Ora che sei qui con me, non ho paura. 2) Fabio è un buon insegnante, nel senso che spiega bene.
3) Ogni volta che affrontiamo il problema, diventiamo forti. 4) Quasi quasi resisto fino a Sabato.
5) La verità è che hanno vinto Loro. 6) Man mano che la domanda cresce, aumentano anche i prezzi.

Unità 12

2　条件法現在 ②

● 学校（動詞）

□**frequentare** 通う - la scuola 学校に通う

□**seguire**\<s<u>e</u>guo\>（授業を）受ける - un corso di francese フランス語の講座を受ける
□**iscr<u>i</u>vere**(過 iscritto) 入学させる - il f<u>i</u>glio ad una scuola 息子を学校に入学させる
□**cambiare**[1]\<c<u>a</u>mbio\> **scuola** 転校する
□**promu<u>o</u>vere**(過 promosso/ジ prom(u)ovendo) 進級させる - gli studenti 学生を進級させる
□**bocciare**[1]\<b<u>o</u>ccio\> 落第させる - molti studenti 多くの学生を落第させる

● 治療（名詞）

□**cura** 治療・世話　□**operazione**⼥ 手術 - chir<u>u</u>rgica 外科手術　□**ricetta** 処方箋
□**medicina** 薬 - per il raffreddore 風邪薬

□**di<u>a</u>gnosi**⼥不 診察　　　　　□**controllo m<u>e</u>dico** メディカルチェック
□**intervento (chir<u>u</u>rgico)** 外科手術　□**cartella cl<u>i</u>nica** カルテ　□**f<u>a</u>scia**(複 fasce) 包帯

表現 ── 程度表現 ──

□**tanti** prezzi **da** pagare 支払いするのに十分な価格
□**abbastanza per/da** capire esattamente きちんと理解するのに十分な
□Il malato non sta più in una condizione **tale da** <u>e</u>ssere chiamata vita.
その病人はもはや生きていると呼べるほどの状態にない
□**troppo** complessa **per/da** realizzare 実現するにはあまりにも複雑すぎる
□Ha guadagnato **tanti** soldi **che** ha smesso di lavorare.
彼はとてもお金を稼いだので仕事をやめた
□**Da un lato** sono contento di partire, **dall'altro** mi dispiace.
一方では出発するのに満足しているが、他方では残念である

★条件法を使ってイタリア語にしてみよう！★

1) ジュリアは学校に通っているらしい　　Giulia f＿＿ la s＿＿．
2) たぶん彼は警官を呼ぶことができない状態にあるのだろう
　　　　　　　　　　　　　　　　　　Si t＿＿ in una c＿＿ t＿＿ da non p＿＿ c＿＿ i c＿＿．
3) 本来なら彼は果物と野菜を食べなければならないであろうに肉を食べている
　　　　　　　　　　　　　　　　　　M＿＿ la c＿, mentre d＿＿ m＿＿ f＿＿ e v＿＿．
4) 一体誰なんだろう！　　　　　　　　E chi s＿＿！
5) 彼らが子供たちの世話をするでしょう　Si p＿＿ c＿＿ dei b＿＿．

前ページの解答 1) Vorrei partecipare a questa discussione. 2) Ti dispiacerebbe/dispiace aggiungere anche lui? 3) La ditta dovrebbe prendere provvedimento. 4) Potresti mantenere il segreto con mio fratello. 5) Vorremmo sapere la verità. 6) Potreste darmi qualche informazione.

3 条件法過去

● 政治（名詞）

- **politica**(複 politiche) 政治・政策 **governo** 政府・統治 **parlamento** 国会
- **ministero** 省庁 *Ministero* delle Finanze 財務省
- **(pubblica) amministrazione**囡 行政 **Senato (della Repubblica)** 上院
- **Camera dei Deputati** 下院 **commissione**囡 委員会
- **consiglio**(複 consigli) 評議会 - comunale 市議会
- **riunione**囡/**conferenza/congresso** 会議 *conferenza* stampa 記者会見
- **incontro** 会合 **colloquio**(複 colloqui) 会談 **partito** 党 - di governo 与党
- **elezione**囡 選挙 *elezioni* politiche/amministrative 国政／地方選挙 **voto** 投票
- **convegno** 会合 **fascista**男囡(複 fascisti/e) ファシスト **referendum**男不 国民投票

● 社会・政治関係（形容詞）

- **sociale** 社会的な **politico**(複 politici/politiche) 政治の **ufficiale** 政府の
- **diplomatico**(複 diplomatici/diplomatiche) 外交の **alleato** 同盟を結んだ
- **democratico**(複 democratici/democratiche) 民主的な
- **socialista**不(複 socialisti/e) 社会主義の **militare** 軍隊の
- **amministativo** 行政の **penale** 刑罰の

表現 ─────── 条件法表現 ───────

- **Quasi quasi** andrei a vivere su un isola. もしかして島で生活するかもしれない

★条件法過去を使ってイタリア語にしてみよう！★

1) 君たちが政治について話すと私たちは確信していた　　E___ c___ che a___ p___ di p___.
2) 私たちが会議に出席すると私はあなたに約束していた
　　　　　　　　　　　　　　　　　　　　　　　　　　Le ho p___ che a___ p___ ad una r___.
3) 彼女がイタリアに来ているのかどうか私は知らなかった　Non s___ se s___ v___ in I___.
4) 前もって電話していた方が良かっただろう　　　　　　S___ s___ m___ t___ p___.
5) レストランなら私は喜んで魚を食べただろうに　　　　Al r___ a___ m___ v___ del p___.
6) 私は君に政治の本を貸してあげたかったんだけど　　　Ti a___ p___ il l___ p___.

前ページの解答 1) Giulia frequenterebbe la scuola. 2) Si troverebbe in una condizione tale da non poter chiamare i carabinieri. 3) Mangia la carne, mentre dovrebbe mangiare frutta e verdura.
4) E chi sarebbe! 5) Si prenderebbero cura dei bambini.

Unità 12

4 関係副詞

● 法律（名詞）

□ **sistema** 男(複 sistemi) 制度　□ **Costituzione** 女 憲法 - italiana イタリア国憲法
□ **regola** 規則 di - いつもの　□ **disciplina** 規律　□ **limite** 男 制限
□ **morale** 道徳・倫理　□ **virtù** 女不 徳　□ **vizio** (複 vizi) 悪徳　□ **legge** 女 法律・規則
□ **diritto** 法律（総称）　□ **giustizia** 司法　□ **processo** 裁判 - civile 民事裁判
□ **causa** 訴訟 - penale 刑事訴訟　□ **prova** 証拠　□ **argomento** 論拠　□ **pena** 刑罰

□ **giudizio** (複 giudizi) 裁判

● 経済関係（形容詞）

□ **economico** (複 economici/economiche) 経済の　□ **commerciale** 商業の
□ **finanziario** (複 finanziari/finaziarie) 財政の　□ **industriale** 産業の・工業の
□ **agricolo** 農業の　□ **scientifico** (複 scientifici/scentifiche) 科学の

□ **operaio** (複 operai/operaie) 労働の　□ **produttore** (女 produttrice) 生産する
□ **operativo** 作業の　□ **bancario** (複 bancari/bancarie) 銀行の

前置詞 + 名詞 + 形容詞

□ **in chiave** moderna 現代的観点から　□ **sul piano** internazionale 国際面で
□ **a mia volta** 私としては　□ **a mio giudizio** 私の意見では

文法 ── 関係副詞 ──

□ **dove**　　　　　〜するところの場所に・の
□ **quando**　　　　〜するところの
□ 関係詞 + INF　　〜できる・〜しなければならない

★イタリア語にしてみよう！★

1) 私の意見ではその法律はすべての目的を保証している　　A mio g___ la l___ g___ tutti gli o___.
2) 私が働いているところから海が見える　　　　　　　　Da d___ l___ v___ il m___.
3) 君は私たちが知り合ったあの日のことを覚えてる？　　Ti r___ quel g___ q___ ci siamo c___?
4) 私はアパートをシェアする学生を見つけられていない
　　　　　　　　　　　　　　　　　　　　　　　　　Non r___ a t___ una s___ con cui d___ l'a___.
5) 科学的調査は一つの人間活動である　　　　　　　　　La r___ s___ è un'a___ u___.
6) これは私が生まれた家です　　　　　　　　　　　　Questa è la c___ d___ sono n___.

前ページの解答 1) Eravamo certi che avreste parlato di politica. 2) Le ho promesso che avremmo partecipato ad una riunione. 3) Non sapevo se sarebbe venuta in Italia. 4) Sarebbe stato meglio telefonare prima.
5) Al ristorante avrei mangiato volentieri del pesce. 6) Ti avrei prestato il libro politico.

5 接続法現在

● 信用（動詞）

- **cr<u>e</u>dere** 信じる　cr<u>e</u>derci そのことを信じる　- in/a un qualsiasi Dio どんな神様でも信じる
- **sospettare** 疑う　- il ragazzo その子を疑う
- **dip<u>e</u>ndere**(過 dipeso) 依存する　- dai genitori 親に頼る
- **garantire**<isc> 保証する　- libertà a tutti gli u<u>o</u>mini すべての人に自由を保証する
- **assegnare** 任せる　assegnarti un c<u>o</u>mpito 君に任務を任せる
- **affidare** 任す　- un c<u>o</u>mpito a Pietro ピエートロに職務を任す

- **fidare** 信頼する　- in Dio 神を信じる　**fidarsi** 信用する　- di una persona 人を信用する
- **affidarsi** 頼る　- a un avvocato 弁護士に頼る
- **contare** 当てにする　- sull'aiuto 助けを当てにする
- **dubitare**<d<u>u</u>bito> 疑う　- dei miei amici 私の友達を疑う

動詞 + che 節（接続法）①

- **immaginare/pensare che** Maria sia già arrivata a casa　マリーアはもう家に着いたと思う（推測）
- **supporre/rit<u>e</u>nere che** ognuno possa esprimere l'opinione　各自が意見を述べて良いと思う（判断）
- **cr<u>e</u>dere che** non ci sia un problema　問題ないと思う（信じる）
- **prev<u>e</u>dere che** debba studiare　勉強しなければならないと思う（予想）
- **sperare che** sia un buon anno　良い年であることを望む
- **può darsi che** <u>a</u>bbia qualche dubbio　何らかの疑いを抱いているかもしれない
- **volere che** tu mi telefonassi alle 5　5時に私に電話してもらいたい
- **pret<u>e</u>ndere che** tutti mi ubbidiscano　全員が私に従うよう要求する
- **dubitare che** sia all'altezza del c<u>o</u>mpito　任務に堪える能力があるか疑わしい
- **Ho il dubbio che** sia vero.　私はそれが本当であるか疑っている

★接続法を使ってイタリア語にしてみよう！★

1) 私は各自が自分の意見を述べても良いと思う　　R___ che o___ p___ e___ la p___ o___ .
2) 私は問題ないと思う　　C___ che non ci s___ un p___ .
3) 君は私を信じていないと思う　　S___ che tu non mi c___ .
4) 我々は良い年であることを望む　　S___ che sia un b___ a___ .
5) 君が私に電話することは望まない　　Non v___ che tu mi t___ .
6) 君が少なくとも 11 時まで勉強し続けなければならないと私は予想している
　　　　　　　　　　　　　　　　　　P___ che tu d___ c___ a s___ a___ f___ alle 11.

前ページの解答 1) A mio guidizio la legge garantisce tutti gli obiettivi. 2) Da dove lavoro vedo il mare.
3) Ti ricordi quel giorno quando ci siamo conosciuti? 4) Non riesco a trovare una studentessa con cui dividere l'appartamento. 5) La ricerca scientifica è un'attività umana. 6) Questa è la casa dove sono nato/a.

Unità 12

6 接続法過去

動詞 + che 節（接続法）②

- **temere che** piova 雨が降るかと心配する
- **escludere che** sia successa questa cosa このことが起こったことを否定する
- **ricordare che** sia a scuola 学校にいることを思い出させる
- **permettere che** mi prensenti 自己紹介することを許す
- **lasciare che** ciascuno decida 各人が決めたままにさせる
- **aspettare che** Luigi uscisse ルイージが外出するのを待つ
- **Basta che** la Roma vinca. ローマが勝つだけで十分だ

essere/avere + 名詞・形容詞 + che 節（接続法）

- **essere necessario che** ci sposiamo 私たちは結婚することが必要だ
- **essere importante che** sia arrivata la vittoria 勝利がやってきたことは重要だ
- **essere inutile che** voi vi arrabiate 腹をたてるのは無駄だ
- **essere probabile che** abbia cambiato idea 考えを変えたのかもしれない
- **essere possibile che** il treno arrivi con ritardo 電車が遅れて着くということはあり得る
- **essere impossibile che** abbia dimenticato l'appuntamento 約束を忘れたなんてあり得ない
- **essere difficile che** lui mantenga le promesse 彼が約束を守ることはありそうにない
- **essere bene/meglio che** tu dica la tua opinione 君は自分の意見を言う方が良い
- **essere contento che** tu venga presto 君がすぐに来てくれてうれしい
- **essere strano che** tu non sia a casa 君が家にいないのは奇妙だ
- **avere l'impressione che** vi preoccupiate troppo 君たちは心配しすぎだという気がする
- **avere paura che** verra strumentalizzato 利用されるのではないかと心配だ
- **C'è il pericolo che** qui non venga più nessuno. もはやここに誰も来ないという危険がある
- **È degno che** gli portiate rispetto. 彼は尊敬するに値する

★接続法を使ってイタリア語にしてみよう！★

1) 彼はショーが終わったと思っている　　　　　P___ che lo s___ s___ f___.
2) 子供たちが一人で寝てくれたのは良いことだ　È b___ che i b___ a___ d___ da s___.
3) 私は何かを間違えたのではないかと心配している　T___ che a___ s___ q___.
4) 勝利がやってきたというのが重要だ　　　　　È i___ che s___ a___ la v___.
5) 彼女が約束を忘れたなんてあり得ない　　　　È i___ che a___ d___ l'a___.
6) 彼は考えを変えたのかもしれない　　　　　　È p___ che a___ c___ i___.

前ページの解答 1) Ritengo che ognuno possa esprimere la propria opinione. 2) Credo che non ci sia un problema. 3) Suppongo che tu non mi creda. 4) Speriamo che sia un buon anno.
5) Non voglio che tu mi telefoni. 6) Prevedo che tu debba continuare a studiare almeno fino alle 11.

7 接続法半過去

● 状態の変化 ① （動詞）

- □ **cambiare**[1]<c<u>a</u>mbio>/**mutare** 変える - idea 気が変わる - casa 引っ越す
- □ **trasformare** (姿・形を) 変える - la casa 家を改築する
- □ **scambiare**[1]<sc<u>a</u>mbio> 交換する - i francobolli 切手を交換する
- □ **sostituire**<isc> 代える
  - il v<u>e</u>cchio cassiere *con* uno più giovane 年配のレジ係を若いのに代える
- □ **caricare**[3]<c<u>a</u>rico> 一杯にする - la valigia *di* vesititi スーツケースを服で一杯にする
- □ **riempire**[6]<ri<u>e</u>mpio> 満たす - una bottiglia *di* acqua 瓶に水をいっぱい入れる
- □ **superare**<s<u>u</u>pero> 超える - una malattia 病気を克服する
- □ **aumentare** 増える - *di* circa 500 <u>e</u>uro al mese 月に約500ユーロ増加する
- □ **diminuire**<isc> 減らす - la velocità スピードを下げる

- □ **trasformarsi** 変わる - *in* farfalla 蝶になる
- □ **affollare** あふれる - la stazione 駅が混雑している

● 自動車 （名詞）

- □ **motore**(男) エンジン   □ **ruota** 車輪

- □ **volante**(男) ハンドル   □ **freno** ブレーキ   □ **pneum<u>a</u>tico** タイヤ
- □ **cintura di sicurezza** シートベルト   □ **sedile**(男) (乗り物の) 座席

文法 ── 仮定文 （非現実） ① ──

- 現在：Se ＋ 接続法半過去 ． 条件法現在

  Se *piovesse* domani, non *usiremmo* di casa.
  もし明日雨が降れば、私たちは家を出ないでしょう

★接続法を使ってイタリア語にしてみよう！★

1) 母がこれを言うとは奇妙だった　　　　　　Era s___ che mia m___ d___ questo.
2) 彼は自分の人生を変える何かを待っていた　A___ q___ che m___ la sua v___.
3) 私はエンジンがかかると考えていた　　　　P___ che si a___ il m___.
4) 彼らがこれを乗り越えてくれたら、私は本当に嬉しい　S___ d___ f___, se s___ questo.
5) 政治家が減れば、何が起こるだろうか？　　Se d___ i p___, cosa s___?
6) 君たちが考えを変えれば、それをすることができるだろう　Se c___ i___, lo p___ f___.

前ページの解答 1) Pensa che lo spettacolo sia finito. 2) È bene che i bambini abbiano dormito da soli.
3) Temo che abbia sbagliato qualcosa. 4) È importante che sia arrivata la vittoria.
5) È impossibile che abbia dimenticato l'appuntamento. 6) È probabile che abbia cambiato idea.

Unità 12

8 接続法大過去

● 状態の変化 ②（動詞）

□ **alzare/levare/elevare** 上げる - il prezzo 値段を上げる
□ **chinare**（体を）下げる - la testa/ il capo 頭を下げる
□ **cadere**⑤/**cascare**³ 落ちる - *nel* fiume Po ポー川に落ちる
□ **abbassare** 降ろす - prezzi 値段を下げる
□ **calare**（徐々に）降りる □ **rinnovare** 新しくする - l'aria 空気を入れ換える
□ **splendere** 輝く □ **brillare** きらめく □ **fingere** 装う - una malattia 病気を装う
□ **riflettere**(過 riflesso) 反射する - la luce 光を反射する

□ **salire**㉓ 上がる - *a* quattromila euro 4000ユーロに上る

● デザイン（名詞）

□ **disegno** デザイン □ **modello**（商品の）型 □ **tendenza** 傾向
□ **moda** 流行・ファッション passare di - 時代遅れになる alla - 流行の □ **colore**(男) 色
□ **segno** しるし・跡 □ **simbolo** 象徴

□ **marca**(複 marche) ブランド □ **striscia**(複 strisce) 縞 □ **tinta unita** 無地
□ **pettinatura** 髪型 □ **permanente**(女) パーマ

文法 ── 仮定文（非現実）② ──

• 過去：Se + 接続法大過去 , 条件法過去・条件法現在
  Se *fossimo arrivati* cinque minuti prima, *avremmo potuto* prendere il treno.
  もし私たちが5分前に着いていたら、その電車に乗ることができたのに

★接続法を使ってイタリア語にしてみよう！★

1) そんなことしなきゃ良かったよ　　　　　　Non l'a___ mai f___ !
2) 彼が手を上げてなかったら、路面電車は止まっていなかった
   Il t___ non si s___ f___ , se lui non a___ al___ la mano.
3) 彼が契約を更新した可能性について話されていた
   Si p___ della p___ che a___ r___ il suo c___ .
4) 君たちはそれらが時代遅れになったと考えていたの？　P___ che f___ p___ di m___ ?
5) 私たちが頭を下げていたら、これは成功していなかっただろう
   Se a___ c___ il c___ , questo non s___ s___ .
6) 私は君が階段から落ちたのかと思っていた　P___ che tu f___ cad___ dalla s___ .

前ページの解答 1) Era strano che mia madre dicesse questo. 2) Aspettava qualcosa che mutasse la sua vita.
3) Pensavo che si avviasse il motore. 4) Sarei davvero felice, se superassero questo.
5) Se diminuissero i politici, cosa succederebbe? 6) Se cambiaste idea, lo potrete fare.

9　接続法（非人称動詞）

● ［間接目的語 ＋ 動詞 ＋ che 節（接続法）］（非人称動詞）

- **sembrare/parere**⑰(過 parso)　思われる
  Sembra che sia già finito. すでに終わったと思われる
- **dispiacere**⑱(過 dispiaciuto)　残念だ
  Ci *dispiace che* tu non possa venire. 君が来れなくて私たちは残念である
- **bisognare/convenire**㊱(過 convenuto)　必要である
  Conviene che partiate subito. 君たちはすぐに出発する必要がある
- **accadere/succedere**(過 successo)/**capitare**<capito>　起こる
  Succede che il treno non arrivi in orario. 電車が時間通りに着かないことがある
- **Si dice**　言われている
  Si dice che la carne assomigli al coniglio. その肉はウサギに似ているという話である

● 文化（形容詞）

- **artistico**(複 artistici/artistiche)　芸術の　　　　□ **tradizionale**　伝統的な
- **letterario**(複 letterari/letterarie)　文学の　　　□ **storico**(複 storici/storiche)　歴史の
- **sportivo**　スポーツの　　　　□ **scolastico**(複 scolastici/scolastiche)　学校の
- **universitario**(複 universitari/universitarie)　大学の　□ **religioso**　宗教の
- **cristiano**　キリスト教の　　□ **cattolico**(複 cattolici/cattoliche)　カトリック教の
- **sacro**　神聖な　　　　　　　□ **spirituale**　精神の　　　　□ **alimentare**　食物の

- **culturale**　文化の　　　□ **archeologico**(複 alcheologici/alcheologiche)　考古学上の
- **turistico**(複 turistici/turistiche)　観光の　　　□ **musicale**　音楽の
- **sinfonico**(複 sinfonici/sinfoniche)　交響曲の　□ **lirico**(複 lirici/liriche)　オペラの
- **teatrale**　演劇の　　□ **fotografico**(複 fotografici/fotografiche)　写真の　□ **scritto**　書かれた
- **auditivo**　聴覚の　　□ **orale**　口頭の　　　　□ **grammaticale**　文法の

★接続法を使ってイタリア語にしてみよう！★

1) 私は何かが起こり得ると思える　　　　　　　　Mi p___ che q___ p___ a___.
2) このように終わったことが残念だ　　　　　　　Mi d___ che s___ f___ c___.
3) 私が正しいイタリア語を書くのは困難であるようだ　Mi s___ che a___ d___ di s___ un i___ c___.
4) 7はとても重要な数字であると言われている　　　Si d___ che 7 s___ un n___ m___ i___.
5) 伝統的な薬が貧乏人の薬になる必要はない　　Non b___ che le m___ t___ d___ la m___ del p___.
6) 夢の中で私は有名な歌手の友達だということが起こった
　　　　　　　　　　　　　　　　Nel mio s___ mi è c___ che e___ a___ della c___ f___.

前ページの解答 1) Non l'avessi mai fatto! 2) Il tram non si sarebbe fermato, se lui non avesse alzato la mano.
3) Si parlava della possibilità che avesse rinnovato il suo contratto. 4) Pensavate che fossero passati/e di moda?
5) Se avessimo chinato il capo, questo non sarebbe successo. 6) Pensavo che tu fossi caduto/a dalla scala.

Unità 12

10　接続法の表現 ①

● 計算・計量（動詞）

- **calcolare**<calcolo> 計算する - l'area di un triangolo 三角形の面積を計算する
- **contare** 数える - le pecore 羊の数を数える
- **misurare** 測定する - la temperatura 温度を測る
- **pesare** 重さがある - 600 chili 600Kgの重さがある

- **metterci**(過 messo)（時間を）かける *Ci metto* due ore per scrivere. 書くのに2時間かける

● 銀行・金融（名詞）

- **riserva** 蓄え　□ **danno** 損害　□ **conto** 口座　numero del - 口座番号
- **commissione**⊛ 手数料

- **deposito** 預金 - bancario 銀行預金
- **interesse** 男 利子・利益　□ **versamento** 振り込み
- **bancomat** 男⊛ ATM　tessera - キャッシュカード
- **codice** コード　numero di - 暗証番号

- **risparmio**(過 risparmi) 貯金
- **ritiro** 回収・引き出し
- **libretto bancario** 通帳
- **carta di credito** クレジットカード

表現　　接続法を使う表現 ①

- **Non è che** non possano. 彼らはできないというわけではない
- **Ciò non toglie che** stiamo limitando le libertà. 自由を制限していることに**変わりはない**
- **Mi fa piacere che** tu sia venuta. 君が来てくれて**嬉しい**
- **(È un) peccato che** tu non possa venire. 君が来られないとは**残念だ**
- Esiste **la possibilità che** io possa insegnare l'italiano?
  私がイタリア語を教える**可能性**がありますか？

文法　　接続法の独立用法

- 願望：Che tu *possa* lavorare con noi! 君が私たちと一緒に仕事ができますように！
- 疑問：Che io *abbia sbagliato*? 私は間違えたのかしら？

★接続法を使ってイタリア語にしてみよう！★

1) 君が来てくれて嬉しい　　　　　　　　　　　　Mi f___ p___ che tu s___ v___.
2) フィレンツェを訪問できなくて残念だ　　　　　P___ che io non p___ v___ F___.
3) 私は計算し間違えたのかしら？　　　　　　　　Che io a___ s___ di c___?
4) あなたが口座を開設するのを誰が許したのですか？　Chi ha p___ che a___ un c___?
5) 君が私たちと一緒に勉強できますように！　　　Che tu p___ s___ con noi!
6) 飲むのが好きではないというわけではない　　　Non è che non mi p___ b___.

前ページの解答 1) Mi pare che qualcosa possa accadere. 2) Mi dispiace che sia finito/a così. 3) Mi sembra che abbia difficoltà di scrivere un italiano coretto. 4) Si dice che 7 sia un numero molto importante. 5) Non bisogna che le medicine tradizionali diventino la medicina del povero. 6) Nel mio sogno mi è capitato che ero amico/a della cantante famosa.

11　接続法の表現 ②

● 身体的行為（名詞）

□ azione 女 行動　　□ reazione 女 反応　　□ attività 女不 活動　　□ atto 動作
□ costumi 男複 素行　　□ comportamento 振る舞い　　□ tentativo 試み
□ abitudine 女/costume 男/uso 習慣　　□ applicazione 女 適用
□ organizzazione 女 運営　　□ cenno 合図　　□ esperienza 経験
□ pratica (複 pratiche) 実践　　□ riposo 休息　　□ bacio (複 baci) キス　　□ sorriso 微笑
□ silenzio (複 silenzi) 沈黙　　□ saluto 挨拶　　□ scusa 許し　　□ comando 命令
□ passo 歩み a due passi すぐ近くに　　□ scherzo いたずら

□ opera 活動　　□ trattamento 待遇　　□ ordine 男 命令　　□ pausa 休憩
□ abbraccio (複 abbracci) 抱擁　　□ scandalo スキャンダル

表現 ────────── 接続法を使う表現 ② ──────────

□ **Magari** potessi venire anche tu!　君も来れたらよいのだが
□ **sebbene** sia tardi　たとえ遅れるとしても
□ per fare **in/di modo che** non scappino via　逃げ去らないようにするため
□ **come se** nessuno ti abbia fatto soffrire　まるでだれも君を苦しめなかったかのように
□ **benché** sia ricco　金持ちであるけれども
□ **nonostante** siano molto stanchi　とても疲れているにも関わらず
□ **purché** ci sia Paola　パオラがいるならば
□ **a condizione/patto che** non tornasse a Firenze　フィレンツェに戻らないという条件で
□ **nell'ipotesi che** tu abbia ragione　君が正しいと仮定すれば
□ **senza che** i genitori lo sappiano　両親がそれを知らないのに
□ **prima che** sia troppo tardi　手遅れになる前に

★接続法を使ってイタリア語にしてみよう！★

1) マウスがまた動くようにするためには、私はどのようにすればよいですか？
　　　　　　　　　　　　　　　　　Come p___ f___ in m___ che il m___ f___ di n___?
2) 君は過去の経験を最大限に利用できればよいのだが！　　M___ tu p___ s___ l'e___ p___!
3) 君が正しいと仮定すれば、間違っていたのは私だ　Nell'i___ che tu a___ r___, ho s___ io.
4) まるで何の役にも立たなかったと君は感じてはいけない
　　　　　　　　　　　　　　　　　Non ti d___ s___ c___ s___ non v___ n___.
5) 私たちは疲れていたにもかかわらず外出した　　N___ f___ s___, e u___ f___.

前ページの解答 1) Mi fa piacere che tu sia venuto/a. 2) Peccato che io non possa visitare Firenze.
3) Che io abbia sbagliato di calcolare? 4) Chi ha permesso che aprisse un conto?
5) Che tu possa studiare con noi! 6) Non è che non mi piaccia bere.

Unità 12

12 接続法の表現 ③

● 議論（動詞）

- **discutere**(過 discusso) 議論する - un problema 問題を検討する
- **esaminare**<esamino> 検討する - un malato 病人を検査する
- **spiegare**[4] 説明する - il senso 意味を説明する □ **esagerare**<esagero> 誇張する
- **disputare**<disputo> 議論する - un problema 問題を検討する
- **litigare**[4]<litigo> 口論する - *con* te 君と口論する

● スポーツ関連（名詞）

- **vittoria** 勝利 □ **attacco**(複 attacchi) 攻撃 □ **difesa** 防御 □ **palla** ボール
- **esercizio**(複 esercizi) 練習 □ **squadra** チーム - di calcio サッカーチーム
- **campione**男/**campionessa** チャンピオン

- **sconfitta** 敗北 □ **gol**男不/**goal**男不 ゴール □ **fallo** ファウル - di mani ハンド
- **pallone**男（大きな）ボール □ **allenatore**男/**allenatrice**女 監督・コーチ
- **direttore sportivo**男 マネージャー □ **giocatore**男/**giocatrice**女 選手
- **calciatore**男/**calciatrice**女 サッカー選手 □ **attaccante**男 フォワード
- **difensore**男/**difensora**女/**difenditrice**女 ディフェンス □ **fan**男女不 ファン
- **campionato** 選手権大会 - di calcio サッカー選手権

表現 ─────── 接続法を使う表現 ③ ───────

- **perché** tu lo sappia 君に知ってもらうように □ **finché** non fosse tornato 彼が戻るまで
- **semmai** tu non potessi venire 君が来られない場合には
- **comunque** vadano le cose ことがどう進もうとも

★接続法を使ってイタリア語にしてみよう！★

1) 君がよく分かるように、私はもう一度説明する   Ti s___ di n___, p___ tu c___ b___.
2) 君が着くまでそれをしないと私は決めていた   Ho d___ di non f___, f___ tu non f___ a___.
3) ことがどう進もうとも、私はミラノでのキャリアを終えるつもりだ

　　　　　　　　　　　　　C___ v___ le c___, f___ la mia c___ nella M___.
4) そのチームが勝利をおさめるということは以前には決して起こらなかった

　　　　　　　　　　　　　Non e___ m___ a___ p___ che la s___ o___ la v___.
5) 彼は医者とその問題を議論する必要がある   È n___ che d___ il p___ con il suo m___.

前ページの解答 1) Come posso fare in modo che il mouse funzioni di nuovo?
2) Magari tu possa sfruttare l'esperienza passata! 3) Nell'ipotesi che tu abbia ragione, ho sbagliato io.
4) Non ti devi sentire come se non valessi niente. 5) Nonostante fossimo stanchi/e, eravamo usciti/e fuori.

13 手紙

● 言語（名詞）

☐ **lingua** 言語　　　☐ **linguaggio**(複 linguaggi) 言語活動　　☐ **frase**女 文
☐ **testo** 文章・本文　☐ **alfabeto** アルファベット　　　　　　☐ **lettera** 字
☐ **grammatica**(複 grammatiche) 文法　☐ **senso/significato** 意味　☐ **stile**男 文体
☐ **sostantivo/nome**男 名詞　　　☐ **aggettivo** 形容詞　☐ **avverbio** 副詞
☐ **verbo** 動詞 - riflessivo 再帰動詞　☐ **articolo** 冠詞
☐ **modo** 法 - infinito/indicativo/imperativo/condizionale/congiuntivo
　　不定法／直説法／命令法／接続法／条件法

☐ **termine**男 用語　☐ **parti del discorso**女複 品詞　☐ **infinito** 不定詞
☐ **participio** 分詞 - presente/passato 現在／過去分詞　☐ **gerundio**(複 gerundi) ジェルンディオ
☐ **attivo** 能動態　☐ **passivo** 受動態　　　　　　☐ **presente**男 現在時制
☐ **passato** 過去時制 - prossimo 近過去 - imperfetto 半過去　☐ **futuro** 未来時制

表現 ──── 手紙 ①：書き始めの表現 ────

☐ **Caro/Carissimo** 親愛なる〜　*Caro* Gianni 親愛なるジャンニへ
☐ **Gentile/Gentilissimo/Egregio/Illustre/Illustrissimo/Pregiatissimo** 〜様
　　Gentilissimo Signor Bianchi ビアンキ様

表現 ──── 手紙 ②：結びの表現 ────

（親称）　☐ Tanti cari saluti.　☐ Ti mando i miei più cari saluti.　☐ Tanti baci.
　　　　☐ Un abbraccio di cuore.　☐ Un abbraccio fortissimo.　☐ Un bacione.
　　　　☐ Con tutto il mio affetto.　☐ Teneramente.
（敬称）　☐ Distinti/Cordiali saluti.　☐ Le porgo i miei più cordiali/migliori saluti.
　　　　☐ La saluto distintamente.　☐ Voglia gradire i miei sinceri/rispettosi saluti.

★次のＥメールをイタリア語にしてみよう！★

1) 件名：イタリア語についての問い合わせ　oggetto: R____ della l____ i____
2) 親愛なる皆様　　　　　　　　　　　　　C____ t____
3) この本について次の情報を教えて下さい　Desidererei r__ delle i__ riguardanti questo l__.
4) すべての単語を覚えましたか？　　　　　A__ r__ tutte le p__?
5) 本には名詞、形容詞、動詞、副詞が載っています　Nel l__ ci sono n__, a__, v__ e a__.
6) 文法も習得できましたか？　　　　　　　A__ s__ a__ anche la g__?
7) 頑張ってください　　　　　　　　　　　Tanti cari saluti. Takafumi UENO

前ページの解答 1) Ti spiego di nuovo, perché tu capisca bene. 2) Ho deciso di non farlo, finchè tu non fosse arrivato/a. 3) Comunque vadano le cose, finirò la mia carriera nella Milano. 4) Non era mai accaduto prima che la squadra ottenesse la vittoria. 5) È necessario che discuta il problema con il suo medico.

Dati Italiani 6　イタリアの映画

☆ アカデミー賞・ベルリン・カンヌ・ベネチア国際映画祭グランプリ

● ヴィットリオ・デ・シーカ (Vittorio De Sica: 1901-1974)
  □ Miracolo a Milano『ミラノの奇蹟』（1951年カンヌ国際映画祭パルム・ドール）
  □ La Ciociara『ふたりの女』
    （1961年ソフィア・ローレン (Sophia Loren: 1934-) アカデミー賞主演女優賞）
  □ Ieri, oggi, domani『昨日・今日・明日』
    （1964年アカデミー賞外国語映画賞）
  □ Il giardino dei Finzi-Contini『悲しみの青春』
    （1971年アカデミー賞外国語映画賞・1971年ベルリン国際映画祭金熊賞）

● ロベルト・ロッセリーニ (Roberto Rossellini: 1906-1977)
  □ Roma, città aperta『無防備都市』（1946年カンヌ国際映画祭パルム・ドール）
  □ Il generale Della Rovere『ロベレ将軍』（1959年ヴェネツィア国際映画祭金獅子賞）

● ルキノ・ヴィスコンティ (Luchino Visconti di Modrone: 1906-1976)
  □ Il gattopardo『山猫』（1963年カンヌ国際映画祭パルム・ドール）
  □ Vaghe stelle dell'orsa『熊座の淡き星影』（1965年ヴェネツィア国際映画祭金獅子賞）

● ミケランジェロ・アントニオーニ (Michelangelo Antonioni: 1912-2007)
  □ La notte『夜』（1961年ベルリン国際映画祭金熊賞）
  □ Il deserto rosso『赤い砂漠』（1964年ヴェネツィア国際映画祭金獅子賞）
  □ BLOW-UP『欲望』（1967年カンヌ国際映画祭パルム・ドール）

● レナート・カステラーニ (Renato Castellani: 1913-1985)
  □ Due soldi di speranza『２ペンスの希望』（1952年カンヌ国際映画祭パルム・ドール）

● ピエートロ・ジェルミ (Pietro Germi: 1914-1974)
  □ Divorzio all'italiana『イタリア式離婚狂想曲』
    （1962年ピエトロ・ジェルミ他 アカデミー賞脚本賞）
  □ Signore e signori『蜜がいっぱい』（1966年カンヌ国際映画祭パルム・ドール）

● マーリオ・モニチェリ (Mario Monicelli: 1915-2010)
  □ La grande guerra『戦争・はだかの兵隊』（1959年ヴェネツィア国際映画祭金獅子賞）

● ジッロ・ポンテコルヴォ (Gillo Pontecorvo: 1919-2006)
  □ La battaglia di Algeri『アルジェの戦い』（1966年ヴェネツィア国際映画祭金獅子賞）

前ページの解答1) Richiesta della lingua italiana 2) Ciao tutti 3) Desidererei ricevere delle informazioni riguardanti questo libro. 4) Avete ricordato tutte le parole? 5) Nel libro ci sono nomi, aggettivi, verbi e avverbi. 6) Avete saputo apprendere anche la grammatica? 7) Tanti cari saluti.

● フェデリコ・フェリーニ (Federico Fellini: 1920-1993)
　□ La strada『道』(1956 年 アカデミー賞外国語映画賞)
　□ Le notti di Cabiria『カビリアの夜』(1957 年 アカデミー賞外国語映画賞)
　□ La dolce vita『甘い生活』(1960 年 カンヌ国際映画祭パルム・ドール)
　□ 8 1/2『８　１／２』(1963 年 アカデミー賞外国語映画賞)
　□ Amarcord『フェリーニのアマルコルド』(1974 年 アカデミー賞外国語映画賞)

● ピエル・パオロ・パゾリーニ (Pier Paolo Pasolini: 1922-1975)
　□ I racconti di Canterbury『カンタベリー物語』(1972 年 ベルリン国際映画祭金熊賞)

● フランチェスコ・ロージ (Francesco Rosi: 1922-2015)
　□ Le mani sulla città『都会を動かす手』(1963 年 ヴェネツィア国際映画祭金獅子賞)
　□ Il caso Mattei『黒い砂漠』(1972 年 カンヌ国際映画祭パルム・ドール)

● ヴァレリオ・ズルリーニ (Valerio Zurlini: 1926-1982)
　□ Cronaca familiare『家族日誌』(1962 年 ヴェネツィア国際映画祭金獅子賞)

● ジャン・ルイージ・ポリドロ (Gian Luigi Polidoro: 1927–2000)
　□ Il diavolo『イル・ディアーボロ』(1963 年 ベルリン国際映画祭金熊賞)

● マルコ・フェレーリ (Marco Ferreri: 1928-1997)
　□ La casa del sorriso『ラ・カーザ・デル・ソリーゾ』
　　(1991 年 ベルリン国際映画祭金熊賞)

● エリオ・ペトリ (Elio Petri: 1929-1982)
　□ Indagine su un cittadino al di sopra di ogni sospetto『殺人捜査』
　　(1970 年 アカデミー賞外国語映画賞)
　□ La classe operaia va in paradiso『労働者階級は天国に入る』
　　(1972 年 カンヌ国際映画祭パルム・ドール)

● パオロ・タヴィアーニ (Paolo Taviani: 1931-)、
　ヴィットリオ・タヴィアーニ (Vittorio Taviani: 1929-)
　□ Padre Padrone『父 パードレ・パドローネ』
　　(1977 年 カンヌ国際映画祭パルム・ドール)
　□ Cesare deve morire『塀の中のジュリアス・シーザー』
　　(2012 年 ベルリン国際映画祭金熊賞)

● エルマンノ・オルミ (Ermanno Olmi: 1931-)
  □ L'albero degli zoccoli『木靴の樹』（1978 年 カンヌ国際映画祭パルム・ドール）

> 　映画では、ロンバルディア州 (Lombardia) ベルガモ (Bergamo) で生活する 4 軒の小作農家に、1897年秋から1898年春の間に起こった出来事が描かれています。ベルガモ地方の農民たちが出演者であり、ベルガモ方言 (il dialetto bergamasco) が多く使われています。
> 　バティスティ家 (Batisti) の 6 歳になる息子メネク (Mènec)は、利発であることから神父に学校に行かせるように勧められます。ある日、6Kmもある学校から自宅へ帰ろうとするときに、片方の木靴 (zoccolo) が壊れてしまうということが起こります。それを知った父フィナール (Finard) は、街路樹であったポプラの樹を 1 本切り倒し、息子の木靴を作ってやります。樹が 1 本切られていることに気づいた領主 (padrone) は、バティスティ一家を農場から追い出してしまう、というこの時代の貧しい農村にあった話をリアリスティックに表現しています。
> 　ブレーナ(Brena)家の娘マッダレーナ (Maddalena) がミラノ (Milano) へ新婚旅行に行きますが、ゴシック建築のミラノの大聖堂 (Duomo di Milano) が少しだけ映ります。是非探してみてください。

  □ La leggenda del Santo Bevitore『聖なる酔っぱらいの伝説』
    （1988 年 ヴェネツィア国際映画祭金獅子賞）

● ジャンニ・アメリオ (Gianni Amelio: 1945-)
  □ Così ridevano『いつか来た道』（1998 年 ヴェネツィア国際映画祭金獅子賞）

● ガブリエレ・サルヴァトレス (Gabriele Salvatores: 1950-)
  □ Mediterraneo『エーゲ海の天使』（1991 年 アカデミー賞外国語映画賞）

● ロベルト・ベニーニ (Roberto Benigni: 1952-)
  □ La vita è bella『ライフ・イズ・ビューティフル』
    （1998 年 アカデミー賞外国語映画賞、
    1998 年 ロベルト・ベニーニ アカデミー賞主演男優賞、
    1998 年 ニコーラ・ピオヴァーニ(Nicola Piovani: 1946-)アカデミー賞劇映画音楽賞）

● ナンニ・モレッティ (Nanni Moretti: 1953-)
□ La stanza del figlio『息子の部屋』(2001 年 カンヌ国際映画祭パルム・ドール)

> 監督であるモレッティ自身が脚本を書き、主演を努めた映画です。彼が役者として出演した映画には、タヴィアーニ兄弟監督の『父 パードレ・パドローネ』などがありますが、最近では『ローマ法王の休日』(Habemus Papam: 2011 年) で監督・脚本を努め、自らも出演しています。こちらもお薦めの作品です！
>
> モレッティ演ずる精神科医 (analista) であるジョヴァンニ (Giovanni) は、妻パーオラ (Paola)、息子アンドレーア (Andorea)、そして娘イレーネ (Irene) と幸せな生活を送っていましたが、ある日、息子アンドレーアを突然事故で失ってしまいます。ジョヴァンニは、息子の事故死当日に自身が取った行動を後悔し、長男を失った家族も苦悩の日々を送ることになります。しかし、いつまでも悲嘆に暮れる家族に、息子宛の一通の手紙が届く。このことにより、家族に変化の兆しが見えてくる…。

● ジュゼッペ・トルナトーレ (Giuseppe Tornatore: 1956-)
　□ Nuovo cinema paradiso『ニュー・シネマ・パラダイス』
　　(1989 年 アカデミー賞外国語映画賞)
● パオロ・ソレンティーノ (Paolo Sorrentino: 1970-)
　□ La grande bellezza 『追憶のローマ』(2013 年 アカデミー外国語映画賞)
● ジャンフランコ・ロージ (Gianfranco Rosi: 1957-)
　□ Sacro GRA『ローマ環状線、めぐりゆく人生たち』
　　(2013 年 ヴェネツィア国際映画祭金獅子賞)
　□ Fire at Sea (2016 年 ベルリン国際映画祭金熊賞)

動詞の活用形

1 直説法現在形

A) 規則変化

	-are 動詞	-ere 動詞	-ire 動詞(A)	-ire 動詞(B)
	amare	temere	sentire	capire
io	☐ am*o*	☐ tem*o*	☐ sent*o*	☐ cap*isco*
tu	☐ am*i*	☐ tem*i*	☐ sent*i*	☐ cap*isci*
lui/ lei	☐ am*a*	☐ tem*e*	☐ sent*e*	☐ cap*isce*
noi	☐ am*iamo*	☐ tem*iamo*	☐ sent*iamo*	☐ cap*iamo*
voi	☐ am*ate*	☐ tem*ete*	☐ sent*ite*	☐ cap*ite*
loro	☐ am*ano*	☐ tem*ono*	☐ sent*ono*	☐ cap*iscono*

	-iare[1]	-iare[2]	-care[3]	-gare[4]
	odiare	inviare	cercare	spiegare
io	☐ od*io*	☐ inv*io*	☐ cerc*o*	☐ spieg*o*
tu	☐ od*i*	☐ inv*ii*	☐ cerc*hi*	☐ spieg*hi*
lui/ lei	☐ od*ia*	☐ inv*ia*	☐ cerc*a*	☐ spieg*a*
noi	☐ od*iamo*	☐ inv*iamo*	☐ cerc*hiamo*	☐ spieg*hiamo*
voi	☐ od*iate*	☐ inv*iate*	☐ cerc*ate*	☐ spieg*ate*
loro	☐ od*iano*	☐ inv*iano*	☐ cerc*ano*	☐ spieg*ano*

B) 不規則変化

	andare[1]	**apparire**[2]	**avere**[3]	**bere**[4]	**cadere**[5]
io	☐ *vado*	☐ *appaio*/apparisco	☐ *ho*	☐ *bevo*	☐ cado
tu	☐ *vai*	☐ appari/apparisci	☐ *hai*	☐ *bevi*	☐ cadi
lui/ lei	☐ *va*	☐ appare/apparisce	☐ *ha*	☐ *beve*	☐ cade
noi	☐ andiamo	☐ appariamo	☐ *abbiamo*	☐ *beviamo*	☐ cadiamo
voi	☐ andate	☐ apparite	☐ avete	☐ *bevete*	☐ cadete
loro	☐ *vanno*	☐ *appaiono*/apparisono	☐ *hanno*	☐ *bevono*	☐ cadono

apparire[2] : scomparire
cadere[5] : accadere

	compiere[6]	**condurre**[7]	**cuocere**[8]	**dare**[9]	**dire**[10]
io	☐ compio	☐ *conduco*	☐ *cuocio*	☐ do	☐ *dico*
tu	☐ compi	☐ *conduci*	☐ cuoci	☐ *dai*	☐ *dici*
lui/ lei	☐ compie	☐ *conduce*	☐ cuoce	☐ *dà*	☐ *dice*
noi	☐ compiamo	☐ *conduciamo*	☐ *c(u)ociamo*	☐ diamo	☐ *diciamo*
voi	☐ compite	☐ *conducete*	☐ *c(u)ocete*	☐ date	☐ dite
loro	☐ compiono	☐ *conducono*	☐ *cuociono*	☐ *danno*	☐ *dicono*

compiere[6] : riempire
condurre[7] : indurre/ introdurre/ produrre/ ridurre/ ridursi/ tradurre
dire[10] : maledire

	dovere[11]	**essere**[12]	**fare**[13]	**godere**[14]	**morire**[15]
io	☐ *devo*	☐ *sono*	☐ *faccio*	☐ godo	☐ *muoio*
tu	☐ *devi*	☐ *sei*	☐ *fai*	☐ godi	☐ *muori*
lui/ lei	☐ *deve*	☐ *è*	☐ fa	☐ gode	☐ *muore*
noi	☐ *dobbiamo*	☐ *siamo*	☐ *facciamo*	☐ godiamo	☐ moriamo
voi	☐ dovete	☐ *siete*	☐ fate	☐ godete	☐ morite
loro	☐ *devono*	☐ *sono*	☐ *fanno*	☐ godono	☐ *muoiono*

fare[13] : rifare

	muovere[16]	**parere**[17]	**piacere**[18]	**piovere**[19]	**porre**[20]
io	☐ muovo	☐ *paio*	☐ *piaccio*	–	☐ *pongo*
tu	☐ muovi	☐ *pari*	☐ *piaci*	–	☐ *poni*
lui/ lei	☐ muove	☐ *pare*	☐ *piace*	☐ *piove*	☐ *pone*
noi	☐ *moviamo*	☐ *paiamo*	☐ *piacciamo*	–	☐ *poniamo*
voi	☐ *movete*	☐ *parete*	☐ *piacete*	–	☐ *ponete*
loro	☐ *muovono*	☐ *paiono*	☐ *piacciono*	☐ *piovono*	☐ *pongono*

muovere[16] : commuovere/ commuoversi/ muoversi/ promuovere
piacere[18] : dispiacere
porre[20] : comporre/ disporre/ esporre/ imporre/ opporre/ opporsi/ proporre/ sottoporre/ supporre

	potere[21]	**rimanere**[22]	**salire**[23]	**sapere**[24]	**scegliere**[25]
io	☐ *posso*	☐ *rimango*	☐ *salgo*	☐ *so*	☐ *scelgo*
tu	☐ *puoi*	☐ *rimani*	☐ *sali*	☐ *sai*	☐ *scegli*
lui/ lei	☐ *può*	☐ *rimane*	☐ *sale*	☐ *sa*	☐ sceglie
noi	☐ *possiamo*	☐ rimaniamo	☐ *saliamo*	☐ *sappiamo*	☐ *scegliamo*
voi	☐ potete	☐ rimanete	☐ *salite*	☐ sapete	☐ scegliete
loro	☐ *possono*	☐ *rimangono*	☐ *salgono*	☐ *sanno*	☐ *scelgono*

scegliere[25] : raccogliere/ sciogliere/ sciogliersi/ togliere/ togliersi

	sedere[26]	**spegnere**[27]	**stare**[28]	**tacere**[29]	**tenere**[30]	**trarre**[31]
io	☐ *siedo*	☐ *spengo*	☐ sto	☐ *taccio*	☐ *tengo*	☐ *traggo*
tu	☐ *siedi*	☐ spegni	☐ *stai*	☐ taci	☐ *tieni*	☐ *trai*
lui/ lei	☐ *siede*	☐ spegne	☐ sta	☐ tace	☐ *tiene*	☐ *trae*
noi	☐ sediamo	☐ *spegniamo*	☐ *stiamo*	☐ *tacciamo*	☐ teniamo	☐ *traiamo*
voi	☐ sedete	☐ spegnete	☐ state	☐ tacete	☐ tenete	☐ *traete*
loro	☐ *siedono*	☐ *spengono*	☐ *stanno*	☐ *tacciono*	☐ *tengono*	☐ *traggono*

tenere[30] : appartenere/ contenere/ mantenere/ ottenere/ ritenere/ sostenere/ tenersi/ trattenere
trarre[31] : sottrarre

	udire[32]	**uscire**[33]	**valere**[34]	**vedere**[35]	**venire**[36]	**vivere**[37]	**volere**[38]
io	☐ *odo*	☐ *esco*	☐ *valgo*	☐ vedo	☐ *vengo*	☐ vivo	☐ *voglio*
tu	☐ *odi*	☐ *esci*	☐ vali	☐ vedi	☐ *vieni*	☐ vivi	☐ *vuoi*
lui/ lei	☐ *ode*	☐ *esce*	☐ vale	☐ vede	☐ *viene*	☐ vive	☐ *vuole*
noi	☐ udiamo	☐ usciamo	☐ valiamo	☐ vediamo	☐ veniamo	☐ viviamo	☐ *vogliamo*
voi	☐ udite	☐ uscite	☐ valete	☐ vedete	☐ venite	☐ vivete	☐ volete
loro	☐ *odono*	☐ *escono*	☐ *valgono*	☐ vedono	☐ *vengono*	☐ vivono	☐ *vogliono*

uscire[33] : riuscire
vedere[35] : prevedere/ provvedere/ rivedere/ rivedersi/ vedersi
venire[36] : avvenire / convenire/ divenire/ intervenire/ provenire

2 直説法未来形
A) 規則変化

	-are 動詞	-ere 動詞	-ire 動詞
	amare	temere	sentire
io	☐ am*erò*	☐ tem*erò*	☐ sent*irò*
tu	☐ am*erai*	☐ tem*erai*	☐ sent*irai*
lui/ lei	☐ am*erà*	☐ tem*erà*	☐ sent*irà*
noi	☐ am*eremo*	☐ tem*eremo*	☐ sent*iremo*
voi	☐ am*erete*	☐ tem*erete*	☐ sent*irete*
loro	☐ am*eranno*	☐ tem*eranno*	☐ sent*iranno*

	-ciare[1]	-giare[1]	-care[3]	-gare[4]
	annunciare	mangiare	cercare	spiegare
io	☐ annunc*erò*	☐ mang*erò*	☐ cerc*herò*	☐ spieg*herò*
tu	☐ annunc*erai*	☐ mang*erai*	☐ cerc*herai*	☐ spieg*herai*
lui/ lei	☐ annunc*erà*	☐ mang*erà*	☐ cerc*herà*	☐ spieg*herà*
noi	☐ annunc*eremo*	☐ mang*eremo*	☐ cerc*heremo*	☐ spieg*heremo*
voi	☐ annunc*erete*	☐ mang*erete*	☐ cerc*herete*	☐ spieg*herete*
loro	☐ annunc*eranno*	☐ mang*eranno*	☐ cerc*heranno*	☐ spieg*heranno*

B) 不規則変化

	andare[①]	**avere**[③]	**bere**[④]	**cadere**[⑤]	**compiere**[⑥]
io	☐ andrò	☐ avrò	☐ berrò	☐ cadrò	☐ compirò
tu	☐ andrai	☐ avrai	☐ berrai	☐ cadrai	☐ compirai
lui/ lei	☐ andrà	☐ avrà	☐ berrà	☐ cadrà	☐ compirà
noi	☐ andremo	☐ avremo	☐ berremo	☐ cadremo	☐ compiremo
voi	☐ andrete	☐ avrete	☐ berrete	☐ cadrete	☐ compirete
loro	☐ andranno	☐ avranno	☐ berranno	☐ cadranno	☐ compiranno

	condurre[⑦]	**cuocere**[⑧]	**dare**[⑨]	**dovere**[⑪]	**essere**[⑫]
io	☐ condurrò	☐ c(u)ocerò	☐ darò	☐ dovrò	☐ sarò
tu	☐ condurrai	☐ c(u)ocerai	☐ darai	☐ dovrai	☐ sarai
lui/ lei	☐ condurrà	☐ c(u)ocerà	☐ darà	☐ dovrà	☐ sarà
noi	☐ condurremo	☐ c(u)oceremo	☐ daremo	☐ dovremo	☐ saremo
voi	☐ condurrete	☐ c(u)ocerete	☐ darete	☐ dovrete	☐ sarete
loro	☐ condurranno	☐ c(u)oceranno	☐ daranno	☐ dovranno	☐ saranno

	fare[⑬]	**godere**[⑭]	**morire**[⑮]	**muovere**[⑯]	**parere**[⑰]
io	☐ farò	☐ godrò	☐ mor(i)rò	☐ m(u)overò	☐ parrò
tu	☐ farai	☐ godrai	☐ mor(i)rai	☐ m(u)overai	☐ parrai
lui/ lei	☐ farà	☐ godrà	☐ mor(i)rà	☐ m(u)overà	☐ parrà
noi	☐ faremo	☐ godremo	☐ mor(i)remo	☐ m(u)overemo	☐ parremo
voi	☐ farete	☐ godrete	☐ mor(i)rete	☐ m(u)overete	☐ parrete
loro	☐ faranno	☐ godranno	☐ mor(i)ranno	☐ m(u)overanno	☐ parranno

	porre[⑳]	**potere**[㉑]	**rimanere**[㉒]	**sapere**[㉔]
io	☐ porrò	☐ potrò	☐ rimarrò	☐ saprò
tu	☐ porrai	☐ potrai	☐ rimarrai	☐ saprai
lui/ lei	☐ porrà	☐ potrà	☐ rimarrà	☐ saprà
noi	☐ porremo	☐ potremo	☐ rimarremo	☐ sapremo
voi	☐ porrete	☐ potrete	☐ rimarrete	☐ saprete
loro	☐ porranno	☐ potranno	☐ rimarranno	☐ sapranno

	sedere[26]	**stare**[28]	**tenere**[30]	**trarre**[31]	**udire**[32]
io	☐ *s(i)ederò*	☐ *starò*	☐ *terrò*	☐ *trarrò*	☐ *ud(i)rò*
tu	☐ *s(i)ederai*	☐ *starai*	☐ *terrai*	☐ *trarrai*	☐ *ud(i)rai*
lui/ lei	☐ *s(i)ederà*	☐ *starà*	☐ *terrà*	☐ *trarrà*	☐ *ud(i)rà*
noi	☐ *s(i)ederemo*	☐ *staremo*	☐ *terremo*	☐ *trarremo*	☐ *ud(i)remo*
voi	☐ *s(i)ederete*	☐ *starete*	☐ *terrete*	☐ *trarrete*	☐ *ud(i)rete*
loro	☐ *s(i)ederanno*	☐ *staranno*	☐ *terranno*	☐ *trarranno*	☐ *ud(i)ranno*

	valere[34]	**vedere**[35]	**venire**[36]	**vivere**[37]	**volere**[38]
io	☐ *varrò*	☐ *vedrò*	☐ *verrò*	☐ *vivrò*	☐ *vorrò*
tu	☐ *varrai*	☐ *vedrai*	☐ *verrai*	☐ *vivrai*	☐ *vorrai*
lui/ lei	☐ *varrà*	☐ *vedrà*	☐ *verrà*	☐ *vivrà*	☐ *vorrà*
noi	☐ *varremo*	☐ *vedremo*	☐ *verremo*	☐ *vivremo*	☐ *vorremo*
voi	☐ *varrete*	☐ *vedrete*	☐ *verrete*	☐ *vivrete*	☐ *vorrete*
loro	☐ *varranno*	☐ *vedranno*	☐ *verranno*	☐ *vivranno*	☐ *vorranno*

3 直説法半過去形

A) 規則変化

	-are 動詞	-ere 動詞	-ire 動詞
	amare	temere	sentire
io	☐ am*avo*	☐ tem*evo*	☐ sent*ivo*
tu	☐ am*avi*	☐ tem*evi*	☐ sent*ivi*
lui/ lei	☐ am*ava*	☐ tem*eva*	☐ sent*iva*
noi	☐ am*avamo*	☐ tem*evamo*	☐ sent*ivamo*
voi	☐ am*avate*	☐ tem*evate*	☐ sent*ivate*
loro	☐ am*avano*	☐ tem*evano*	☐ sent*ivano*

B) 不規則変化

	bere[4]	**compiere**[6]	**condurre**[7]	**cuocere**[8]	**dire**[10]
io	☐ *bevevo*	☐ *compivo*	☐ *conducevo*	☐ *c(u)ocevo*	☐ *dicevo*
tu	☐ *bevevi*	☐ *compivi*	☐ *conducevi*	☐ *c(u)ocevi*	☐ *dicevi*
lui/ lei	☐ *beveva*	☐ *compiva*	☐ *conduceva*	☐ *c(u)oceva*	☐ *diceva*
noi	☐ *bevevamo*	☐ *compivamo*	☐ *conducevamo*	☐ *c(u)ocevamo*	☐ *dicevamo*
voi	☐ *bevevate*	☐ *compivate*	☐ *conducevate*	☐ *c(u)ocevate*	☐ *dicevate*
loro	☐ *bevevano*	☐ *compivano*	☐ *conducevano*	☐ *c(u)ocevano*	☐ *dicevano*

	essere[12]	fare[13]	muovere[16]	porre[20]	trarre[31]
io	□ ero	□ facevo	□ m(u)ovevo	□ ponevo	□ traevo
tu	□ eri	□ facevi	□ m(u)ovevi	□ ponevi	□ traevi
lui/ lei	□ era	□ faceva	□ m(u)oveva	□ poneva	□ traeva
noi	□ eravamo	□ facevamo	□ m(u)ovevamo	□ ponevamo	□ traevamo
voi	□ eravate	□ facevate	□ m(u)ovevate	□ ponevate	□ traevate
loro	□ erano	□ facevano	□ m(u)ovevano	□ ponevano	□ traevano

4 命令法現在形
A) 規則変化

	-are 動詞	-ere 動詞	-ire 動詞(A)	-ire 動詞(B)
	amare	temere	sentire	capire
io	−	−	−	−
tu	□ ama	□ temi	□ senti	□ capisci
lui/ lei	□ ami	□ tema	□ senta	□ capisca
noi	□ amiamo	□ temiamo	□ sentiamo	□ capiamo
voi	□ amate	□ temete	□ sentite	□ capite
loro	□ amino	□ temano	□ sentano	□ capiscono

	-iare[1]	-iare[2]	-care[3]	-gare[4]
	odiare	inviare	cercare	spiegare
io	−	−	−	−
tu	□ odia	□ invia	□ cerca	□ spiega
lui/ lei	□ odi	□ invii	□ cerchi	□ spieghi
noi	□ odiamo	□ inviamo	□ cerchiamo	□ spieghiamo
voi	□ odiate	□ inviate	□ cercate	□ spiegate
loro	□ odino	□ inviino	□ cerchino	□ spieghino

B) 不規則変化

	andare[1]	apparire[2]	avere[3]	bere[4]	compiere[6]
io	−	−	−	−	−
tu	□ va'/vai/va	□ appari/apparisci	□ abbi	□ bevi	□ compisci/compi
lui/ lei	□ vada	□ appaia/apparisca	□ abbia	□ beva	□ compisca/compia
noi	□ andiamo	□ appariamo	□ abbiamo	□ beviamo	□ compiamo
voi	□ andate	□ apparite	□ abbiate	□ bevete	□ compite
loro	□ vadano	□ appaiano/apparascano	□ abbiano	□ bevano	□ compiscano/compiano

	condurre[7]	cuocere[8]	dare[9]	dire[10]	essere[12]
io	–	–	–	–	–
tu	☐ conduci	☐ cuoci	☐ dai/da'/dà/ dai	☐ dì/ di'	☐ sii
lui/ lei	☐ conduca	☐ cuocia	☐ dia	☐ dica	☐ sia
noi	☐ conduciamo	☐ c(u)ociamo	☐ diamo	☐ diciamo	☐ siamo
voi	☐ conducete	☐ c(u)ocete	☐ date	☐ dite	☐ siate
loro	☐ conducano	☐ cuociano	☐ diano	☐ dicano	☐ siano

	fare[13]	morire[15]	muovere[16]	piacere[18]
io	–	–	–	–
tu	☐ fa'/ fa/ fai	☐ muori	☐ muovi	☐ piaci
lui/ lei	☐ faccia	☐ muoia	☐ muova	☐ piaccia
noi	☐ facciamo	☐ moriamo	☐ m(u)oviamo	☐ piacciamo
voi	☐ fate	☐ morite	☐ m(u)ovete	☐ piacete
loro	☐ facciano	☐ muoiano	☐ muovano	☐ piacciano

	porre[20]	rimanere[22]	salire[23]	sapere[24]	scegliere[25]
io	–	–	–	–	–
tu	☐ poni	☐ rimani	☐ sali	☐ sappi	☐ scegli
lui/ lei	☐ ponga	☐ rimanga	☐ salga	☐ sappia	☐ scelga
noi	☐ poniamo	☐ rimaniamo	☐ saliamo	☐ sappiamo	☐ scegliamo
voi	☐ ponete	☐ rimanete	☐ salite	☐ sappiate	☐ sciegliete
loro	☐ pongano	☐ rimangano	☐ salgano	☐ sappiano	☐ scelgano

	sedere[26]	spegnere[27]	stare[28]	tacere[29]	tenere[30]
io	–	–	–	–	–
tu	☐ siedi	☐ spegni	☐ sta/ stai/ sta'	☐ taci	☐ tieni
lui/ lei	☐ sieda	☐ spenga	☐ stia	☐ taccia	☐ tenga
noi	☐ sediamo	☐ spegniamo	☐ stiamo	☐ tacciamo	☐ teniamo
voi	☐ sedete	☐ spegnete	☐ state	☐ tacete	☐ tenete
loro	☐ siedano	☐ spengano	☐ stiano	☐ tacciano	☐ tengano

	trarre[31]	udire[32]	uscire[33]	valere[34]	venire[36]	volere[38]
io	–	–	–	–	–	–
tu	☐ trai	☐ odi	☐ esci	☐ vali	☐ vieni	☐ vogli
lui/ lei	☐ tragga	☐ oda	☐ esca	☐ valga	☐ venga	☐ voglia
noi	☐ traiamo	☐ udiamo	☐ usciamo	☐ valiamo	☐ veniamo	☐ vogliamo
voi	☐ traete	☐ udite	☐ uscite	☐ valete	☐ venite	☐ vogliate
loro	☐ traggano	☐ odano	☐ escano	☐ valgano	☐ vengano	☐ vogliano

5 条件法現在形
A) 規則変化

	-are 動詞	-ere 動詞	-ire 動詞
	amare	temere	sentire
io	☐ amerei	☐ temerei	☐ sentirei
tu	☐ ameresti	☐ temeresti	☐ sentiresti
lui/ lei	☐ amerebbe	☐ temerebbe	☐ sentirebbe
noi	☐ ameremmo	☐ temeremmo	☐ sentiremmo
voi	☐ amereste	☐ temereste	☐ sentireste
loro	☐ amerebbero	☐ temerebbero	☐ sentirebbero

	-ciare[1]	-giare[1]	-care[3]	-gare[4]
	annunciare	mangiare	cercare	spiegare
io	☐ annuncerei	☐ mangerei	☐ cercherei	☐ spiegherei
tu	☐ annunceresti	☐ mangeresti	☐ cercheresti	☐ spiegheresti
lui/ lei	☐ annuncerebbe	☐ mangerebbe	☐ cercherebbe	☐ spiegherebbe
noi	☐ annunceremmo	☐ mangeremmo	☐ cercheremmo	☐ spiegheremmo
voi	☐ annuncereste	☐ mangereste	☐ cerchereste	☐ spieghereste
loro	☐ annuncerebbero	☐ mangerebbero	☐ cercherebbero	☐ spiegherebbero

B) 不規則変化

	andare[1]	**avere**[3]	**bere**[4]	**cadere**[5]	**compiere**[6]
io	☐ andrei	☐ avrei	☐ berrei	☐ cadrei	☐ compirei
tu	☐ andresti	☐ avresti	☐ berresti	☐ cadresti	☐ compiresti
lui/ lei	☐ andrebbe	☐ avrebbe	☐ berrebbe	☐ cadrebbe	☐ compirebbe
noi	☐ andremmo	☐ avremmo	☐ berremmo	☐ cadremmo	☐ compiremmo
voi	☐ andreste	☐ avreste	☐ berreste	☐ cadreste	☐ compireste
loro	☐ andrebbero	☐ avrebbero	☐ berrebbero	☐ cadrebbero	☐ compirebbero

	condurre[7]	**cuocere**[8]	**dare**[9]	**dovere**[11]	**essere**[12]
io	☐ condurrei	☐ c(u)ocerei	☐ darei	☐ dovrei	☐ sarei
tu	☐ condurresti	☐ c(u)oceresti	☐ daresti	☐ dovresti	☐ saresti
lui/ lei	☐ condurrebbe	☐ c(u)ocerebbe	☐ darebbe	☐ dovrebbe	☐ sarrebbe
noi	☐ condurremmo	☐ c(u)oceremmo	☐ daremmo	☐ dovremmo	☐ saremmo
voi	☐ condurreste	☐ c(u)ocereste	☐ dareste	☐ dovreste	☐ sareste
loro	☐ condurrebbero	☐ c(u)ocerebbero	☐ darebbero	☐ dovrebbero	☐ sarebbero

	fare[13]	godere[14]	morire[15]	muovere[16]	parere[17]
io	☐ *farei*	☐ *godrei*	☐ *mor(i)rei*	☐ *m(u)overei*	☐ *parrei*
tu	☐ *faresti*	☐ *godresti*	☐ *mor(i)resti*	☐ *m(u)overesti*	☐ *parresti*
lui/ lei	☐ *farebbe*	☐ *godrebbe*	☐ *mor(i)rebbe*	☐ *m(u)overebbe*	☐ *parrebbe*
noi	☐ *faremmo*	☐ *godremmo*	☐ *mor(i)remmo*	☐ *m(u)overemmo*	☐ *parremmo*
voi	☐ *fareste*	☐ *godreste*	☐ *mor(i)reste*	☐ *m(u)overeste*	☐ *parreste*
loro	☐ *farebbero*	☐ *godrebbero*	☐ *mor(i)rebbero*	☐ *m(u)overebbero*	☐ *parrebbero*

	porre[20]	potere[21]	rimanere[22]	sapere[24]
io	☐ *porrei*	☐ *potrei*	☐ *rimarrei*	☐ *saprei*
tu	☐ *porresti*	☐ *potresti*	☐ *rimarresti*	☐ *sapresti*
lui/ lei	☐ *porrebbe*	☐ *potrebbe*	☐ *rimarrebbe*	☐ *saprebbe*
noi	☐ *porremmo*	☐ *potremmo*	☐ *rimarremmo*	☐ *sapremmo*
voi	☐ *porreste*	☐ *potreste*	☐ *rimarreste*	☐ *sapreste*
loro	☐ *porrebbero*	☐ *potrebbero*	☐ *rimarrebbero*	☐ *saprebbero*

	sedere[26]	stare[28]	tenere[30]	trarre[31]	udire[32]
io	☐ *s(i)ederei*	☐ *starei*	☐ *terrei*	☐ *trarrei*	☐ *ud(i)rei*
tu	☐ *s(i)ederesti*	☐ *staresti*	☐ *terresti*	☐ *trarresti*	☐ *ud(i)resti*
lui/ lei	☐ *s(i)ederebbe*	☐ *starebbe*	☐ *terrebbe*	☐ *trarrebbe*	☐ *ud(i)rebbe*
noi	☐ *s(i)ederemmo*	☐ *staremmo*	☐ *terremmo*	☐ *trarremmo*	☐ *ud(i)remmo*
voi	☐ *s(i)edereste*	☐ *stareste*	☐ *terreste*	☐ *trarreste*	☐ *ud(i)reste*
loro	☐ *s(i)ederebbero*	☐ *starebbero*	☐ *terrebbero*	☐ *trarrebbero*	☐ *ud(i)rebbero*

	valere[34]	vedere[35]	venire[36]	vivere[37]	volere[38]
io	☐ *varrei*	☐ *vedrei*	☐ *verrei*	☐ *vivrei*	☐ *vorrei*
tu	☐ *varresti*	☐ *vedresti*	☐ *verresti*	☐ *vivresti*	☐ *vorresti*
lui/ lei	☐ *varrebbe*	☐ *vedrebbe*	☐ *verrebbe*	☐ *vivrebbe*	☐ *vorebbe*
noi	☐ *varremmo*	☐ *vedremmo*	☐ *verremmo*	☐ *vivremmo*	☐ *vorremmo*
voi	☐ *varreste*	☐ *vedreste*	☐ *verreste*	☐ *vivreste*	☐ *vorreste*
loro	☐ *varrebbero*	☐ *vedrebbero*	☐ *verrebbero*	☐ *vivrebbero*	☐ *vorrebbero*

6 接続法現在形

A) 規則変化

	-are 動詞	-ere 動詞	-ire 動詞(A)	-ire 動詞(B)
	durare	accadere	sentire	finire
io	☐ dur*i*	☐ accad*a*	☐ sent*a*	☐ fin*isca*
tu	☐ dur*i*	☐ accad*a*	☐ sent*a*	☐ fin*isca*
lui/ lei	☐ dur*i*	☐ accad*a*	☐ sent*a*	☐ fin*isca*
noi	☐ dur*iamo*	☐ accad*iamo*	☐ sent*iamo*	☐ fin*iamo*
voi	☐ dur*iate*	☐ accad*iate*	☐ sent*iate*	☐ fin*iate*
loro	☐ dur*ino*	☐ accad*ano*	☐ sent*ano*	☐ fin*iscano*

	-iare[1]	-iare[2]	-care[3]	-gare[4]
	rischiare	inviare	mancare	spiegare
io	□ rischi	□ invii	□ manchi	□ spieghi
tu	□ rischi	□ invii	□ manchi	□ spieghi
lui/ lei	□ rischi	□ invii	□ manchi	□ spieghi
noi	□ rischiamo	□ inviamo	□ manchiamo	□ spieghiamo
voi	□ rischiate	□ inviate	□ manchiate	□ spieghiate
loro	□ rischino	□ inviino	□ manchino	□ spieghino

B) 不規則変化

	andare[①]	apparire[②]	avere[③]	bere[④]
io	□ *vada*	□ *appaia*/apparisca	□ *abbia*	□ *beva*
tu	□ *vada*	□ *appaia*/apparisca	□ *abbia*	□ *beva*
lui/ lei	□ *vada*	□ *appaia*/apparisca	□ *abbia*	□ *beva*
noi	□ andiamo	□ appariamo	□ *abbiamo*	□ *beviamo*
voi	□ andiate	□ appariate	□ *abbiate*	□ *beviate*
loro	□ *vadano*	□ *appaiano*/appariscano	□ *abbiano*	□ *bevano*

	compiere[⑥]	condurre[⑦]	cuocere[⑧]	dare[⑨]	dire[⑩]
io	□ compi(sc)a	□ *conduca*	□ *cuocia*	□ *dia*	□ *dica*
tu	□ compi(sc)a	□ *conduca*	□ *cuocia*	□ *dia*	□ *dica*
lui/ lei	□ compi(sc)a	□ *conduca*	□ *cuocia*	□ *dia*	□ *dica*
noi	□ compiamo	□ *conduciamo*	□ *c(u)ociamo*	□ diamo	□ *diciamo*
voi	□ compiate	□ *conduciate*	□ *c(u)ociate*	□ diate	□ *diciate*
loro	□ compi(sc)ano	□ *conducano*	□ *cuociano*	□ *diano*	□ *dicano*

	dovere[⑪]	essere[⑫]	fare[⑬]	morire[⑭]	muovere[⑮]
io	□ *deva/debba*	□ sia	□ *faccia*	□ *muoia*	□ muova
tu	□ *deva/debba*	□ *sia*	□ *faccia*	□ *muoia*	□ muova
lui/ lei	□ *deva/debba*	□ *sia*	□ *faccia*	□ *muoia*	□ muova
noi	□ *dobbiamo*	□ *siamo*	□ *facciamo*	□ moriamo	□ *m(u)oviamo*
voi	□ *dobbiate*	□ *siate*	□ *facciate*	□ moriate	□ *m(u)oviate*
loro	□ *devano/debbano*	□ *siano*	□ *facciano*	□ muoiano	□ muovano

	parere[⑰]	piacere[⑱]	porre[⑳]	potere[㉑]
io	□ *paia*	□ *piaccia*	□ *ponga*	□ *possa*
tu	□ *paia*	□ *piaccia*	□ *ponga*	□ *possa*
lui/ lei	□ *paia*	□ *piaccia*	□ *ponga*	□ *possa*
noi	□ *paiamo*	□ *piacciamo*	□ *poniamo*	□ *possiamo*
voi	□ *paiate*	□ *piaciate*	□ *poniate*	□ *possiate*
loro	□ *paiano*	□ *piacciano*	□ *pongano*	□ *possano*

	rimanere[22]	**salire**[23]	**sapere**[24]	**scegliere**[25]	**sedere**[26]
io	☐ *rimanga*	☐ *salga*	☐ *sappia*	☐ *scelga*	☐ *sieda*
tu	☐ *rimanga*	☐ *salga*	☐ *sappia*	☐ *scelga*	☐ *sieda*
lui/ lei	☐ *rimanga*	☐ *salga*	☐ *sappia*	☐ *scelga*	☐ *sieda*
noi	☐ rimaniamo	☐ saliamo	☐ *sappiamo*	☐ *scegliamo*	☐ sediamo
voi	☐ rimaniate	☐ saliate	☐ *sappiate*	☐ *scegliate*	☐ sediate
loro	☐ *rimangano*	☐ *salgano*	☐ *sappiano*	☐ *scelgano*	☐ *siedano*

	spegnere[27]	**stare**[28]	**tacere**[29]	**tenere**[30]	**trarre**[31]	**udire**[32]
io	☐ *spenga*	☐ *stia*	☐ *taccia*	☐ *tenga*	☐ *tragga*	☐ *oda*
tu	☐ *spenga*	☐ *stia*	☐ *taccia*	☐ *tenga*	☐ *tragga*	☐ *oda*
lui/ lei	☐ *spenga*	☐ *stia*	☐ *taccia*	☐ *tenga*	☐ *tragga*	☐ *oda*
noi	☐ spegniamo	☐ stiamo	☐ *tacciamo*	☐ teniamo	☐ *traiamo*	☐ udiamo
voi	☐ spegniate	☐ stiate	☐ *tacciate*	☐ teniate	☐ *traiate*	☐ udiate
loro	☐ *spengano*	☐ *stiano*	☐ *tacciano*	☐ *tengano*	☐ *traggano*	☐ *odano*

	uscire[33]	**valere**[34]	**venire**[36]	**volere**[38]
io	☐ *esca*	☐ *valga*	☐ *venga*	☐ *voglia*
tu	☐ *esca*	☐ *valga*	☐ *venga*	☐ *voglia*
lui/ lei	☐ *esca*	☐ *valga*	☐ *venga*	☐ *voglia*
noi	☐ usciamo	☐ valiamo	☐ veniamo	☐ *vogliamo*
voi	☐ usciate	☐ valiate	☐ veniate	☐ *vogliate*
loro	☐ *escano*	☐ *valgano*	☐ *vengano*	☐ *vogliano*

7 接続法半過去
A) 規則変化

	-are 動詞	-ere 動詞	-ire 動詞
	amare	temere	sentire
io	☐ am*assi*	☐ tem*essi*	☐ sent*issi*
tu	☐ am*assi*	☐ tem*essi*	☐ sent*issi*
lui/ lei	☐ am*asse*	☐ tem*esse*	☐ sent*isse*
noi	☐ am*assimo*	☐ tem*essimo*	☐ sent*issimo*
voi	☐ am*aste*	☐ tem*este*	☐ sent*iste*
loro	☐ am*assero*	☐ tem*essero*	☐ sent*issero*

B) 不規則変化

	bere[4]	**compiere**[6]	**condurre**[7]	**cuocere**[8]
io	☐ *bevessi*	☐ *compissi*	☐ *conducessi*	☐ *c(u)ocessi*
tu	☐ *bevessi*	☐ *compissi*	☐ *conducessi*	☐ *c(u)ocessi*
lui/ lei	☐ *bevesse*	☐ *compisse*	☐ *conducesse*	☐ *c(u)ocesse*
noi	☐ *bevessimo*	☐ *compissimo*	☐ *conducessimo*	☐ *c(u)ocessimo*
voi	☐ *beveste*	☐ *compiste*	☐ *conduceste*	☐ *c(u)oceste*
loro	☐ *bevessero*	☐ *compissero*	☐ *conducessero*	☐ *c(u)ocessero*

	dare[9]	**dire**[10]	**essere**[12]	**fare**[13]	**muovere**[16]
io	☐ *dessi*	☐ *dicessi*	☐ *fossi*	☐ *facessi*	☐ *m(u)ovessi*
tu	☐ *dessi*	☐ *dicessi*	☐ *fossi*	☐ *facessi*	☐ *m(u)ovessi*
lui/ lei	☐ *desse*	☐ *dicesse*	☐ *fosse*	☐ *facesse*	☐ *m(u)ovesse*
noi	☐ *dessimo*	☐ *dicessimo*	☐ *fossimo*	☐ *facessimo*	☐ *m(u)ovissimo*
voi	☐ *deste*	☐ *diceste*	☐ *foste*	☐ *faceste*	☐ *m(u)oveste*
loro	☐ *dessero*	☐ *dicessero*	☐ *fossero*	☐ *facessero*	☐ *m(u)ovessero*

	porre[20]	**stare**[28]	**trarre**[31]
io	☐ *ponessi*	☐ *stessi*	☐ *traessi*
tu	☐ *ponessi*	☐ *stessi*	☐ *traessi*
lui/ lei	☐ *ponesse*	☐ *stesse*	☐ *traesse*
noi	☐ *ponessimo*	☐ *stessimo*	☐ *traessimo*
voi	☐ *poneste*	☐ *steste*	☐ *traeste*
loro	☐ *piovessero*	☐ *stessero*	☐ *traessero*

イタリア語索引

A

[A]		addormentarsi	69	alga	114	- avanti	88	arabo	21
a	33	addosso	56	alimentare	153	- bene	88	aragosta	114
- pois	97	adesso	81	alimentari	27	- fuori	88	arancia	25
- scacchi	97	- che＋直説法	144	allargare	117	- per la maggiore	88	aranciata	25
abbaiare	114	per -	81	alleanza	145	- via	88	arancio	5
abbandonare	94	adolescente	3	alleato	147	andarsene	88	arancione	12
abbassare	152	A domani!	24	allegretto	66	andata	103	archeologia	54
abbassarsi	69	adoperare	135	allegro	12,22,66	anello	11	archeologico	153
abbastanza	51	A dopo!	24	allenatore/trice	156	angelo	142	architetto	13
- per/da	146	adorare	55	allievo/a	21	angolo	6	architettura	54
abbellimento	65	adottare	118,134	allontanare/rsi	88	in ogni -	6	archivio	104
abbigliamento	28	adulto/a	3	allora	81,110	angoscia	95	arco	106
abbracciare	92	aereo	31,51	allungare/rsi	117	anima	118	area	24
abbraccio	155	con l'aereo	32	almeno	51	animale	12	- di servizio	10
abilità	118	in -	31	alquanto	37	animare	55	argenteo	12
abitante	16	aeroporto	10	altezza	57	animato	92	argenti	23
abitare	93	affacciarsi	105	all'altezza di	38	animo	118	argento	74
abito	28	affare	61	essere all'altezza di		anniversario	89	argomento	148
- su misura	36	affascinante	22	INF	122	anno	46	aria	59
abituare	135	affermare	138	alto	48,49	il prossimo -	75	all'(aria) aperta	92
- +人＋a INF	124	affermare di INF	121	altrettanto	37,51	l'anno prossimo	75	arma	106
abituarsi	135	affermazione	79	altrimenti	90	negli ultimi anni	81	armi nucleari	106
abitudine	155	afferrare	92	altro	84	quest'anno	75	armadio	3
accadere	105,106	affetto	95	- che	84	annoiare/rsi	55	armonia	66
- che＋接続法	153	con -	82	定冠詞＋ - ＋名詞	47	annotare	79	arrabbiare	55,106
- di INF	111	affettuoso	66	不定冠詞＋altro/a		annunciare	140	arrabbiarsi	55
accanto	56	affidare/rsi	149	＋単数名詞	47	- a＋人＋di INF	124	arrabbiato	48
- a	38	affittare	104	altri/e ＋複数名詞	47	- che ＋直説法	139	essere -	77
accendere	93	affitto	120	alzare	152	annuncio	47	arredamento	3
accendino	11	prendere in -	60	alzarsi	69	ansia	95	arredare	127
accennare	119	affliggersi	113	amabile	66	anticipare	102	arrestare	63,136
accento	65	affollare	151	amante	3	antico	15	arrestarsi	89
acceso	92	affrettarsi a	123	amare	55	antipasto	6	arrivare	58,106
accettare	118	affrontare	144	- INF	84	- di verdure	42	- a INF	123
- di INF	121	Africa	36	amaro	50	antipatico	22	Arrivederci!	24
Accidenti!	64	africano	21	amarsi	55	anzi	110	arrivo	103
acciuga	114	agenda	5	ambasciata	3	anziana	3	all'arrivo di	119
accomodare	63	agente	21	ambasciatore/trice	22	anziano	3,49	arrosto	26,50
accomodarsi	113	agenzia	15	ambiente	59,95	apertivo	6	- di vitello	42
accompagnare	88	- di viaggi	15	ambiguo	77	aperto	92	arte	78
accordo	65,85,145	aggettivo	157	ambizione	85	apertura	61	belle arti	78
andare d'accordo con	88	aggiungere	145	americano	13	A più tardi!	24	articolo	37,47,157
essere d'accordo con	77	agire	102	amico/a	3	apparecchio	37	- di giornale	47
accorgersi di INF	122	agitare	97	amichevole	22	apparire	105,106	artista	14
accorto	75	agitarsi	113	amicizia	95	appartamento	8	artistico	153
accostare/rsi	88	aglio	32	ammazzare	114	appartenere	108,142	ascensore	2
account	104	agnello	96	ammettere	138	appassionato	66	asciugamano	82
accusare di INF	121	- arrosto	96	- che＋直説法	139	appena	51,58,142	- da bagno	35
accusa	79	- piccante	42	- di INF	121	appendere	134	asciugare	106,134
acerbo	50	ago	97	amministativo	147	appetito	44	asciutto	50
aceto	26	agosto	70	amministrazione	136	avere -	44	ascoltare	62
- balsamico	26	agricolo	148	(pubblica) -	147	applicare	104	ascolto	143
- di vino	26	agricoltura	61	ammirare	57	applicazione	155	Asia	36
acqua	25	aiutare	127	amore	95	appoggiare/rsi	127	asiatico	21
- calda	25	- +人＋a INF	124	con -	82	apprendere	54	asilo nido	72
- minerale	25	Aiuto!	69	ampio	43	apprezzare	138	asma	143
acquario	10	aiuto	136	anatra	12	approfittare	135	asparago	32
acquistare	109	essere d'aiuto	135	anche	52	approvare	138	aspettare	134
acuto	48	ala	12	- se	142	appuntamento	145	- che＋接続法	150
adagio	58,66	alba	46	anch'io	52	appuntare	79	- di INF	121
adatto	77	all'alba	57	ancora	58,80	appunto	51	aspettarsi	137
- a	75	albergo	9	andante	66	A presto!	24	aspetto	59,118
addetto/a	13	albero	5	andare	88,106,107	aprile	70	aspirapolvere	93
Addio!	24	alcuni/e	84	- +ジェルンディオ	114	aprire	61	aspirare	96
addirittura	52	- +複数名詞	47	- +過去分詞	116	aprirsi	117	aspro	50
addormentare	93	alfabeto	157	- a INF	123	Arabia	36	assaggiare	96

174

assai	51	autunno	86	in - a	108	esserci - di	135	buono	14,50
assassina	94	d'autunno	86	sulla - di	108	esserci - di INF	125	- come il pane	14
assassino	76,94	in/d'autunno	86	basilica	10	senza - di	91	burro	26
assegnare	86,149	avanti	56	basso	48,49,66	bistecca	26	busta	23,35
assegno (bancario)	109	- Cristo	46	Basta così.	55	- alla fiorentina	41	- paga	120
assente	76	Avanti!	16	bastare	55	blocco	52	buttare	94
- a	75	avanzare	58,106,109	- INF	111	blog	104	- fuori	94
assenza	117	avaro	75	Basta che +接続法	150	blu	12	- i rifiuti	94
assicurare	137	avere	43	basta con	129	bocca	43	- via	94
- che +直説法	139	- a che fare/vedere		bastoncini	23	la Bocca della Verità	43		
assicurarsi di INF	122	con	138	bastone	11	bocciare	146	**[C]**	
assicurazione	145	- da INF	125	battaglia	106	Bologna	20,29	C'è	37
assistenza	136	avvenimento	105	battere	97,144	bolognese	29	- poco da INF	125
- sociale	136	avvenire	64,105,106	battuta	65,78	bordo	31	- il pericolo che +	
assistere	145	avventura	136	beato	48	a - di	138	接続法	150
associazione	72	avverbio	157	Beato a te!	64	borghese	16,141	CD	103
assolutamente	70	avversario/a	3	beh!	16	borsa	11	cadere	106,152
assoluto	51	avvertire	62	beige	12	- a tracolla	11	- la neve	112
assomigliare	83	- +人+ di INF	124	belga	13	borsetta	11	- la pioggia	112
assumere	118	avviare	128	Belgio	36	bosco	30	caduta	126
assurdo	73	avviarsi	58	bellezza	44	bottega	7	caffè	25
atletica	33	avvicinare	88	bello	16	bottiglia	23	- freddo	25
atmosfera	59,95	avvicinarsi	83,88	di -	69	- di plastica	23	fare il -	82
attaccante	156	avvocato	21	bemolle	65	una - di	27	caffellatte	25
attaccare	61,116,144	- difensore	21	benché +接続法	155	bottone	97	cagna	12
attacco	36,156	avvolgere	135	bene	49,95	bovini	12	cagnolino	12
attendere	134	azienda	15	essere - che + 接続法		braccio	45	calamaro	114
- di INF	121	- produttrice	15		150	- di ferro	45	calare	106,152
attento	75	azione	136,155	fare - a	80	brano	53	calciatore/trice	156
stare - a	83	azzurro	12	benessere	136	branzino	114	calcio	33,143
attenzione	95			beni	120	al sale	41	fare -	112
con -	82	**[B]**		Benissimo!	16	bravo	14	prendere a calci	60
fare - a	80	babbo	8	Benvenuto!	24	- a	75	calcolare	154
attesa	103	bacio	155	benzina	74	bravura	78	calcolo	120
attimo	64	badare	133	fare -	82	breve	43	fare un -	81
in un -	64	baffo	43	bequadro	65	in -	43	caldo	44,50
un -	139	bagaglio	103	bere	96	brillante	66	avere -	44
attività	155	bagnare	134	Berlino	29	brillare	152	calendario	4
attivo	22,157	bagnarsi	69	bestia	12	brivido	143	calma	95
atto	155	bagno	2,82	bestiame	12	avere brividi	44	con -	82
all'atto di	119	- pubblico	9	bevanda	25	brodo	26	calmare	133
mettere in -	59	fare il -	82	- alcolica	25	bruciare	106,134	calmo	22,92
prendere - di	60	balcone	2	- gassata	25	bruciarsi	133	calore	59
attore/trice	14	ballare	78	biancheria intima	28	bruno	12	caloria	27
attorno a	90	ballo	78	bianco	12	bruschetta	27	calvo	49
attraversare	88	bambino/a	3	biblioteca	10	- alla romana	41	calzature	28
attraverso	90	banale	73	in -	30	brutto	16	calzini	28
attribuire	86	banana	25	bicchiere	23	buca	36	calzoni	28
attuale	87	banca	9	- da vino	35	- delle lettere	9	cambiare	151
auditivo	153	alla -	34	un - di	27	bucatini	39	- casa	151
augurio	71	Banca d'Italia	9	bici/bicicletta	31	- all'amatriciana	41	- idea	151
aula	117	in -	30	in -	31	bucato	82	- scuola	146
aumentare	106,151	bancario	148	biglietteria	10	fare il -	82	- treno	102
aumento	126	banchetto di nozze	71	biglietto	35,73,109,141	buddismo	142	cambio	120
Australia	36	banco	3	- aereo	141	budino	37	camera	2
australiano	13	- di scuola	3	- da visita	35	bugia	62	- da letto	35
Austria	36	bancomat	154	- di andata e ritorno	141	buio	112	- dei bambini	2
austriaco	13	banconota	109	bilancio	120	fare -	112	Camera dei	
autentico	77	bandiera	4	binario	10	Buon anno!	14	Deputati	147
autista	13	bar	15	biologia	54	Buon appetito!	14	in -	30
auto	31	al -	34	biondo	49	Buon capodanno!	14	in - di	91
in -	31	barba	43	biro	5	Buon compleanno!	14	cameriere/a	7
autobus	31	fare la -	82	birra	25	Buon Natale!	14	camicetta	28
in -	31	barbiere/a	7	biscotto	37	Buon viaggio!	14	camicia	28
automobile	31	barca	31	bisognare INF	111	Buona fortuna!	14	- da donna	35
- a noleggio	31	- a vela	31	bisognare che + 接続法		Buona giornata!	14	camion	31
automobilistico	143	- da pesca	35		153	Buona serata!	14	camminare	114
autore/trice	14	in -	31	bisogno	45	Buonanotte!	14	cammino	103,143
autorità	118	barista	7	al -	45	Buonasera!	14	campagna	30
autostrada	6	baritono	66	avere - di	45	Buone feste!	14	in -	30
- del Sole	6	base	62	avere - di INF	125	Buongiorno!	14	campana	10

175

イタリア語索引

C

campanello	2	- d'identità	73	certamente	70	Cin cin!	16	Come?	64
Campania	20	- d'imbarco	141	certezza	45	Cina	36	Come no!	11
campionato	156	- da lettere	35	certificato	73	cinema	10,78	come	81,91,142
- di calcio	156	- di credito	154	Certo (che sì).	11	al -	34	- prima	139
campione/nessa	156	- igienica	82	certo	66,70,78	cinese	13	- se +接続法	155
campo	4,24,30	cartella clinica	146	certi/certe +複数名詞	47	cinquanta	23	cominciare	61,106
- da tennis	35	cartello	4	不定冠詞+ - + 単数名詞		cinque	23	- a INF	123
Canada	36	- stradale	6		47	cintura	28	a - da	126
canadese	13	cartolina	35	不定冠詞+ - +人名	47	- di sicurezza	151	per -	111
canale	34,47	cartuccia	103	名詞+ -	77	ciò	133	commedia	53
Canal Grande	20,34	casa	8	essere - che + 直説法		cioccolata	37	commento	47
canarino	12	- editrice	8		141	cioccolatino	37	commerciale	148
cancellare	138	a -	33	essere - di	74	cioè	84	commercio	61
cancello	2	a - mia	8	essere - di INF	122	cipolla	32	- estero	61
candela	4	in -	30	cervello	43	cipresso	5	essere in -	88
candidato/a	94	La Casa Bianca	8	cessare	63,106	circa	52	commesso/a	7
candido	12	casalinga	13	- di INF	121	- (a)	91	commettere	114
cane	12	fare la -	81	cesto	23	circolo	72	- un errore	114
- lupo	12	cascare	106,152	cetriolo	32	circondare	135	commissariato	9
cannelloni	40	casetta	8	champagne	25	circostanza	62	commissione	
cantabile	66	caso	62	chattare	128	citare	54		145,147,154
cantante	14	fare - a	80	che	9,10,139	cittadino/a	16	commuovere/rsi	113
cantare	78	in ogni -	62	che cosa	9	città	30	comodità	44
canto	12,78	per -	62	chi	22	in -	30	comodo	48,92
canzone	78	cassa	15,23	chiacchiera	143	civico	141	compact disc	103
capace	77	cassaforte	4	fare due/quattro	80	civile	141	compagno/a	16
essere - di INF	122	cassetto	3	chiacchiere	80	civiltà	78	compagnia	15,16
capacità	57,118	cassiere/a	7	chiacchierare	53	classe	117,141	compenso	120
capellini	39	castagna	25	chiamare	127	- economica	141	in -	120
capello	43	castello	10	chiamarsi	70	- prima	141	competente	22
capire	64	categoria	24	chiarire	140	classico	87	compiere	63
capirci	64	catena	97	chiaro	12,112	classificare	54	- il dovere	63
- che +直説法	139	cattivo	14,50	È chiaro che + 直説法		clero	21	compiti	117
capitale	30,120	cattolica	16		141	cliccare	128	fare i -	80
la Capitale	30	cattolico	16,153	chiave	2	cliente	94	compito	61
capitare	105,106	causa	62,148	- di fa	65	clima	112	compleanno	89
- che +接続法	153	- penale	148	- di sol	65	clinica	9	complesso	76
- di INF	111	a/per - di	107	in - ...	148	cocktail	25	completamente	51
capo	34,113	cavallo	12	chiedere	120,127	coda	12	completare	63
da -	65	a -	33	- a +人+ di INF	124	codice	154	completo	28,77
fare - a	80	cavare	97	chiesa	10	cognome	118	complicare	63
in - a	119	cavo	103	- cattolica	16	coincidenza	45	complicato	73
un - di	27	- USB	103	in -	30	colazione	6	Complimenti!	16
capodanno	89	cavolo	32	chilo (grammo)	27	fare -	82	complimento	71
capolavoro	53	cedere	118,144	un - di	27	colla	5	comporre	95
caporeparto	113	celebrare	93	chilometro	27	collaborazione	136	comportamento	155
cappello	28	celebre	76	chimica	54	collana	11	comportare	105
cappotto	28	celeste	12	chinare	152	collega	16	comportarsi	102
cappuccino	25	cemento	74	chinarsi	69	collegare	128	Composta con gelato	42
capriccioso	66	cena	6	chiosco	7	collegio	72	comprare/rsi	109
carabiniere	22	a -	33	chissà	70	collezione	38	comprendere	64,135
caramella	37	fare -	82	chitarra	38	collina	30	comprensione	87
carattere	118	cenare	96	chiudere	63	collo	43	computer	103
carciofo	32	cenno	155	- gli occhi	63	collocare	127	comunale	115
caricare	102,151	centesimo	24,31	chiuso	92	colloquio	147	comune	9,30,73
carico	12,92	centigrado	112	chiusura	61	colonia	24	- a	75
- di	74	centimetro	27	ci	56	colorato	12	Comune di Roma	30
carino	48	centinaio	47	Ci sono	37	colore	152	comunicare	53
Carissimo	157	cento	23	Ciao!	24	a colori	97	comunicazione	79
carità	95	- milion	23	ciascuno	84	Colosseo	20	comunque	90
carne	96	centomila	23	cibo	27	colpa	44	- +接続法	156
- bovina	96	centrale	51	ciclismo	33	colpevole	76,94	con	32
- macinata	96	centro	30	cieco	76	colpire	97	- brio	66
Caro	157	- commerciale	7	cielo	59	colpo	106,143	concedere	86
caro	16,97	al -	34	- sereno	112	- di Stato	106	concerto	66,78
carota	32	al - di	119	cifra	57	coltello	23	- per pianoforte e orchestra	78
carpaccio	26	in -	30	ciliegia	25	comandante	113	al -	34
carriera	61	cercare	116	ciliegio	5	comandare	119	concetto	85
carro	31	- di INF	122	cima	30	comando	155	conchiglie	40
carrozza	31	cereali	27	cimitero	9	combattere	144	concludere	129
carta	73,103	cerimonia	71			combinare	116		

176

conclusione	45	continuare	61,108	corrispondente	76	cucciolo/a	12	degno	73
concorso	117	- a INF	123	corrispondere	138	cucina	2,6	- di	74
condannare	144	continuo	48	corsa	33,143	- italiana	6	essere - che +接続法	
condire	128	conto	120,154	corso	117,126	cucinare	96		150
condizionatore	93	a conti fatti	111	- di specializzazione	72	cugino/a	8	delicatamente	51
condizione	45	fare i conti con	80	nel - di	119,126	cultura	78	delicato	75
- necessaria	45	fare un -	81	corte	2,9	- diversa	73	delitto	105
a - che +接続法	155	per - di	136	cortile	2	culturale	153	delizioso	50
condizioni di salute	143	sul - di	108	corto	43	cuoco/a	7	democratico	147
condurre	71	tenere - di	92	cosa	9,37	cuocere	96	denaro	109
- la vita	71	contorno	6	qualsiasi -	46	cuoio	28	dente	13,43
conferenza	117,147	contrabbasso	38	qualunque -	46	cuore	133	- di leone	5
- stampa	147	contralto	66	coscienza	87	di -	133	al -	43
conferire	86	contrario	51,85	così	51,110	stare a -	107	dentista	21
confermare	116	al -	110	- ... come	48	cupo	92	dentro	56
- che +直説法	139	contratto	71,145	e - via	52	cura	146	- (a)	90
confessare	140	- di matrimonio	71	cosiddetto	76	a - di	108	denunciare	140
- che +直説法	139	contribuente	94	costa	34,36,133	avere - di	45	depositare	109
- di INF	121	contribuire	135	costare	106,109	con -	82	deposito	154
confidenza	145	contro	91	costituire	63	prendersi cura di	60	- bancario	154
confine	24	controllare	116,136	costituzione	37	curare	133	fare un -	81
conflitto	106	controllo	105	- italiana	148	curiosità	95	depresso	48
confondere	57	- doganale	103	Costituzione	148	curioso	75	deputato	83
confondersi	138	- medico	146	costo	87,120	essere - di	74	derivare	105,106
confrontare	54	- passaporti	103	a qualunque -	120	essere - di INF	122	descrivere	79
confronto	85	controllore	94	a tutti i costi	120	curva	26,30	deserto	26,30
congelatore	93	Con tutto il mio affetto.		ad ogni -	120	cuscino	3	(Che) Desidera?	64
congresso	147		157	costringere +人+ a INF		custodia	23	desiderare (di) INF	84
coniglio/a	12	convegno	147		115			desiderio	85
coniugi	3	conveniente	92	costruire	63	**[D]**		desinare	129
conoscenza	16,87	conversazione	79	costruzione	8,37	D'accordo!	11	dessert	6
essere a - di	74	convenire INF	111	costume	155	da	35,126	destinare	119,134
venire a - di	89	convenire che +接続法		- da bagno	35	dado	38	destinatario/a	35
conoscere	85		153	costumi	155	Dai.	69	destinazione	103
conoscersi	70	convincere +人+ a INF		cotoletta	26	danno	154	destino	87
conosciuto	76		124	- alla milanese	41	danza	78	destra	33
conquista	105	convincersi di INF	122	cotone	28	dapperttutto	56	a -	33
conquistare	144	convinto	77	cotto	50	dare	86	alla - di	119
consegna	35	essere - di	74	cozza	114	- alla luce	86	sulla -	33
consegnare	104	coperto	74	cravatta	28	- appuntamento a	86	sulla - di	119
conseguenza	62	- di	74	- a farfalla	28	- inizio a	86	destro	51
di -	110	copia	47	creare	63	- alla luce	86	determinare	129
in/per - di	107	fare una -	80	creatura	3	- luogo a	86	determinazione	45
consenso	85	copiare	79	credenza	3	- ragione a	86	detersivo	82
consentire	138	coppa	23	credere	149	- sulla strada	86	dettato	79
- di INF	121	una - di	27	- che +接続法	149	- un consiglio	86	di	28
conservare	137	coppia	3	- di INF	121	- un passaggio	86	diagnosi	146
considerare	137	- di sposi	3	credito	145	- una mano a	86	dialogo	79
considerazione	44,85	in -	30	crema	26	darsi	102	diavolo	142
consigliare	127	una - di	27	- di Roma	42	data	46	dicembre	70
- a +人+ di INF	124	coprire	134	crescendo	66	- di nascita	46	dichiarare	140
consiglio	79,147	coraggio	44	crescere	106,134	dato	104	diciannove	23
- comunale	147	coraggioso	50	crescita	126	davanti	56	diciassette	23
consistere	142	corda	38,97	crisi	136	- a	90	diciotto	23
consultare	127	cordiale	50	mettere in -	59	davvero	84	dieci	23
- un dizionario	127	Cordiali saluti.	157	cristallo	74	dea	142	- miliardi	23
consumare	109	Corea (del sud)	36	cristiana	16	debito	120	- milioni	23
consumatore/trice	94	coreano	13	cristianesimo	142	debole	49	diecimila	23
consumo	120	cornetto	27	cristiano	16,153	decidere di INF	121	diesis	65
contadino/a	13	cornice	4	critica	14,45	decidersi a INF	123	dieta	6
contanti	109	corona	65	criticare	144	decimo	24	fare una -	82
contare	149,154	corpo	43	critico	77	decina	47	dietro	56
contemporaneo	87	- umano	43	croce	142	decine di	27	- (a)	90
contenere	135	prendere -	60	croma	65	decisione	45	difendere/rsi	144
contento	48	correggere	63	cronaca	47	con -	82	difenditrice	156
essere - che +接続法		corrente	59,126	crudele	75	decorare	96	difensore/a	156
	150	correre	108,114	crudo	50	decrescendo	66	difesa	156
essere - di INF	122	- il rischio di INF	125	cucchiaino	23	dedicare	86	difetto	87
contenuto	47	correttamente	84	un - di	27	dedicarsi	102	differente	73
continente	30	corretto	77	cucchiaio	23	definire	129	essere - da	73
- americano	30	corridoio	2	un - di	27	definitivo	71	differenza	85

177

difficile	76	disordinato	92	dormire	93	enorme	43	esterno	51
- da/a	73	disperare	113	dottore/ressa	19,113	ente	15	estero	24,115
- da INF	125	disperazione	44	dove	58,148	entrambi/e +定冠詞+		all'estero	34
essere - che +接続法		dispiacere	107	dovere	44,108	複数名詞	46	estivo	87
	150	- che +接続法	153	avere il - di INF	125	entrare	58,106	estraneo	73
essere - INF	112	disporre	95	dovere INF	79	- in gioco	145	estremo	51
difficoltà	44	disposizione	36,118	dozzina	27	entrata	2	età	118
avere -	44	disputare	156	dramma	53	entusiasmo	95	all'età di	119
avere - a INF	125	distinguere	64	drammatico	76	episodio	53	eterno	87
essere in -	88	distinguersi	85	dritto	56	epoca	46	in -	87
diffondere/rsi	117	Distinti saluti.	157	dubbio	145	eppure	110	etto	27
digestivo	6	distinto	73	avere il - che +接続法		era	46	un - di	27
dignità	44	distribuire	149		149	erba	5	euro	31
diligente	22	distributore di benzina	7	mettere in -	59	eroe	53	Europa	36
dimensione	57	distruggere	63	senza -	91	eroina	53	europeo	21
dimenticare	54	disturbare	57	dubitare	149	errore	45	evento	105
- che +直説法	140	disturbarsi	113	- che +直説法	140	per -	72	eventuale	77
- di INF	121	disturbo	95	- che +接続法	149	esagerare	156	evidente	77
dimenticarsi che + 直説法		dito	45	due	23	esaltare	55	evidentemente	90
	140	- medio	45	dunque	110	esame	117	evitare	58
dimenticarsi di INF	122	ditta	15	duomo	10	- di fine	117	- di INF	121
diminuire	106,151	divano	3	durante	119	fare un -	80		
diminuzione	126	divenire	83,106	durare	61	prendere in -	60	[F]	
dimostrare	140	diventare	83,106	duro	50,76	esaminare	156	fa	65,139
- di INF	121	diverso	73	tenere -	92	esattamente	84	fabbrica	15
dinanzi a	90	diversi/diverse +複数名詞		DVD	103	Esatto!	11	faccenda	61
Di niente.	11		47			esatto	77	faccia	43
dio	142	- da	73	[E]		esaurirsi	113	in - a	119
dipendente	13	divertente	48	e	110	escludere	135	sulla -	43
dipendere	106,149	divertimento	38	eccellente	22	- che +接続法	150	facciata	36
dipingere	78	divertire	55	eccellenza	87	- di INF	121	facile	76
diploma	117	divertirsi a INF	123	eccetto	91	escluso	91	- a/da	73
diplomarsi	70	dividere	116	eccezionale	73	escursione	103	- a/da INF	125
diplomatico	22,147	dividersi	70	Ecco +名詞	5	fare un'escursione	81	essere - INF	112
dire	87	divino	141	Ecco +過去分詞	102	esempio	117	facilmente	51
- a +人+ di INF	124	divisa	28	eco	59	per -	117	facoltà	117,118
- che +直説法	139	divorziare	134	ecologia	54	esente	76	fagiolo	32
a - il vero	84	divorzio	71	economia	120	- da	73	fagioli all'olio	41
a - la verità	84	dizionario	5	fare - di	81	esercitare	102	fallo	156
per così -	84	do	65	economico	97,148	esercito	16	- di mani	156
per meglio dire	84	- maggiore	65	edicola	7	esercizio	156	falso	77
Si dice che +直説法	139	docca	2	edificio	8	fare - di	80	fama	87
Si dice che +接続法	153	fare la -	82	educato	76	esigenza	85	fame	44
diretto	48,76	documento	73	educazione	117	esistenza	71	avere -	44
direttore/trice	113	dodici	23	effetto	62	esistere	106,142	famiglia	8
- d'orchestra	113	dogana	103	avere -	44	esitare	129	famigliare	8
- sportivo	156	dolce	37,50,66	in effetti	62	esperienza	155	familiare	141
direzione	33,136	dollaro	31	per - di	107	esperimento	117	famoso	76
dirigere	119,136	dolore	143	efficacia	77	esperto/a	94	essere - per	76
dirigersi	88	avere - a	45	Egregio	157	esporre	95	fan	156
diritto	44,56,148	domanda	85	elefante/tessa	12	esportare	109	fantasia	85
avere - a	76	fare una -	80	elegante	50	esportazione	120	fantastico	22
diritti d'autore	44	domandare	127	eleggere	94	esposizione	78	farcela	85
disagio	105	domani	75	elementare	73	espressione	79	fare	80
disastro	105	domattina	75	elemento	24	espressivo	66	- clic	80
discendere	90	domenica	60	elenco	117	espresso	25,35,77	- (lo) shopping	81
discesa	126	di/la -	60	elettrico	143	esprimere/rsi	79	- per INF	125
disciplina	117,148	dominare	136	elettronico	143	esserci da INF	125	- +自動詞・再帰動詞+人	115
disco	103	don	19	elevare	152	essere	9,71,106	- +他動詞+ a +人	
- rigido	103	donna	3	elezione	147	- di	28,29	/da +物	115
discorso	79	- di casa	3	elezioni amministrative		- lì	52	- una telefonata	80
fare un -	80	bella -	3		147	- +過去分詞+ (da)	116	non potere - a meno	
discoteca	7	da -	35	elezioni politiche	147	- umano	141	di INF	125
discussione	79	dono	37	elicottero	31	lo -	72	farfalla	12
mettere in -	59	dopo	38,126,139	in -	31	est	33	farfalle	40
discutere	156	- Cristo	46	eliminare	128	a -	33,119	- con pomodoro	
disegnare	78	dopodomani	75	Emilia-Romagna	20,29	a - di	119	crudo	42
disegno	85,152	doposhampoo	82	emiliano	29	estate	86	farina	26
disgrazia	87	doppio	15	emozione	95	d'estate	86	farmacia	7,54
disgraziato	48	doppia sbarra	65	energetico	143	in -	86	farmacista	21
disoccupazione	61	dorato	12	energia	59	estendere	117		

farsi	83	film	78	forno	4,7	fuori	56	giapponese	13
- avanti	81	filo	72,97	- a microonde	4	- (di/da)	90	giardino	2
fascia	146	filone	27	forse	70	- luogo	90	- pubblico	2
fascista	147	filosofia	54	forte	49,51,66	- uso	90	gigante	43
fase	57	finale	71	fortemente	51	al di -	56	ginnastica	33,54
fastidio	95	finalmente	111	fortissimo	66	da -	56	ginocchio	45
fatica	44	finanza	120	fortuna	87	furbo	22	in -	45
fatto	62	finanziario	148	avere la - di INF	125	furioso	48	le ginocchia	45
fattore	62	finché	142	buona	87	essere - con	77	giocare	78
favore	95	- +接続法	156	per -	72	fusilli	40	giocatore/trice	156
per -	69	fine	62,64	fortunato	48	futuro	64,87,157	gioco	33
favorevole	22,75	- settimana	46	Forza!	16	in/nel/per il -	64	gioia	95
essere - a	75	- stagione	86	forza	59			gioiello	11
favorire	127	al - di	136	per -	72	[G]		giornalaio/a	14
fax	115	alla -	111	foto	38	gabbia	23	giornale	47
fazzolettino di carta	82	alla - di	119,126	fare una -	82	gabinetto	2	- della sera	47
fazzoletto	11	in -	111	fotocopia	47	gabinetti pubblici	9	giornalista	14
febbraio	70	senza -	91	fare una -	80	galleria	6,10	giornata	46
febbre	143	finestra	2	fotografia	38	Galleria Nazionale		giorno	46
- spagnolo	143	fingere	152	fare una -	82	d'Arte Moderna	10	al -	80
avere la -	44	finire	63,106	fotografico	153	gamba	45	di -	54
fede	145	- di INF	121	fotografo/a	14	gara	33	fare -	112
fedele	50	- per INF	125	foulard	28	garage	2	l'ultimo - dell'anno	89
fedelini	39	per -	111	fra	36	garantire	149	ogni -	80
felice	48	fino a	90,126	- poco	58	garofano	5	qualche -	81
essere - di INF	122	fino (ad) allora	81	fragola	25	gas	59,74	tutti i giorni	46,80
felicità	95	fino ad ora	139	francese	13	gassato	50	tutto il -	46
femmina	3	finora	81	Francia	36	gastrite	143	un -	81
femminile	141	fiore	5	francobollo	35	gatto/a	12	giovane	3,15
fenomeno	59	a fiori	97	frase	157	gelato	37,50	giovanotto/a	3
ferire/rsi	133	fiorentino	29	fratello	8	geloso	75	Giove	116
ferita	143	fiorire	61,106	- maggiore/minore	8	essere - di	74	giovedì	60
fermare	63	Firenze	20,29	frattura	143	gemello/a	3	girare	88,108
fermarsi	89	firma	73	freddo	44,50	generale	73,74,113	girasole	5
fermata	10,126	firmare	79	avere -	44	in -	73	giro	103,126
alla -	34	fisica	54	fare -	112	generalmente	84	- in macchina	103
fermo	76	fisico	143	freno	151	generazione	46	in -	30
ferro	74	fissare	129	frequentare	93,146	genere	24	fare un -	81
- da stiro	35	fisso	48	frequente	71	- umano	141	Giro d'Italia	126
di -	74	fitto	48	fresco	44,50	del -	24	prendere in -	60
ferrovia	31	fiume	34	fare -	112	generi alimentari	27	gita	103
festa	38,89	- Arno	34	fretta	64	in -	24	fare una -	81
- nazionale	89	foglia	5	avere -	44	generoso	50	giù	56
fare (una) -	81	foglio	5	in -	64	essere - con	77	in -	56
festeggiare	93	- risposte	5	friggere	96	genio	87	giubbotto	28
fetta	52	un - di	27	frigo	93	genitori	8	giudicare	138
di -	64	folla	16	frigorifero	93	gennaio	70	giudice	21
una - di	27	fondamentale	73	frittata	26	Genova	20,29	giudizio	45,148
fettuccine	39	fondare	63	fritto	26,50	genovese	29	a - ...	148
fiaba	53	fondazione	37	fronte	36,43	gente	16	giugno	70
fiamma	59	fondo	36	di - a	119	Gentile	157	giungere	58,106
fiammifero	11	in -	111	frutta	25	gentile	22	- a INF	123
fianco	45	in - a	119	frutto	5	essere - con	77	giurare	53
a - di	38	fontana	10	fuga	126	gentilezza	95	giustizia	44,148
di - a	38	- di Trevi	10	fuggire	58,106	Gentilissimo	157	giusto	77
fiato	118	fonte	34	- di casa	58	gentiluomo	94	con -	82
fidanzato/a	3	forbici	5	- via	58	geografia	54	Giusto cielo!	64
fidare	149	forchetta	23	fumare	96	Germania	36	gladiolo	5
fidarsi	149	forcina per capelli	11	fumatore/trice	94	gerundio	157	gli Stati Uniti	
- a/di INF	123	forma	72	fumetto	53	gesto	79	(d'America)	36
fiducia	145	in - di	138	fumo	59	Gesù Cristo	142	glicine	5
avere - in	45	prendere -	60	funerale	71	gettare	94	globo	116
figlio/a	8	sotto - di	138	- religioso	71	- i rifiuti	94	gloria	145
- minore	8	formaggio	96	fungo	32	gettarsi	114	glorioso	76
- unico/a	8	formale	141	funzionare	135	ghiaccio	25	gnocchi	40
figura	118	formare/rsi	63	funzionario/a	14	ghianda	5	- con pomodoro e	
figurare	78,140	formazione	37	- statale	83	già	139	mozzarella	42
figurarsi	137	formula	73	funzione	61	giacca	28	goal	156
Figurati!	11	fornello	4	fuoco	59	giallo	12	godere	118
fila	72	- a gas	4	fuochi artificiali	59	- verde	12	- a INF	123
filiale	15	fornire	86	mettere a -	59	Giappone	36	godersi	55

イタリア語索引

H
I
J
K
L

gol	156	imbarco	103	indiano	13	installare	128	Italia	36
gola	43	imitare	54	indicare	119	intanto	58	italiano	13
golf	33	immaginare	137	indietro	56	intellettuale	22,94	IVA	120
gomito	45	- che +接続法	149	indipendente	77	intelligente	22		
gomma	5,28	- di INF	121	- da	73	intelligenza	87	**[J]**	
gonna	28	immaginarsi	137	indipendenza	136	intendere	64	jeans	28
gorgonzola	96	immagine	47,85	indirizzo	35	- che +直説法	139	jogging	33
governare	136	immediatamente	58	- e-mail	104	- INF	125		
governo	147	immediato	76,87	indispensabile	77	fare -	124	**[K]**	
gradire	118	immenso	43	- a	]75	intendersi	85	関係詞+ INF	148
grado	57	immergere	128	individuale	141	intenso	43		
essere in - di INF	122	immobile	92	individuo	16	intenzione	85	**[L]**	
grammatica	157	imparare	54	indossare	134	avere - di INF	125	la	65
grammaticale	153	- a INF	]123	indovinare	137	con l'intenzione di	136	là	38
grammo	27	impedire a +人+ di INF		indumenti intimi	28	intercity	31	al di - di	38
grande	15		124	indurre	71	interessante	48	(più) in -	38
grano	27	impegnare	109	- +人+ a INF	124	interessare	107,108	labbro	43
grasso	49,50	impegnarsi a INF	123	industria	61	interessarsi	138	laboratorio	117
grave	48	impegnato	76	grande -	15	interessato	73	lacrima	118
grazia	118	impegno	61,145	industriale	148	interesse	95,154	ladro/a	94
- a	107	imperfetto	77	infanzia	3,71	nell'interesse di	136	laggiù	56
Grazie (mille).	11	impero	24	infatti	84,110	internazionale	115	lago	34
grazioso	50,66	Impero Romano	24	inferiore	49	Internet	104	- di Como	34
gridare	114	impianto	37	infermiere/a	21	interno	2,51	al -	34
grido	118	impiegare	135	inferno	142	intero	74	lamentarsi	53
grigio	12	impiegato/a	13	infimo	51	interprete	13	lampada	4
griglia	23	- dello Stato	13	infine	111	interrompere	63	lampo	112
grosso	43	imporre a +人+ di INF		infinito	43,157	intervallo	46	lana	28
grotta	34		115	influenza	62,143	intervenire	106,145	pura -	28
Grotta Azzurra	34	importante	73	avere l'influenza	44	intervento	126	lanciare	94
gruppo	16	essere - che +接続法		informale	141	- (chirurgico)	146	lanciarsi	102
in -	30		150	informare	140	intimo	48	largo	43,66
guadagnare	109	essere - INF	112	informatica	54	essere - con	77	lasagne	40
guaio	87	importanza	45	informatico	143	intorno	56	- alla bolognese	41
guancia	43	importare 107,108,109		informazione	47	- a	90	La saluto distintamente.	
guanti	28	- (di) INF	111	ingannare	53	introdurre	71		157
Guarda.	69	importazione	120	ingegnere	13	introduzione	117	lasciare	88
guardare/rsi	62	impossibile	77	ingegneria	54	inutile	77	- a desiderare	55
stare a guardare	83	essere - che +接続法		Inghilterra	36	essere - che +接続法		- che +接続法	150
Guardi.	69		150	inglese	13		150	- intendere	124
guardia	22,136	essere - INF	112	ingrassare	83,106	essere - INF	112	- +自動詞+人	115
guarire	106,133	imposta	120	ingresso	2	inutilmente	90	- +他動詞+ a +人	115
guasto	105	imprenditore/trice	13	ingrossarsi	83	invece	84	lasciarsi	70
guerra	106	impresa	15,61	iniziare	61,106	inventare	116	lassù	56
la Seconda Guerra		impressionante	76	- a + INF	123	invenzione	136	lato	36
Mondiale	106	impressione	44	iniziativa	85	inverno	86	Da un - ...	
guida	13,103	avere l'impressione		inizio	64	d'inverno	86	dall'altro ...	146
- turistica	103	che +接続法	150	agli inizi	111	in -	86	latte	25
sotto la - di	108	improvvisamente	58	all'inizio	111	inviare	104	lattina	23
guidare	102	improvviso	87	all'inizio di	126	invitare	93	una - di	27
gustare	96	all'improvviso	87	innamorarsi	55	- +人+ a INF	124	lattuga	32
gusto	6,95	in	30,119	innamorato	48	invito	103	laurea	117
di -	82	- su	56	essere - di	74	invocare	120	laurearsi	70
		In bocca al lupo!	16	innanzi	56	ipotesi	85	lavaggio	82
[H]		incapace	77	innervosirsi	55	nell'ipotesi che +		lavagna	117
Ho capito!	64	essere - di INF	122	innocente	76	接続法	155	lavanderia	7
homepage	104	incendio	105	inoltre	51	per -	72	lavandino	2
hostess	13	incerto	77	insalata	26	iscrivere	79,146	lavare	134
hotel	9	incidente	105	- mista	42	iscriversi	70	lavarsi	69
		includere	135	insegnante	21	iscrizione	145	lavatrice	93
[I]		incominciare	61,106	insegnare	54	islamismo	142	lavorare	61
ideale	77,87	- a INF	123	- a INF	123	isola	30	lavoro	61
idea	85	incompleto	77	insensibile	75	ispirare	55	- d'ufficio	61
non avere -	44	incontrare	93	essere - a	75	ispirarsi	137	fare i lavori di casa	83
identico	73	incontrarsi	70	inserire	128	istante	70	fare un -	81
- a	75	incontro	71,147	insieme	90	istinto	118	Lazio	20,29
ieri	139	- a	90	- a	91	istituto	72	Le porgo i miei più	
l'altro -	139	incredibile	77	- con	91	- di bellezza	7	cordiali/migliori saluti.	
ignudo	49	incrocio	6	insistere	120	- tecnico	72		157
Illustre	157	indagine	117	- per INF	125	istituzione	37	legare	116
Illustrissimo	157	India	36	insomma	84	istruzione	117	legato	65

180

legatura di suono	65	Lombardia	20,29	Mamma mia!	64	medicina	54,146	- in evidenza	59
legatura di valore	65	Londra	29	mancanza	52	- per il raffreddore	146	metterci	154
legge	148	lontano	51,56	mancare	107,108	medico/a	21	mettersi	69
leggenda	53	- da	38	- di INF	122	medio	45,51	- a INF	123
leggere	79	tenere -	92	mancia	109	Medio Oriente	36	- gli occhiali	69
leggermente	51	lotta	106	mandare	104	Mediterraneo	29	mezzanotte	46
leggero	48,66	lotteria	38	mangiare	96	mediterraneo	29	a -	57
legno	74	lozione	82	- fuori	96	meglio	49	mezzo	26,36,52,62
lentamente	58	luce	4,59	fare da - per	82	essere - che + 接続法		- forte	66
lenticchia	32	alla - del sole	4	mangiarsi	69		150	- piano	66
lento	66,87	mettere in -	59	maniera	62,78	essere - INF	112	in - a	119,126
leone/nessa	12	venire alla -	89	manifesto	4	mela	25	nel - di	119,126
lettera	35,157	lucido	92	Ma no!	11	melanzana	32	mezzi pubblici	31
- d'amore	35	luglio	70	mano	45	melodia	66	mezzogiorno	46
alla -	157	luminoso	92	a -	45	melone	25	a -	57
letterario	153	luna	116	di seconda -	87	membro	16,43	mi	65
letteratura	54	- di miele	103	man - che +直説法	144	memoria	85	Mi dispiace.	64
- per l'infanzia	54	lunapark	9	mettere - a	59	a -	85	Mi raccomando!	69
letto	3	lunedì	60	per - di	108	alla - di	136	miele	26
a -	33	lunghezza	57	mantenere	137	in - di	136	migliaio	47
andare a -	88	lungo	43,90	manuale	47	meno	26,51	migliorare	102,106
lettore	103	a -	43	manzo	96	fare a - di	80	migliore	49
lettura	38	luogo	36	mappa	103	il - ... di/fra/tra	50	il -	50
levare	152	avere -	44	maratona	33	- ... che	49	milanese	29
levarsi	69	in primo/secondo -	111	marca	152	- ... di	49,50	Milano	20,29
lezione	117	lupo/a	12	marciapiede	6	- di	26	militare	22,147
lì	38			mare	34	Meno male!	16	mille	23
- sopra/sotto	38	**[M]**		- territoriale	24	mensa	15	millesimo	24
(-) per -	58	ma	110	al -	34	mente	118	millimetro	27
liberamente	90	Macché!	11	Mare Adriatico	34	avere in -	45	milionesimo	24
liberare	133	maccheroni	40	un - di	27	venire in -	89	minacciare	94
liberazione	136	macchia	82	margine	36	mentire	53	minerale	137
libero	76,92	macchina	31,93	marito	8	mentre	142	minestra	26
essere - da	73	- digitale	93	marmellata	26	menu	6	- di cipolle	42
libertà	105	- fotografica	93	marrone	5,12	meraviglia	95	minestrone	26
libraio/a	7	con la -	32	Marte	116	meraviglioso	22	minigonna	28
libreria	3	in -	31	martedì	60	mercato	7	minima	65
libretto bancario	154	macchinetta		marzo	70	a buon -	7	minimo	51,52
libro	5	obliteratrice	10	maschile	141	al -	34	al -	52
- di testo	5	macellaio	7	maschio	3,141	merce	37	ministero	147
licenza	45	macelleria	7	massa	16,52	mercoledì	60	Ministero delle	
prendere la -	60	macinare	128	massimo	51,52	Mercurio	116	Finanze	147
licenziare	61	madre	8	al -	52	merenda	6	ministro	83
liceo	72	Madrid	29	matematica	54	meridionale	51	Ministro degli Affari	
lieto	48	maestoso	66	materia	37,74,117	meridione	33	Esteri	83
essere - di INF	122	maestro/a	21	materiale	74,137	meritare	138	primo -	83
lieve	48	Magari!	64	materno	141	merito	45,87	minore	49
Liguria	20	- +接続法	155	matita	5	mescolare	128	il -	50
limitare	109	magazzini	7	- colorata	5	mese	46	la -	65
limite	24,148	grandi -	7	matrimonio	71	il - prossimo	75	minuto	46
limone	25	maggio	70	mattina	46	il - scorso	139	miracolo	44
linea	72	maggioranza	52	di -	54	il prossimo -	75	miseria	87
in -	72	maggiore	49	la -	60	lo scorso -	139	missione	61
lingua	43,157	il -	50	questa -	75	ogni due mesi	80	misterioso	48
- straniera	157	maglia	28,97	mattinata	46	questo -	75	mistero	145
linguaggio	157	maglietta	28	in -	63	messa	142	misto	50
linguine	39	maglione	28	mattino	46	messaggio	79	misura	57
lino	28	magnifico	22	al -	57	messicano	13	nella - in cui + 直説法	
lira	31	magro	49,50	di buon -	54	Messico	36		144
lirica	78	mai	139	matto	76	mestiere	22	misurare	154
lirico	153	maiale	96	mattone	74	metà	52	mite	112
liscio	48	mais	32	maturo	50	a - di	126	mittente	35
lista	6,117	malato/a	94	Ma va!	11	metallo	74	mobile	3,92
litigare	156	malattia	143	mazzo	52	metodo	62	moda	152
litro	27	male	49,95,143	un - di	27	metro	27,31	alla -	152
un - di	27	avere mal di	45	meccanica	13	- cubo	27	andare di -	88
livello	57	fare - a	80	meccanico	13,143	- quadrato	27	essere di -	135
a -	10	maledire	87	medesimo	72,133	metró	31	modella	14
locale	7,115	maleducato	75	人称代名詞+ -	72	metropolitana	31	modello	14,152
lodare	55	malinconico	48	io medesimo	72	con la -	32	moderato	66
logico	77	mamma	8	mediante	91	mettere	59	moderno	87

181

イタリア語索引 N O

modesto	50	- d'arte	10	noia	95	di -	80	- argomenti	95
modo	62,157	al -	34	noioso	48	nutrire	134	opporsi	138
- condizionale	157	musica	78	noleggio	120	nuvola	112	opportuno	87
- congiuntivo	157	- scritta	65	nome	118,157	nuvolosità	112	opposizione	85
- imperativo	157	- sinfonica	78	- completo	118	nuvoloso	112	oppure	110
- indicativo	157	musicale	153	- e cognome	118			opuscolo	73
- infinito	157	musicista	14	in - di	138	[O]		ora	46,81
ad/in ogni -	62	mutare	151	nominare	94	o	110	- che +直説法	144
di - che +直説法	144	- casa	151	Non è che + 接続法	154	obbligare +人+ a INF	115	di buon'ora	54
in - che +直説法	144	- idea	151	Non si preoccupi.	64	obiettivo	62	per -	81
in/di - che +接続法	155			Non ti preoccupare.	64	occasione	64	orale	153
in - da	136	[N]		non ... affatto	104	in - di	119	orari delle lezioni	117
in che -	81	napoletano	29	non ... ancora	104	in simili occasioni	72	orario	46,141
in qualche -	62	Napoli	20,29	non ... mai	104	occhiali	11	- di apertura	141
modulo	73	narrare	53	non ... mai più	104	- da sole	35	orata	114
moglie	8	nascere	106,134	non ... mica	104	occhiata	143	- alle zucchine	41
molto	37,51,84	nascita	71	non ... neanche	104	Occhio!	64	orchestra	78
momento	64	nascondere/rsi	105	non ... nemmeno	104	occhio	43	- sinfonica	78
dal - che +接続法	144	nascosto	92	non ... neppure	104	a occhi chiusi	43	ordinare	96,127
in un -	64	naso	43	non ... nulla	104	occidentale	51	- a +人+ di INF	124
in un primo -	111	Natale	89	non ... per niente	104	occidente	33	ordinario	73
per il -	64	natalizio	87	non ... più	104	occorrere	107,108	ordinato	92
un -	139	natura	59,62	non ... quasi mai	104	occorrere INF	111	ordinazione	145
mondiale	115	naturale	137	nonno/a	8	occupare	136	ordine	62,136,155
mondo	24	naturalmente	90	nono	24	occuparsi	102	- pubblico	136
venire al -	89	nausea	143	nonostante	91	occupato	76,92	in - a	108
moneta	31,109	nave	31	- +接続法	155	essere - a INF	122	mettere in -	59
monitor	103	- da guerra	35	nord	33	occupazione	61,105	orecchiette	40
montagna	30	- spaziale	31	a -	33,119	oceano	34	orecchini	11
in -	30	con la -	32	a - di	119	Oceano		orecchio	43
una - di	27	in -	31	nord-est	33	Pacifico/Atlantico	34	organizzare	63
monte	30	navigare	128	nord-ovest	33	Oddio!	64	organizzazione	16,155
monumento	10	nazionale	115	norma	45	odiare	55	organo	133
morale	75,148	nazione	16,24	normale	73	odio	95	- interno	133
morbido	50	né ... né	110	normalmente	84	odore	44	orgoglio	87
mordere	114	nebbia	112	nostalgia	95	offendere	57	orgoglioso	50
morire	134	necessario	77	nota	5,65	offendersi	113	essere - di	74
- di fame	134	- a/per	75	- puntata	65	offrire	86	orientale	21,51
da -	134	essere - che + 接続法		notaio	62	offrirsi di INF	122	oriente	33
mortale	73		150	notevole	73	oggetto	37,62	originale	47,73
morte	71	essere - INF	112	notizia	47	oggi	75	origine	64
morto	76	necessità	45	noto	76	ogni +単数名詞	46	orizzonte	59
mosca	12	negare	138	notte	46	ogni +基数形容詞+		ormai	139
Mosca	29	negativo	77	a -	57	複数名詞	46	oro	74
mosso	92	negozio	7	di -	54	ognuno	84	d'oro	74
mostra	78	- di abbigliamento	7	fare -	112	olio	26	orologio	4
mettere in -	59	- di barbiere	7	la -	60	- d'oliva	26	- da polso	4,35
mostrare	140	- di calzature	7	nella - dei tempi	139	oli minerali	74	orso/a	12
mostrarsi	105	- di fiori	7	questa -	75	oliva	25	osare INF	125
motivo	62	- di frutta	7	notturno	87	olivo	5	oscuro	92
per motivi di	107	- di verdure	7	novanta	23	oltre	38	ospedale	9
senza -	91	nel INF	125	nove	23	- (a)	91	all'ospedale	34
moto	31,126	nemico/a	3	novembre	70	ombra	59	in -	30
con -	66	neonato/a	3	nozze	71	ombrello	11	ospite	94
con la -	32	nero	12	nubile	76	omelette	26	osservare	62
in -	31	- di seppia	114	nucleare	143	onda	59	osservazione	136
motocicletta	31	nervo	133	nudo	76	onesto	22	osso	133
in -	31	nervoso	48	nulla	84	onore	145	osteria	15
motociclismo	33	nessuno	84	numero	57,115	opera	53	ostrica	114
motore	151	- +単数名詞	46	- civico	35	- letterario	53	ottanta	23
motorino	31	nessun altro	84	- del conto	154	- musicale	78	ottava	65
mouse	103	netto	92	- di codice	154	per - di	107	ottavo	24
movimento	126	Nettuno	116	- di codice postale	35	operaia	13	ottenere	118
fare -	82	neve	112	- di telefono	115	operaio	13,148	Ottimo!	16
mozzarella	96	nevicare	108,111	- verde	115	operare	61	ottimo	51
municipale	115	niente	84	un gran - di	27	operativo	148	otto	23
municipio	9	nient'altro	84	numeroso	26	operazione	61,146	ottobre	70
muovere	89,108	nipote	8	nuotare	114	- chirurgica	146	ovest	33
muoversi	89	No.	11	nuoto	33	operettta	66	a - di	119
muro	2	nobile	141	a -	33	opinione	79	a -	33,119
museo	10	nodo	126	nuovo	15	opporre	95	ovunque	56

182

[P]

pacchetto	23	partecipante	94	pazienza	44	- di INF	121	mettere in piedi	59
un - di	27	partecipare	145	avere -	44	permettersi	109	piegare	97
pacco	23,35	partecipazione	145	pazzo	48	- di INF	122	Piemonte	20
pace	105	partenza	103	andare - per	88	però	110	pieno	74
padella	23	essere in -	88	(Che) Peccato!	64	persino	52	- di	74
padre	8	participio	157	peccato	105	persona	16	pietà	95
di - in figlio	80	- passato	157	(È un) - che + 接続法		di -	16	pietra	74
padrone/a	94	- presente	157		154	personaggio	16,53	pigliare	92
paesaggio	59	particolarmente	84	pecora	12,96	personale	13,141	pila	5
paese	24	partire	58,106	pedalare	102	personalità	118	pilota	13
paga	120	a - da	126	perdersi	102	personalmente	90	pioggia	112
pagamento	120	partita	33	peggio	49	Perugia	29	piovere	108,111
fare un -	81	partito	147	peggiore	49,50	perugino	29	piscina	4
pagare	109	- di governo	147	il -	50	pesante	48	pisello	32
pagina	53	parziale	74	pelle	28,133	pesare	108,154	pittore/trice	14
- Web	104	Pasqua	89	pelo	43	pesca	25,38,61	pittura	4
paio	52	passaggio	6,126	pena	95,105,148	pescare	78	più	26,51,91
un - di	27	- a livello	10	penale	147	pescatore/trice	13	- di	26
palazzo	8	di -	6	penetrare	58,106	pesce	12,114	- ... che	49
- (reale)	10	passaporto	73	penisola	30	- rosso	12	- ... di	49,50
palermitano	29	passare	58,106,134	- italiana	30	- spada	114	- mosso	66
Palermo	20,29	- di moda	152	penna	5,12	- spada alla griglia	42	- o meno	52
palestra	4	- l'aspirapolvere	93	- a sfera	5	- volante	114	di -	51
palla	156	passato	64,87,157	penne	40	peso	57	il - ... di/fra/tra	50
pallavolo	33	- imperfetto	157	- all'arrabbiata	42	pessimo	51	il - delle volte	80
pallido	12,49	- prossimo	157	pennette rustiche	42	pesto	26	in -	51
pallone	156	in/nel/per il -	64	pensarci	137	petrolio	74	piuttosto	51
panchina	3	passeggero/a	94	pensare	137	pettinarsi	69	- che	51
pancia	45	passeggiare	78	- che +接続法	149	pettinatura	152	pizza	26
pane	27	passeggiata	103	- di INF	121	pettine	11	pizzeria	15
- tostato	27	fare una -	81	pensiero	85	petto	45	pizzicato	65
panino	26	passione	95	stare in -	83	pezzo	52	plastica	74
panna	26	passivo	157	pensione	120	a pezzi	52	platino	74
- cotta	26	passo	155	andare in -	120	un - di	27	plurale	26
pantaloni	28	a due passi	155	pentagramma	65	Piacere!	24	pneumatico	151
pantofole	28	fare due passi	81	pentirsi	113	piacere	95,107,108	poco	37,84
papa	83	fare quattro passi	81	pentola	23	avere il - di INF	125	(a) - a -	84
papà	8	fare un - avanti	81	pepe	26	con -	82	- dopo	139
pappa	26	fare un - indietro	81	peperoncino	26	essere un - INF	112	- fa	139
pappardelle	39	pasta	27	peperone	32	per -	95	poesia	53
paradiso	142	- asciutta	27	per	36,119	Mi fa - che + 接続法	154	poeta/tessa	14
parcheggiare	102	- dentifricia	82	- cortesia	69	piacevole	22	poi	111
parcheggio	2	pasticceria	7	pera	25,66	pianeta	116	e -	110
parco	9	pasto	6	perché	64,142	piangere	57	poiché	142
- dei divertimenti	9	fare un -	82	- non	127	fare -	124	polemica	79
parecchio	37,51	pastore/a	13	- +接続法	156	pianissimo	66	politica	22,147
parecchie volte	37	patata	32	Perché no!	11	pianista	14	politico	22,147
parente	8	patate fritte	32	perciò	110	piano	30,48,51,57,66,85	polizia	9
parere	107,108	patate gratinati	42	perdere	118	- terra	2	poliziotto/a	22
- che +接続法	153	patente (di guida)	73	- i sensi	118	mettere sullo stesso -	59	pollo	96
- di INF	111	paterno	141	perdita	126	primo/secondo -	2	- arrosto	96
parete	2	patria	24	perdonare	129	sul - ...	148	- farcito	42
Parigi	29	patrimonio	10	perfettamente	51	pianoforte	38	polmone	133
pari	73	patto	145	Perfetto!	16	pianta	5,103	polo	33
parlamento	147	a - che +接続法	155	perfetto	77	- della casa	2	Polo nord/sud	33
parlare	53	paura	44	perfezione	52	piantare	78	polso	45
- di INF	122	avere -	44	perfino	52	pianterreno	2	poltrona	3
Parma	29	avere - che + 接続法		pericolo	136	pianura	30	polvere	82
parmigiano	29,96		150	pericoloso	92	piatto	6,23	pomeriggio	46
parola	79	avere - di	45	periferia	30	primo/secondo -	6	di -	54
parrucchiere	7	fare -	81	periferica	103	piazza	9	nel -	63
parte	52	per - di	91	periodo	46	in -	30	pomodoro	32
a -	52,91	pausa	65,155	- delle piogge	46	Piazza della		pompelmo	25
d'altra -	110	- di croma	65	perla	74	Repubblica	9	pompiere/a	22
da - di	138	- di minima	65	permanente	152	piccante	50	ponte	10
in (gran) -	52	- di semibreve	65	fare la -	82	picchiare	97	Ponte Vecchio	10,20
fare - di	82	- di semicroma	65	Permesso?	69	piccolo	15	popolare	76,141
parti del discorso	157	- di simiminima	65	permesso	45	picnic	103	popolazione	16
prendere - a	60	fare una -	81	- di soggiorno	103	piede	45	popolo	16
		pavimento	2	permettere	129	a piedi	33	porcino	32
		paziente	94	- che +接続法	150	in piedi	45	porco/a	12

イタリア語索引 P

183

イタリア語索引

Q R

porgere	86	prefisso di zona	115	principe/pessa	83	provvedere	86
- attenzione	86	pregare	53	principio	64	provvedimento	145
porre	95	- +人+ di INF	124	al - di	126	prudente	75
- fine a	95	preghiera	85	privato	141	psicologia	54
- termine a	95	Pregiatissimo	157	in -	141	pubblicare	79,140
porta	2	Prego.	11	privo	74	pubblicazione	47
- principale	2	prelevare	109	essere - di	74	pubblicità	47
fuori -	90	premio	78	probabile	77	pubblico	16,141
portafoglio	11	Premio Nobel	78	essere - che + 接続法		in -	30
portagonista	53	prendere	60		150	pugno	45
portare	56	prenotare	102	probabilmente	70	pulire	134
- a conoscenza di	56	prenotazione	103	problema	85	pulito	92
- a termine	56	preoccupare/rsi	113	procedere	58,108	pulizie	82
- avanti	56	preoccupato	48	processo	62,148	fare le -	82
- via	56	essere - per	76	- civile	148	pullman	31
portarsi	88	preoccupazione	95	proclamare	140	punta	36
porto	10	preparare	128	procurare	118	puntare	58,114
Portogallo	36	prepararsi a INF	123	prodotto	37	punto	36,72
portoghese	13	preparazione	145	- industriale	37	- chiave	72
portone del castello	10	presa	143	prodotti agricoli	37	- di vista	72
porzione	52	essere alle prese con	77	produrre	71	in -	72
posare	127	presentare	104,134	produttore	94,148	mettere a -	59
positivo	77	presentarsi	70	produttrice	94	puntuale	75
posizione	36,62	presentazione	47	produzione	37	pur	142
possedere	93	presente 64,76,87,94,157		professione	22	purché +接続法	155
possesso	120	- alla	75	professionista	94	pure	52
possibile	77	per il -	64	professore/ressa	21	purgatorio	142
essere - che + 接続法		tenere -	92	- universitario/a	21	puro	73
	150	tenere - che + 直説法		profondo	48	purtroppo	90
essere - INF	112		139	profumo	82		
possibilità	45	presenza	117	progetto	85	[Q]	
avere la - di INF	125	alla - di	119	programma	85	qua	38
la - che +接続法	154	in - di	119	- televisivo	47	al di - di	90
posta	35	preside	113	essere in -	88	in -	38
- elettronica	104	presidente/tessa	83	progresso	136	quaderno	5
alla -	34	- della comissione	83	proibire	129	quadrato	48
(ufficio della) -	9	Presidente della		promessa	145	quadro	4
postale	143	Repubblica	83	promettere	134	qualche +単数名詞	47
posto	36	pressappoco	52	- a 人+ di INF	124	qualcosa	84
al - di	91	pressione	59,112	promuovere	146	- di +形容詞	84
mettere a -	59	presso	38	Pronto!	16	di -	38
prendere -	60	fare -	81	pronto	76	qualcuno	84
potente	76	prestare	86	- soccorso	9	quale	9,10
- per	76	presto	58,66	essere - a	75	qualità	57
potenza	118	prete	21	essere - per	76	in - di	136
potere	108,118	pretendere	120	pronuncia	118	qualsiasi/qualunque +	
- INF	78	- che +接続法	149	pronunciare	53	単数名詞	46
non poterne più	144	- di INF	121	proporre	95	quando	61,142,148
può darsi che +		prevedere	137	- di INF	121	quantità	57
	149	- che +直説法	140	proposito	53,79	quanto	38
povero	14,49	- che +接続法	149	proposta	79	- costa	109
- di	74	previsione	85	proprietà	120	- mai	139
pozzo	2	previsioni del tempo		proprietario/a	94	quant'è?	109
pranzare	96		112	proprio	84,141	quanti anni?	44
pranzo	6	previsto	76	prosciutto	96	quaranta	23
a -	33	prezioso	73,97	- crudo	96	quartiere	30
fare -	82	prezzo	109	proseguire	61,108	quarto	24,52
pratica	155	a caro -	97	prossimo	51,71	quasi	52
praticare	102	prigione	9	proteggere	144	Quasi quasi + 直説法	144
- uno sport	102	prima	139	protesta	79	Quasi quasi + 条件法	147
pratico	77	- che +接続法	155	protestare	144	quattordici	23
prato	5,30	- di	90,126	prova	117,148	quattro	23
preciso	77	- di tutto	111	- scritta	117	- soldi	109
di -	77	- o poi	58	metter alla -	59	questione	85
predica	79	da -	111	provare	102	qui	38
preferire	55	primario	71	- a INF	123	di -	38
- INF piuttosto che/		primavera	86	- un vestito	102	quindi	110
anziché	84	di -	86	provenire	89	quindici	23
preferiti	104	in -	119	provincia	30	quinto	24
prefisso di		primo	24,71	- di Bologna	30	quotidiano	47,87
teleselezione	115	principale	73	provocare	105		

[R]	
rabbia	95
raccogliere	135
raccolta	5
raccomandare	54
raccontare	53
- bugie	53
racconto	53
radice	5
radio	93
raffinato	73
raffreddare	96
raffreddore	143
avere il/un -	44
prendere il -	60
ragazzo/a	3
raggio	59
raggiungere	88
ragione	62,118
avere -	44
in - di	138
ragù	26
ramo	5
rana	12
rapidamente	58
rapido	87
rapporto	62,79
rappresentare	78,140
raro	71
rassegnarsi	113
ravioli	40
razza	24
re	83
reale	77
realtà	62
in -	62
realizzare	102
reazione	155
recare	89
recarsi	88
recente	87
di -	87
recentemente	81
reception	9
recitare	54,78
referendum	147
regalare	86
regalo	37
- di Natale	37
reggere	92,136
regina	83
regionale	115
regione	24
regista	14
registrare	79
registratore DVD	93
registrazione	47
registro	117
regno	24
regola	148
di -	148
fare un - a	82
regolare	73
relativo	77
- a	75
relazione	62
religione	142
religioso	153
rendere	83,104
rendersi	83

- conto	64	riguardo	44,62,95	- francese	105	salvo	91	scolaro/a	21
repubblica	24	rilassarsi	113	- industriale	105	sangue	133	scolastico	153
la Repubblica italiana		rilievo	72	roba	28,37	sano	76	scomodo	48
	24	rima	53	robusto	49	santo	19	scomparire	105,106
residente	76	rimanere	83,91,106	Roma	20,29	Santo Padre	83	sconfitta	156
resistere	144	rimettere	127	romano	29	Santo cielo!	64	scontento	48
respingere	144	Rinascimento	105	romantico	48	sapere	85	- di	74
respirare	114	ringraziare	55	romanzo	53	- che +直説法	139	sconto	109
respiro	118	rinnovare	152	- giallo	53	- INF	85	fare uno -	81
responsabile	50	rinunciare	113	rompere	63	sapone	82	scontrino	73
essere - di	74	riparare	63	rompersi	133	sapore	6	scopa	82
responsabilità	44	ripararsi	105	rosa	5,12	Sardegna	29	scoperta	136
restare	83,91,106	ripassare	58	rossetto	82	sarto/a	7	fare una -	80
non resta che	83	ripetere	61	rosso	12	sasso	74	scopo	62
restituire	104	riportare	53,127	- fiammante	12	Saturno	116	allo - di	136
resto	52,120	riposare	93	rosticceria	7	sbagliare/rsi	138	scoppiare	63,106
del -	110	riposarsi	69	rotondo	48	sbrigarsi a INF	123	- a INF	123
rete	104	riposo	155	rovesciare	128	sbaglio	45	scoprire	116
rettangolare	48	riprendere a INF	123	rovinare	63,106	sbucciare	128	scorgere	64
rettore/trice	113	riprendersi	133	rovinarsi	133	scaffale	3	scorrere	89,106
riavviare	128	riscaldamento	4	rubare	92	scala	2,65	scorso	71
ricchezza	120	rischiare di INF	122	rucola	32	scaldare	96	scotch	5
riccio	49	rischio	105	rumore	59	scaloppa	96	scritto	153
ricco	49	a - di	91	fare -	81	scambiare	104,151	scrittore/trice	14
essere - di	74	riserva	154	rumoroso	92	scambiarsi	104	scrivania	3
ricerca	117	riservare	102	ruolo	61	scambio	120	scrivere	79
alla - di	138	riso	27,143	ruota	151	scampo	114	scultore/trice	14
ricercare	116	risolvere	129	ruote	40	scandalo	155	scultura	78
ricetta	6,146	risolversi a/di INF	123	Russia	36	scandire	128	scuola	72
ricevere	118	risotto	26	russo	13	scapolo	76	- di specializzazione	72
ricevuta	73	- ai funghi	41	rustico	115	scappare	58,106	- elementare	72
richiamare	127	risparmiare	109			- di casa	58	- materna	72
richiedere	120	risparmio	154	**[S]**		- via	58	- media	72
richiesta	85	rispettare	55,137	S'accomodi pure.	113	scaricare	128	- primaria	72
ricominciare	61	rispetto	44	sa?/sai?/sapete?	69	scarpe	28	- privata/pubblica	72
riconoscere	85	rispondere	127	sabato	60	scarso	74	a -	33
- che +直説法	139	risposta	85	sabbia	34	- di	74	scuotere	89
ricordare	54	ristorante	15	sacchetto	23	scatola	23	scuro	12,92
- che +直説法	140	- cinese	15	sacco	23	scavare	78	Scusa./Scusi.	69
- che +接続法	150	al -	34	un - di	27	scegliere	94	scusa	155
ricordarsi di INF	122	risultare	83,106,140	sacerdote	21	scelta	143	scusare	129
ricordo	85	risultato	62	sacrificio	87	fare una -	80	scusarsi di/per INF	122
ricorrere	106,120	ritardando	66	sacro	153	scemo/a	3	sdraio	3
ridere	57	ritardo	64	saggio	47,53	fare lo scemo	80	se	139,142
ridersi	113	in -	64	sala	2	scena	78	- no	142
ridicolo	75	ritenere	137	- da pranzo	35	andare in -	88	sebbene +接続法	155
ridurre/rsi	71	- che +接続法	149	salario	120	mettere in -	89	secco	50
riduzione	126	ritirare	109	salato	50	scendere	90,106	a -	50
riempire	151	ritirarsi	70	saldi	109	scheda	5	secolo	46
rientrare	58,106	ritiro	154	sale	26	schermo	103	secondo	24,46,91
rifare	63	ritornare	58,106	salire	90,106,152	scherzando	66	sede	35
riferimento	79	- indietro	58	- in/su un treno	90	scherzare	57	- principale	15
riferire/rsi	53	ritorno	103	salita	126	scherzo	155	in - di	119
rifiutare	138	ritratto	4	salmone	114	schiacciare	63	sedere	93,106
- di INF	121	ritrovare	116	- al forno	42	schiavo/a	94	sedersi	93
rifiutarsi di INF	122	ritrovarsi	83	salone	2	schiena	45	sedia	3
rifiuti	82	riunione	147	salotto	2	sci	33	- a dondolo	3
rifiuto	45	riunire	135	salsa	26	sciallle	28	- a rotelle	3
riflessione	85	riunirsi	70	- di pomodoro	26	sciare	114	sedici	23
riflesso	62	riuscire a INF	123	- di soia	26	sciarpa	28	sedile	151
riflettere	137,152	riva	34	salsiccia	96	sciarpa	28	seduto	76
riga	5,72	- del mare	34	saltare	96,108,114	scientifico	148	segnale	47
a righe	97	rivedere/rsi	93	- fuori	105	scienza	54	segnare	79
rigatoni	40	rivelare	140	salto	143	- naturale	54	segno	152
rigido	50	- di + INF	121	salumi	96	- sociale	54	in - di	138
riguardare	54,138	rivelarsi	140	salutare	134	scimmia	12	segretario/a	13
- la lezione	54	rivista	47	Salute!	16	sciocco	75	- di Stato	83
per quanto riguarda	108	- settimanale	47	salute	143	sciogliere/rsi	116	segreteria	15
per quel che riguarda		rivolgere	119	saluto	155	sciopero	120	- telefonica	115
	108	rivolgersi	114	salvare	128,133	scivolare	108,74	segreto	92,145
riguardarsi	133	rivoluzione	105	Salve!	24	scolare	128	seguire	88,106,146

イタリア語索引 S

185

seguito	62	settimana	46	- ufficiale	104	sospetto	145	splendido	22
in -	58	la - prossima	75	situazione	62	sosta	103	spogliare	134
in - a	107	la - scorsa	139	smettere	63	sostantivo	157	spogliarsi	69
sei	23	la prossima -	75	- di INF	121	sostanza	37	sporco	92
semaforo	6	la scorsa -	139	socia	94	sostenere	92	sport	38
sembrare	107,108	ogni -	80	sociale	147	sostenuto	66	fare (dello) -	82
- che +接続法	153	questa -	75	socialista	147	sostituire	151	sportello	15
- di INF	111	tutte le settimane	80	società	15,105	sottile	43	sportivo	153
seme	5	settimanale	87	- per azioni	15	sotto	56	sposa	3
semibreve	65	settimo	24	socio	94	- (a)	90	sposare	134
semicroma	65	settore	24	soddisfare	55	sottolineare	79	sposarsi	70
semiminima	65	severo	50	soddisfatto	48	sottoporre	95	sposato	76
semitono	65	sfondo	59	- di	74	sottrarre	97	sposo	3
semmai +接続法	156	sfortuna	87	soddisfazione	95	souvenir	103	spostamento	126
semplice	76	sforzo	87	soffiarsi il naso	69	spaghetti	27,3	spostare/rsi	89
sempre	80	fare uno -	80	soffitto	2	- al pomodoro	41	sprecare	109
- meglio	49	sfruttare	135	soffocare	114	- alla carbonara	41	spremere	128
- meno/più	51	sfuggire	58,106	soffrire	113	- alle vongole	41	spugna	82
per -	80	sguardo	143	soggetto	53	spaghettin	39	spumante	25
Senato (della		shampoo	82	soggiorno	2,103	Spagna	36	squadra	156
Repubblica)	147	fare lo -	82	soglia	2	spagnolo	13	- di calcio	156
senatore/rice	83	si	65	sogliola	114	spalancare	61	stabilimento	15
sennò	142	Si figuri!	11	- alla mugnaia	41	spalla	45	stabilire	129
seno	45	Sì.	11	sognare di INF	121	a -	45	- di INF	121
sensazione	44	si e no	50	sogno	87	alle spalle	45	staccare	116
sensibile	75	si + 他動詞三人称		fare un -	80	sparare	97	staccato	65
essere - a	75	単数・複数	126	soia	26,32	spargere	117	stadio	4
senso	33,44,157	sia ... che/sia	110	sol	65	sparire	105,106	staff	94
nel - che +直説法	144	Siamo lì.	52	solamente	52	spaventare/rsi	57	stagione	86
Senta./Senti.	69	siccome	142	solare	137	spazzare	134	- delle piogge	86
sentimento	95	Sicilia	20,29	soldato/tessa	22	spaziale	115	le quattro stagioni	86
sentire	62	sicuramente	70	soldi	109	spazio	36	stamattina	75
- che +直説法	140	sicurezza	136	sole	116	spazioso	43	stampa	47
- di INF	121	pubblica -	22	al -	116	spazzola	11	- locale	47
sentirsi	113	sicuro	77,92	solenne	77	spazzolino da denti	35	stampante	103
senza	91	essere - che +直説法		solido	48	specchio	4	stampare	78
- che +接続法	155		141	solito	73,126	specialeparticolare	73	stancarsi a INF	123
separare	116	essere - di	74	di -	80	specialmente	84	stancarsi a/di INF	123
separarsi	70	essere - di INF	122	solitudine	87	specie	24	stanchezza	44
separatamente	90	di -	77	sollevare	92	(in) -	84	stanco	76
seppellire	134	sigaretta	25	solo	26,48	- umana	141	essere - che +接続法	
seppia	114	significare	119	da solo/a/i/e	26	spedire	104		150
sera	46	significato	157	non - A ma anche B	52	spedizione	35	essere - di INF	122
a -	57	signora	19	soltanto	52	spegnere	93	essere - per	76
di -	54	signore	19	soluzione	45	spendere	109	stanotte	75
la -	60	signorina	19	somma	120	spento	92	stanza	2
questa -	75	silenzio	155	fare la -	81	speranza	85	- dei bambini	2
serata	46	silenzioso	92	sommo	51	avere una -	44	- sotterranea	2
in -	63	simbolo	152	sonno	44	sperare (di INF)	72	stare	83,106
sereno	112	simile	72,73	avere -	44	- che +直説法	140	- bene	83,107
seriamente	90	- a	75	sopportare	144	- che +接続法	149	- con	83
serie	52	simpatia	95	sopra (a)	90	spesa	109	- per INF	83
Serie A/B	52	simpatico	22	al di - di	126	a spese di	91	- +ジェルンディオ	114
una - di	27	sincero	50	soprano	66	fare la -	81	stasera	75
serio	50	essere - con	77	soprattutto	84	fare spese	81	statale	115
sul -	50	sindaco/a	83	sordo	76	spesso	80	statistica	54
servire	61,96,107,108,135	sinfonia	66	sorella	8	spettacolo	78	stato	24,62
servirsi	135	sinfonico	153	- maggiore/minore	8	spiaggia	34	statua	4
servizi	2	singolare	26,73	sorgente	34	spicchio	52	- di bronzo	4
servizio	52,61,120	singolo	141	- termale	34	uno - di	27	statunitense	13
- da caffè	35	sinistra	33	sorgere	58,106	spiegare	156	stazione	10
sessanta	23	a -	33,119	sorprendere	57	spiegazione	79	alla -	34
sesto	24	alla - di	119	sorprendersi di INF	122	spigola	114	la Stazione Termini	10
seta	28	sulla -	33	sorpresa	95	- ai ferri	42	stella	116
sete	44	sulla - di	119	sorpreso	48	spina	103	- cadente	116
avere -	44	sinistro	51	sorridere	57	spinacio	32	- cometa	116
settanta	23	sino a	90,126	sorriso	155	spingere	97	stendere	117
sette	23	sintomo	143	fare un -	80	- +人+ a INF	115	- il bucato	117
settembre	70	sistema	37,148	sorte	87	spirito	118	stesso	72,133
settentrionale	51	- informativo	103	sospendere	134	spirituale	153	人称代名詞+ -	72
settentrione	33	sito	104	sospettare	149	splendere	152	io -	72

lo -	90	supermercato	7	in -	30	terreno	59	tracciare	78
stile	157	al -	34	tecnica	78	terrestre	115	tradizionale	153
stimare	55,138	supporre	95	tecnico	143	terribile	48	tradizione	136
stipendio	120	- che +接続法	149	tedesco	13	territorio	24	tradurre	71
stirare	134	- di INF	121	telecamera	93	terrorismo	106	traffico	31
stitichezza	143	supremo	51	telefonare	127	terzina	65	tragedia	53
stivali	28	svegliare	93	telefonata	115	terzo	24	traghetto	31
stoffa	28	svegliarsi	69	- internazionale	115	tesi	79,117	tragico	48
stomaco	133	sviluppare/rsi	102	telefonico	143	- di laurea	117	tram	31
storia	53,54	sviluppo	136	telefonino	115	teso	48	tramezzino	26
storico	153	Svizzera	36	telefono	115	tesoro	120	tramonto	46
strada	6	svizzero	13	(-) cellulare	115	tessera	73,141	tranne	91
- statale	6	svolgere	117	- pubblico	115	- bancomat	154	tranquillizzarsi	113
fare una -	81	svolgersi	105	telegramma	35	- studentesca	117	tranquillo	22,66,92
farsi -	70			televisione	93	tessuto	28,97	trarre	97
stradale	115	**[T]**		- via cavo	93	testa	43	trascinare	97
straniera	16	tacere	53	televisivo	143	testo	157	trascorrere	134
straniero	16,115	taglia	57	televisore	93	tetto	2,91	trascurare	62
strano	75	tagliare	128	tema	53,117	senza -	91	trasferire/rsi	89
straordinario	73	- a dadini/cubetti	128	temere	57	Ti mando i miei più		trasformare/rsi	151
strappare	97	- fuori	135	- che +接続法	150	cari saluti.	157	traslocare	89
strato	57	tagliarsi	69	tempaccio	112	Ti/Le/Vi dispiacerebbe		trasmettere	89
stress	143	- i capelli	69	tempesta	112	(dispiace) INF	145	trasmissione	47
stressante	76	tagliatelle	39	tempio	10	tiepido	50	trasparente	12
stretto	43	- al ragú	41	tempo	46,66,72,112	tigre	12	trasporto	31
striscia	152	- con zucchine e		- binario	65	timido	75	- pubblico	31
a strisce	97	cozze	42	- di due metà	65	timore	95	trattamento	155
strisce pedonali	6	taglio	143	- di due quarti	65	avere - di INF	125	trattare	138
strumento	38	tagliolini	39	- di quattro quarti	65	tingersi	69	Si tratta di	83
struttura	37	tailleur	28	- di sei ottavi	65	tinta unita	152	Si tratta di INF	125
studente/tessa	21	tale	72,77	- quaternario	65	tipico	73	trattato	145
studentesco	141	- che +直説法	144	- sereno	112	tipo	24	trattenere	92
studiare	54	- da	146	- ternario	65	tiramisù	37	tratto	72
studio	2,117	不定冠詞+ - +人名	47	a -	66	tirare	97	trattoria	15
studioso	75	talvolta	80	bel -	112	- fuori	97	tre	23
stufa	4	Tanti auguri!	16	da -	139	- giù	97	tredici	23
- a petrolio/gas	4	Tanti baci.	157	fare bel/brutto -	112	- su	97	tremare	114
- elettrica	4	Tanti cari saluti.	157	fare in -	81	titolo	53,83	treno	31
stupendo	22	tanto	37,51,84	in -	46	a - di	107	(-) diretto	31
stupido	75	- ... da	146	nel medesimo -	72	toccare	62,106	(-) rapido	31
stupire	57,106	- ... quanto	48	nel - stesso	46	togliere	94	- espresso	31
stupirsi	57	- quanto	51	nello stesso -	46,72	Ciò non toglie che+		- locale	31
Su.	69	ogni -	80	per molto -	46	接続法	154	- regionale	31
su	36,56	tanti ... che	146	un -	139	togliersi	69,88	con il -	32
subire	118	tappeto	3	temporale	112	tomba	71	in -	31
subito	58	tardi	58	tenda	3	tonalità maggiore	65	trenta	23
succedere	105,106	fare - a	81	tendenza	152	tonalità minore	65	triangolare	48
- che +接続法	153	tariffa	120	tendere	117	tonno	114	tribunale	9
- di INF	111	- postale	120	Teneramente.	157	tono	65,118	triste	48
successivo	71	- telefonica	120	tenere	92	torinese	19	tristezza	95
successo	45	tasca	97,109	tenerezza	95	Torino	20,29	tritare	128
avere -	44	tassa	120	tenero	50	tormentare	113	tropicale	115
succo	25	tassi/taxi	31	tenersi	92	tornare	58,106	troppo	37,51,84
- d'arancia	25	in -	31	tennis	33	- indietro	58	- ... per/da	146
sud	33	tassista	13	tenore	66	torre	10	trota	31
a -	33,119	tasso	57	tensione	143	torta	37	trovare	93,116,137
a - di	119	tastiera	103	tentare di INF	121	tortelli	40	trovarsi	142
sud-est	33	tasto	103	tentativo	155	tortellini	40	truccarsi	69
sud-ovest	33	tavola	3	teoria	85	- alla San Lorenzo	41	trucco	82
Sudamerica	36	- calda	15	terme	34	torto	45	tumore	143
sudamericano	21	tavolino	3	terminare	63	avere -	44	Tunisia	36
sufficiente	74	tavolo	3	termine	24,46,64,157	Toscana	20,29	tunisino	13
suggerire	140	tazza	23	a breve/lungo -	46	toscano	29	tuonare	111
sugo	26	- da tè	35	al - di	126	tosse	143	tuono	112
suocero/a	8	una - di	27	senza mezzi termini	91	avere la -	44	Turchia	36
suolo	30	tè	25	termometro	82	totale	77	turco	13
suonare	78,108	- al limone	25	Terra	116	fare il -	81	turismo	103
suono	59	- inglese	25	terra	30	in -	120	turista	94
superare	151	teatrale	153	- ferma	30	tovagliolo	82	turistico	153
superficie	57	teatro	10,78	terrazzo/a	2	tra	36	Tutt'altro!	11
superiore	49	a -	33	terremoto	112	- poco	58	tuttavia	110

187

tutto	51,52,84	**[V]**		vergognarsi a/di INF	123	viso	43	zio	8,148
- +冠詞+単数名詞	46	Va bene!	11	verificare	116	vista	59,118,143	zitto	76
- +冠詞+複数名詞	46	vacanza	89	verità	62	in - di	138	zona	24
TV	93	in -	89	La - è che +直説法	144	vita	45,71	- pedonale	6
		vacanze	89	vermicelli	39	-a quotidiana	87	zoo	10
[U]		- di Natale	89	vero?	69	vitello	96	zucca	32
ubbidire	137	- estive	89	vero	14,77	vittima	94	zucchero	26
ubriaco	76	- natalizie	89	È - che +直説法	141	vittoria	156	zucchina/o	32
uccellino	12	vagone	31	versare	109,128	vivace	22	zuppa	26
uccello	12	- letto	31	versi	53	vivere	93,106,134	- contadina	42
uccidere	114	- passeggeri	31	versione	24	vivo	76	- di cozze	42
uccidersi	133	vago	77	verso	33,38,119	vizio	148	Zurigo	29
udire	62	valere	106,138	veste	28	vocabolario	5		
ufficiale	13,73,147	- la pena di INF	125	vestire	134	voce	118		
ufficio	15	fare -	124	vestirsi	69	a gran -	118		
- cambi	120	vale a dire	84	vestito	28	ad alta -	118		
- del telefono	9	valido	77	- da donna	35	voglia	44		
- di turismo	15	valigia	11	veterinario/a	21	avere - di INF	125		
- informazioni	15	fare le valigie	81	vetrina	15	Voglia gradire i miei			
- postale	9	valle	34	vetro	74	sinceri/rispettosi			
- pubblico	9	valore	109,118	vettura	31	saluti.	157		
in -	30	valutazione	45	vi	56	volante	151		
uguale	73	vantaggio	87	via	6,56,91	volare	108,114		
essere - a	75	vantare	55	- - che +直説法	144	Volentieri!	11		
ugualmente	51	vantarsi di INF	122	- aerea/mare	35	volentieri	90		
ultimamente	81	vaporetto	31	e - dicendo	52	volerci	107,108		
ultimo	15,71	variazione	126	in - di	138	volere	84		
umanità	118	vario	47	in/per -	6	- bene	55		
umano	141	vasca	23	per - di	107	- che +接続法	149		
umido	26,112	- da bagno	35	Via Lattea	116	- INF	84		
umile	76	vaso	4	viaggiare	102	Vorrei INF	145		
umore	95	- da fiori	35	viaggiatore/trice	94	volgare	50		
Un abbraccio di cuore.		vasto	43	viaggio	103	volgere	58		
	157	(Città del) Vaticano	36	- di nozze	103	- gli occhi	58		
Un abbraccio fortissimo.		vaticano	13	fare un -	81	volo	103		
	157	vecchio	15	in -	103	volontà	85		
Un bacione.	157	farsi -	83	viale	6	volta	57		
un miliardo	23	vedere	62,93	vicedirettore/trice	113	a - ...	148		
un milione	23	- che +直説法	140	vicenda	126	a volte	80		
Un momento!	69	non - l'ora di INF	125	vicina	16	di - in -	80		
un po'	51	vedersi	62,70	vicino	16,51,56	due volte al mese	80		
- di	26	veloce	87	- a	38	ogni - che +直説法	144		
undici	23	velocemente	58	video	93	per la prima -	111		
unico	26	velocità	57	videoregistratore	93	per -	80		
unità	27	vendemmia	5	Vienna	29	una -	139		
universitario	153	vendere	109	vietare	129	una - all'anno	80		
università	72	vendita	120	vigile	22	una - che +直説法	144		
- statale	72	essere in -	88	- del fuoco	22	una - tanto	80		
all'università	34	venerdì	60	- di Natale	89	qualche -	80		
uno	23	Venere	116	vigna	30	volume	57		
uomo	3	Veneto	20,29	vignetta	4	vongola	114		
- d'affari	13	Venezia	20,29	vigore	118	votare	94		
da -	35	veneziano	29	villa	8	voto	117,147		
uovo	96	venire	89,106,107	villetta	8	vulcano	30		
- strapazzato	96	- a INF	123	vincere	144	vuoto	74		
Urano	116	- da	89	vino	25	a -	74		
urgente	87	- fuori	89	- bianco/rosato/					
urlare	114	- meno	89	rosso	25	**[W]**			
usare	135	- +ジェルンディオ	114	- dolce/secco	25	water	2		
- INF	125	- +過去分詞+ (da)	116	viola	12				
uscire	90	ventesimo	24	violento	75	**[Y]**			
- di/da casa	90	venti	23	violenza	105	yen	31		
uscita	2,103	vento	112	violinista	14	yoga	33		
- di sicurezza	2,28	tirare -	97,112	violino	38	yogurt	37		
uso	155	veramente	84	violoncello	38				
per -	72	verbo	157	virtù	148	**[Z]**			
utente	94	- riflessivo	157	virtuale	92	zaino	11		
utile	77	verde	12,50	virus	143	zanzara	12		
- a	75	verdura	32	visione	118,143	zero	23		
utilizzare	135	vergogna	44	visita	103	zia	8		
uva	25			visitare	102	zingaro/a	21		

188

日本語索引

[あ]

語	ページ
愛	95
挨拶	155
挨拶する	134
愛し合う	55
愛情	95
愛情を込めて	82
愛人	3
山頂	30
アイスクリーム	37
アイスコーヒー	25
愛する	16,55
合図	155
空いた	92
あいにく	90
曖昧な	77
愛らしく	66
アイロン	35
アイロンをかける	134
会う	70,93
合う	107
会う約束をする	86
あえて〜する	122
青い	12
青白い	49
青の洞窟	34
赤い	12
アカウント	104
明かす	121,140
明るい	12,92
赤ワイン	25
赤ん坊	3
上がる	106,152
秋（に）	86
明らかに	90
明らかにする	59
明らかになる	106,140
あきらめる	113
飽きる	122,123
開く	117
悪	95
アクセント	65
悪天候	112
悪徳	148
悪魔	142
明け方に	57
開け放つ	61
開ける	61
揚げる	96
上げる	152
麻	28
朝	46
浅い	48
朝に・朝早く	54
アサリ	114
脚・足	45
味	6,157
アジア	36
アジア人・の	21
味付けする	128
味見する	96
味わう	96
明日（の午前）	75
アスパラガス	32
預ける	109
遊び	33
遊ぶ	78
値する	74,138,150
与える	86
頭	43
頭の良い	22
新しい	15
新しくする	152
辺りに	56
アダージョ	66
熱い	45
暑い	44,112
扱う	138
暑さ	44
集まる	70
集める	135
圧力	59
宛名	35
〜宛にする	119
当てにする	149
アテンポ	66
跡	89
後で	58
後についていく	88
アドリア海	34
兄	8
姉	8
あの上の方に	56
あの下の方に	56
アパート	8
アヒル	12
アフリカ	36
アフリカ人・の	21
あふれる	151
油	26
油で揚げた	50
甘い	50
甘口のワイン	25
天の川	116
あまりに多くのもの	84
あまりにも	51
編み物	97
雨	112
雨が降る	108,111,112
アメリカ合衆国	36
アメリカ合衆国人・の	13
アメリカ大陸	36
危うく〜なる	122,125
過ち	45
誤った	77
誤って	72
誤り	45
誤る	114
謝る	122
歩み	155
洗う	69,134
洗うこと	82
嵐	112
争い	106
アラビア	36
アラブ人・の	21
表す	140
現れる	89,105,106
あり得ない	150
あり得る	150
ありがとう	11
ありそうな	77
ありそうにない	150
歩いて	33
歩く	114
歩くこと	143
ある程度の	37,47
ある人たち	84
アルト	66
アルファベット	157
アレグレット	66
アレグロ	66
哀れな	14
哀れみ	95
案	85
暗記して	85
暗唱する	54
暗証番号	154
安心する	113
安全	136
安全な	92
アンダンテ	66
アンチョビー	114
案内	103
案内する	152
アルコール飲料	25
アルノ川	34
アーティチョーク	32

[い]

語	ページ
胃	133
居合わせる	83
いいえ	11
言い分を認める	86
委員会	147
委員長	8
言う	87,139
家	8
イエス・キリスト	142
家出する	58
胃炎	143
イカ（スミ）	114
いかなる〜でも	46
怒り	95
〜以外に	91
医学	54
医学部	117
息	118
生き生きと	66
生き生きとした	58
生きた	76
生きる	106,134
イギリス	36
イギリス人・の	13
行く	88,106,123
行くこと	103
いくつかの〜	47
いくつの？	38
行く？	109
意見	79
居酒屋	15
意志	85
意識	87
医者	21
維持する	137
〜以上に	126
椅子	3
イスラム教	142
泉	34
いずれにしても	90,62
伊勢エビ	114
急いで	58,64
急いで〜する	123
忙しい	76,122
急ぎの	87
急ぐ	44,81
急ぐこと	64
依存する	106,149
痛い	45
いたずら	155
痛み	143
痛む	45
炒める	96
祈る	53
イタリア	36
イタリア共和国	24
イタリア銀行	9
イタリア人・の	13
イタリア半島	30
イタリア料理	6
至る所に	6,56
イ短調	65
位置	36
1	23
1億	23
1階	2
1月	70
1キロの	27
イチゴ	25
著しい	73
一度だけは	80
一度につき	80
一日（中）	46
一日に	80
一人前	52
市場	7
1番目の	24
1枚の	27
1万	23
1リットルの	27
一個	52
一昨日	139
一週間の中で	87
一緒に	80
一節	53
1000万	23
一体	69
いったん〜したら	144
一致	45,85
一致する	138
一対	52
1対の	27
行ってしまう	88
一杯にする	151
一杯の	74
一般的な	73
一般的に	24,73
一般の	73
一片	52
一方では〜他方では	146
いつ？	61
いつか	81
いつも	80,148
いつもの	73
いつものこと	126
逸話	53
糸	97
意図	85
いとこ	8
糸杉	5
井戸	2
移動	126
移動させる	89
移動する	89
〜以内に	119
田舎	30
田舎の	115
稲光	112
イニシアチブ	85
犬	12
祈り	85
祈る	53
衣服	28
衣服を着せる	134
異文化	73
今	81
今ではもう	139
今のところ	64,81
今まで	81,139
意味	157
意味する	119
イメージ	85
妹	8
いや全然	11
嫌な	22
イヤリング	11
依頼	145
いらいらする	55
イラスト	4
入り口	2
衣料	28
衣料品店	7
いる	76
衣類	28
異例の	73
入れる	59
色	152
色鉛筆	5
岩	74
祝う	93
イワシ	114
言わば	84
いわゆる	76
言われている	139,153
韻	53
インゲン豆	32
印刷	47,78
印象	44
印象的な	76
インストールする	128
インスピレーションを得る	137
引退する	70
インターネット	104
インド	36
インド人・の	13
インフォメーション	15
インフォーマルな	141
インフルエンザ	143
インフルエンザにかかる	44
引用する	54
Eメール（アドレス）	104

[う]

語	ページ
ウィーン	29
ウイルス	143
ウェブサイト	104
ウエイター	7

日本語索引

え・お・か

見出し	ページ
ウエイトレス	7
ウエスト	45
上（の方）に	56
植える	78
雨季	46
受取人	35
受け取る	118
受ける	118,146
動かす	89
動かせる	92
動かない	92
動き	126
動きのある	92
動きをもって	66
動く	89
ウサギ	12
牛	12
失う	118
後ろに	56
薄い	12,43,48
薄切り肉	96
うそ	62
嘘をつく	53
歌（う）	78
歌うように	66
疑い	145
疑いもなく	91
疑う	59,149
疑わしい	149
内気な	75
打ち負かす	144
宇宙	116
宇宙船	31
宇宙の	115
撃つ	97
打つ	97
美しい	16
美しさ	44
移す	89
腕（相撲）	45
腕時計	4,35
奪う	56
馬	12
うまくいく	88
うまく〜する	123
うまく〜できる	106,123
うまくやってのける	85
生まれる	89,106,134
海（辺）	34
占う	137
売り物である	88
売る	109
売ること	120
うるさい	92
嬉しい	48,112,122,125,150,154
うわさ	64
うわさを広める	117
運	87
運営	155
運河	34
運転手	13
運転する	102
運転免許証	73
運動競技	33
運命	87
運命づける	129,134
ヴァイオリン	38
ヴァチカン市国	36
ヴァチカンの	13
ヴェッキオ橋	10,20
ヴェネツィア	20,29
ヴェネツィアの	29

見出し	ページ
ヴェネト州	20,29
ヴェルミチェッリ	39

[え]

見出し	ページ
エアコン	93
永遠の	87
映画	78
映画館	125
映画監督	14
永久に	80,87
影響	62
営業時間	141
ATM	154
栄誉	145
描く	78
駅	10
エコノミークラス	141
エコロジー	54
エステティックサロン	7
エスプレッソコーヒー	25
枝	5
エッセイ	77
エネルギー	59
エネルギーの	143
エビ	114
エピソード	53
エミリア地方の	29
エミリア・ロマーニャ州	20,29
選ぶ	94
選ぶこと	143
遅い	2
円	31,72
演劇	78
演劇の	153
援護	136
エンジニア	13
援助する	127
演じる	78
エンジン	151
演説	79
演説する	80
演奏する	78,108
遠足	103
遠足に出かける	81
エンドウ豆	32
鉛筆	5

[お]

見出し	ページ
尾	12
甥	8
おいしい	50
追いつく	88
追い求める	120
老いる	83
お祝い	71
王（子・女）	83
王国	24
横断歩道	6
往復切符	141
終える	63,95
覆う	134
オオカミ	12
大きい	15,43
大きさ	57
多くの	37
大声で	118
大さじ1杯の	27
多すぎる	37
大広間	89
大晦日	89
大昔に	139
公に	141

見出し	ページ
おおよそそのくらいだ	52
覆われた	74
丘	30
おかげで	107
重い	114
お金	109
起き上がる	69
お気に入り	104
お気の毒です	64
起きる	69
奥	36
置く	59,95,127
屋外で	92
オクターブ	65
贈り物	37
贈り物をする	82
送る	104
遅れ（て）	64
遅れずに	46
遅れる	81
怒った	48
起こり得る	77
起こる	105,106,107,111,153
怒る	55,77,106
抑え気味に	66
教える	53
檻	54
降りる	63
降りること	143
おしゃべり	143
おしゃべりする	53
叔父	8
押す	97
遅く	58
恐れる	57
恐ろしい	48
穏やかで善良な	14
穏やかな	22
落ち込んだ	48
落ち着いて	82
落ちる	106,152
夫	3,8
お釣り	120
音	59,78
弟	8
男	3
劣った	14
大人	3
脅す	94
踊る	78
驚いた	48
驚かす	57
驚き	95
驚く	57,122
驚くべき	22
同じ	72
同じくらいに	51
同じくらいの	37
同じこと	133
同じである	75
同じような	73
同じように扱う	59
お願いします	69
おのおの	84
お入りなさい	16
お話	53
おはよう	14
叔母	8
オフィス	7
オペラ	66,78
オペラの	153
オペレッタ	66
覚えている	54

見出し	ページ
お土産	103
オムレツ	26
おめでとう	16
思い描く	137
思い切って	82
思い切って〜する	125
思い出させる	140,150
思い出す	122
想い出	85
思う	121,149
重く	57
重さがある	108,154
おもしろい	48
表	88
思われる	111,113
親	8
親子代々	80
おやすみ	14
おやつ	6
おやまあ	64
お湯	25
泳いで	33
泳ぐ	114
およそ	52
解放	136
解放する	133
降りる	90,106,152
降りること	126
オリーブ	25
オリーブオイル	26
オリーブの木	5
折る	97
オレッキエッテ	40
オレンジ	25
オレンジ色の	12
オレンジエード	25
オレンジジュース	25
オレンジの木	5
愚かな	75
愚か者	3
降ろす	152
終わり	64
終わる	63,106
音階	65
音楽	78
音楽家	14
音符	65
オンラインで	72
音量	57
OL	13
オーケストラ	78
オーケー	37
オーストラリア	36
オーストラリア人・の	13
オーストリア	36
オーストリア人・の	13
オーダーメイドの服	36
オートバイ	25
オートバイ競技	33
オープン	4

[か]

見出し	ページ
蚊	12
回	57
会員	94
会員証	73
海王星	116

見出し	ページ
開花する	61,106
絵画	4
海岸	34
会議	147
会計	120
解決	45
解決する	129
解雇する	61
会合	147
開催される	44
開始	64
会社	15
回収	154
改善する	102
海草	114
回転	85
欠いた	74
階段	2
会談	147
快適さ	44
開店	61
回答	126
解答用紙	5
介入	126
回復する	133
解放	136
解放する	133
買い物	109
買い物をする	81
会話	79
下院	147
下院議員	83
買う	60,109
返す	104
カエル	12
帰る	58,106
変える	71,151
代える	151
帰ること	103
顔	43
顔つき	118
欠かせない	75
係人	13
かかる	75,107,108
書かれた	153
科学・化学	54
科学の	148
鏡	4
輝く	152
輝くような	22
カキ	114
夏期休暇	89
鍵	2
欠く	74
書く	79,95
角切りにする	128
隠された	92
確実な	77
確信がある	141
確信した	77
確信する	74,122
各人	84
隠す	105
確定する	129
カクテル	25
獲得する	118
核兵器	106
確かめる	137
革命	105
隠れる	105
家具	3
家具調度を備え	
付ける	127

語	頁	語	頁	語	頁	語	頁	語	頁
欠ける	108	可能性	45	感じの良い	22	学科	117	気に入る	107,108
掛ける	134	可能な	77	患者	94	楽器	38	気にかかる	107
陰	59	花瓶	35	感情	95	学校	72	気にかける	80
過去（に）	64	カフェラッテ	25	感情をこめて	66	学校の	153	気に留める	92,139
過去時制	157	株式会社	15	感じる	62,113,121	我慢する	44,144	気になる	121
過去の	87	壁	2	完成させる	63	ガラス	74	絹	28
過去分詞	157	カボチャ	32	完全	52	ガレージ	2	記念建造物	10
囲む	135	紙	73	完全な	77	頑丈な	49,74	記念日	89
傘	11	神	142	完全に	51	元旦	89	機能	61
飾る	96	髪型	152	完全にする	63	頑張って	16	昨日	139
火山	30	雷が鳴る	108,111	乾燥させる	134	願望	44,85	機能する	135
菓子	37	神の	141	簡単だ	112			気の狂った	76
歌手	14	髪の毛	43	簡単な	76	[き]		キノコ	32
火事	105	かむ	114	簡単に	51	木	5	規範	45
家事をする	81	カメラ	93	寛大だ	77	気圧	112	気分	95
貸す	86,104	科目	117	寛大な	50	聞いて知っている	139	気分を害する	113
数	57,117	～かもしれない	149,150	監督	156	黄色の	12	基本的な	73
数の多い	26	通う	146	感動	95	消えた	92	希望	85
火星	116	火曜日	60	感動させる	113	消える	105	希望を抱く	44
仮説	85	～から	126	感動する	113	記憶	85	気まぐれに	66
下線を引く	79	辛い	50	カンネッローニ	40	キオスク	7	期末試験	117
風	112	からかう	60,113	乾杯	16	機械	93	黄緑色の	12
風邪	143	辛口の	50	完璧な	77	機械の	143	君は幸せだな	64
風が吹く	97,112	辛口のワイン	25	乾麺	27	期間	46	奇妙だ	150
風邪薬	146	体	43	管理（する）	136	機関	72	決める	121,123
風邪をひいている	44	体を動かす	82	官僚	83	気が変わる	151	客	94
風邪をひく	60	～から遠くに	38	関連	62	気がする	150	客車	31
数える	154	空の	74	関連した	77	危機	136	客間	2
家族	8	～から始まって	126	カンパニア州	20	危険にさらす	59	キャッシュカード	154
肩	45	カラフルな	12	カーテン	3	企業	15	キャベツ	32
型	152	カラーの	97	カートリッジ	103	聞く	62,140	キャリア	61
固い	48	駆り立てる	115	カード	5,35,73	聞くこと	143	キャンディー	37
硬い	50	仮に	72	カーネーション	5	器具	37	9・90	23
肩書き	83	借りる	60,104	カーブ	6	危険	105,136	休暇中に	89
形	72	軽い	48	カーペット	3	危険がある	150	休暇をとる	81
形作る	63	軽く	51,66	カールした	49	危険な	92	救急病院	9
片付ける	59	カルテ	146	～がある	142	危険を冒して	91	休憩	155
塊	52	カルパッチョ	26	外観	59	喜劇	53	休憩時間	46
語る	53	華麗な	22	外交官	22	起源	64	急行電車	31
価値	109	華麗に	66	外交の	147	紀元前・後	46	休日	89
価値がある	106,125,138	カレンダー	4	外国	24	気候	112	休息	155
家畜	12	かろうじて	51	外国語	157	岸	34	休息する	69
課長	113	カロリー	27	外国人	16	記者会見	118	窮地に陥っている	88
活気を与える	55	革	28	外国から	115	記事	147	宮廷	9
褐色の	12	川	34	外出	103	寄宿学校	72	宮殿	10
活発な	22	かわいい	48	外出する	88	基準	47	急な	87
カップ	50	乾いた	50	外食する	96	基準の	45	急に	58
カップ1杯の	27	乾かす	134	ガイド	13	キス	155	9番目の	24
カップチーノ	25	変わる	151	ガイドブック	103	貴族	143	休符	65
カップル	3	皮をむく	128	概念	85	傷つく	133	キュウリ	32
カッペッレリーニ	39	缶	23	外務大臣	83	傷つける	57,80,133	給料（袋）	120
勝つ	144	感覚	44	～がいる	142	奇跡	44	今日	75
かついで	45	考え（ること）	85	画家	14	季節	86	教育	117
活動	155	考える	80,137	学位	117	気絶する	118	教員	21
活動的な	22	環境	59	学士	113	基礎	62	教会	10
カツレツ	26	関係	62	学習机	3	規則	148	境界	24
仮定する	95	関係がある	138	学生	21	規則的な	73	協会	72
家庭の	141	関係した	73	学生証	117	基礎の	62	教科書	5
カトリック教会	10	関係する	138	学生の	141	貴族の	141	供給する	86
カトリック教徒	16	観光	103	学年	113	北	33	競技	33
カトリック教の	153	観光案内所	15	学校	117	気体	59	教室	117
角	6	観光客	94	楽譜	65	期待する	137	享受する	118
～かどうか	139	観光の	153	学部	117	鍛える	102	強制する	115
悲しい	48	観光バス	31	学部長	113	汚い	92	競争	33
悲しみ	95	韓国	36	餓死する	134	北に	33	協奏曲	66,78
カナダ	36	韓国人・の	13	～が重要だ	125	兄弟	51	共通の	73,75
カナダ人・の	13	看護師	21	ガス	74	貴重な	73,74	切手	35,109
必ず	70,77	観察	136	ガスコンロ	4	切手	35,109	協定	145
かなり	51	観察する	62	ガスストーブ	4	切手	141	恐怖	44
カナリア	12	冠詞	157	ガソリン	74	切符売り場	10	興味がある	74
かなり多くの	37	感謝する	55	ガソリンスタンド	7	喫煙者	94	興味を起こさせる	107,108
鐘	10	感傷的な	48	ガソリンを入れる	82	気づく	62,122	興味を持つ	138
金持ちの	49	関心	95	画像	47	起動する	128	協力	136

日本語索引 く け こ

共和国	24	空想	85	軍隊の	147	健闘を祈るよ	16	好奇心	75,95
共和国大統領	83	空中の	51	**[け]**		憲法	148	好奇心の強い	75
共和国広場	9	空腹（である）	44	毛	43	権利	44	交響楽団	78
許可	45	9月	70	敬意	44	権利がある	45	交響曲	66,78
許可する	129	草	5	計画	85	権力	118	交響曲の	153
極	33	鎖	97	計画されている	88	権力のある	76	公共交通機関	31
居住した	76	くし	11	経験	155	ケーキ	37	公共料金	120
巨大な	43	櫛で髪をとかす	69	傾向	152	ケーキ屋	7	抗議	79
拒否	45	薬	146	警察（署）	9	ケース	23	抗議する	144
きらめく	152	果物	25	警察官	22	ケーブル	103	工業	61
霧	112	果物屋	7	計算	120	ケーブルテレビ	93	工業製品	37
キリスト教	142	口	43	計算する	81,154	芸術	78	工業の	148
キリスト教徒	16	唇	43	経済	120	芸術家	14	航空券	141
キリスト教の	153	口紅	82	経済的な	97	芸術の	153	航空の	51
規律	118	口の	148	経済の	148	外科手術	146	航空便	35
着る	69,134	クッション	3	軽食堂	15	劇	53	貢献する	135
切る	69,128	屈する	144	刑事訴訟	148	劇場	10	攻撃	156
切ること	143	靴	28	形式	37	撃退する	144	攻撃する	144
きれいな	92	苦痛	95	形成される	63	劇的な	76	考古学	54
記録する	79	靴屋	7	携帯電話	115	月曜日	60	考古学上の	153
キログラム	27	くつろぐ	113	携帯用の	45	下品な	50	広告	47
キロメートル	27	国	24	刑罰	105,148	弦	38	交際する	93
際立つ	85	国の	115	刑罰の	147	原因	62	交差点	6
気を遣う	113	苦悩	95	経費	120	原因で	107	口座（番号）	154
気をつける	83	配る	104	警備	136	厳格な	50	公式サイト	104
気をつけろ	64	首	43	刑務所	9	元気づける	97	公式の	73
金	74	区別する	64	契約	145	元気である	83	こうした	72
金色の	12	熊	12	～経由で	91	言及	79	子牛肉	96
近過去	157	雲（った）	112	形容詞	157	言及する	53	公衆電話	115
金魚	12	暗い	92,112	今朝	75	現金	109	公衆便所	9
金庫	4	暗くなる	112	景色	59	言語（活動）	157	口述筆記	79
禁止する	129	暮らす	71	消しゴム	5	在	64	工場	15
禁じる	129	クラス	141	化粧（水）	82	現在時制	157	構成する	63,95
金星	116	クリ	5,25	化粧する	69	現在の	87	功績	45
金属	74	繰り返す	61	消す	93	現在の分詞	157	光線	59
緊張	143	クリスタルガラス	74	けちな	75	現象	59	公然と	4
緊張した	48	クリスマス	89	結果	62	減少	126	高速道路	6
近年	81	クリスマスイブ	89	結果として	107	現在分詞の	143	構造	37
金髪の	49	クリスマス休暇	89	結局～する	125	現実	62	後退する	81
勤勉な	22	クリスマスの	87	結局は	111	現実の	77	広大な	43
勤務	61	クリスマスプレゼント	37	結婚	71	減税する	53	紅茶	25
金曜日	60	クリックする	80,128	結婚している	76	現代の	87	校長	113
キー（ボード）	103	クリーニング店	7	結婚する	70,134	原本	47	交通	31
キーポイント	72	クリーム	26	傑作	53	**[こ]**		好都合な	87
儀式	71	来る	89,106,123	決して～ない	104	濃い	12,48	肯定的な	77
技術	78	狂いそうになる	55	決心する	60,121	子犬	12	高等学校	72
技術の	143	苦しみ	95,143	欠席	117	恋をした	48	口頭の	153
犠牲	87	苦しむ・める	113	欠席している	75	恋する	55	行動	155
犠牲者	94	狂った	48	決意	45	公安警察	9	行動する	102
ギター	38	車椅子	3	決定的な	71	好意	95	購入する	109
議長	83	車で送る	86	欠点	87	好意だ	75	公表する	140
義務	44	車に乗せること	126	決意	79	好意の	22	幸福	95,136
義務がある	76,125	クレジットカード	154	結論	45	好意的な	48	幸福な	48
疑問に思う	140	クレッシェンド	66	結論として	111	幸運な	48	鉱物の	137
逆	85	黒い	12	蹴飛ばす	60	幸運にも	72	候補者	94
牛肉	96	クロダイ	114	煙	59	幸運にも～する	125	工房	7
行	72	クロワッサン	27	獣	12	幸運を	14	高慢な	50
行政（の）	147	加える	145	蹴ること	143	公園	2,9	公務員	13
漁える	61	詳しい	85	県	30	講演	117	被る	118
漁船	35	クーデター	106	研究所	117	効果	62	公立学校	72
議論	79	偶然に	62	謙虚な	50	硬貨	109	考慮	85
議論する	156	具体化する	60	権威	118	公開する	59	考慮する	92,137
銀	74	グラウンド	4	後悔する	113	効果がある	113	考慮に入れる	60
銀色の	12	グラジオラス	5	健康（状態）	143	効果的な	44	高齢者	3
銀器	23	グラス	23	健康の	76	効果の	77	口論する	156
銀行	9	グラス1杯の	27	健康に気を配る	133	好感	95	声	118
銀行の	148	グラム	27	検査	117	交換	120	超える	151
銀行預金	154	グリル	23	献じる	86	交換しあう	72	凍った	50
		グループ	16	建設	37	交換する	104,104	氷	25
[く]		グループで	30	建造物	8	郊外	30	小型の袋	23
区域	24	群衆	16	建築	54	郊外に	90	呼吸	118
空間	36	軍人	22	建築家	13	工業	54	呼吸する	114
空間の	115	軍隊	16	検討する	59,60,156	工学	54	故郷	24

日本語索引　さ　し

語	頁	語	頁	語	頁	語	頁	語	頁
小切手	109	細かく刻む	128	再帰動詞	157	参加する	60,82,151	7月	70
国際的な	115	困ったこと	87	再起動する	128	三角形の	48	市長	83
国際電話	115	困っている	44	最近	81,87	3階	2	シチリア州	20
国政選挙	147	コミュニケーション	79	最近の	87	3月	70	シチリア州・島	29
国道	6	小麦	27	最高の	51	産業	61	知っている	74,85,89,139
告白する	121,139,140	小麦粉	26	さいころ	38	産業革命	105	嫉妬深い	75
告発する	140	米	27	最後の	51,71	産業の	148	質	57
黒板	117	コメント	47	最終的には	111	サングラス	35	失業	61
国防省警察官	22	コモ湖	34	最小限	52	賛成	11,85	質に入れる	109
国民	16	小屋	8	最小の	51	賛成する	77,138	質問	85
国民投票	147	固有の	141	最初の	71	サンドイッチ	26	質問する	80
国民の休日	89	コレクション	38	最初は	111	3番目の	24	私的な	141
国務長官	83	これは何ですか？	9	最新の	15	三拍子	65	～してしまおうかな	144
国立近代美術館	10	これまで通り	139	祭日	89	散歩	81,103	～してはどうですか？	127
国立大学	72	殺す	114	サイズ	57	散歩する	78,81	～してもらいたい	149
ここから	38	コロッセオ	20	最大限	52	三連音符	65	支店	15
心地よい	48,92	怖い	44,45	最大限に利用する	135	サービス	120	視点	72
心地悪い	48	怖がらせる	81	最大の	51	サービスエリア	10	指導者	113
ここに	38,56	壊す	63	最低の	51	財産・財政	120	始動する	58
個々に	52	壊れる	133	災難	87	財政の	148	市内見番	115
個々の	141	懇願する	120	才能	87	財務省	147	～しないのに	155
ここらに	38	コンキリエ	40	裁判	148	材料	74	～しながら	125
心	118	コンクール	117	裁判官	21	座席	151	～しなければならない	
心から	133	今月	75	裁判所	9	雑誌	47		79,108,125
心に浮かぶ	89	混合の	75	財布	11	残酷な	75	品物	37
心のこもった	50	コンサート	78	採用する	118	残念な	107,153,154	～しにくい	73
試み	155	今夜	75	サインする	79			死ぬ	106,134
試みる	121,122,123	コンソメスープ	38	～さえ	52	**[し]**		死ぬほど	134
固執する	120	コントラバス	38	さえぎる	63	市	30	市の	115,141
コシェウ	26	混同する	138	魚	12,114	詩	53	死の	105
故障	105	困難な	76	魚釣り	38	死	71	支配	136
個人	16	こんにちは	14	魚を釣る	78	シ	65	支配下に置く	136
個人的に	90	今晩	75	探す	116	試合	33	支払い	81,120
個人の	141	こんばんは	14	作業の	148	幸せな	48	市販されている	88
個性	118	コンピュータ	103	作品	53	シェパード	12	しばしば	80
小銭	109	今夜	75	作文	117	塩	26	芝生	5
答え	85	婚約	71	桜の木	5	塩辛い	50	しばらく	139
答える	127	婚約者	3	サクランボ	25	しかし	110	しばらく前から	139
こだま	59	混乱させる	57	鮭	114	仕方	62	縛る	116
誇張する	156	コンロ	4	叫び声	118	仕方を教える	123	四分音符・休符	65
こちらに	38	コース	117	叫ぶ	114	市外局番	115	紙幣	109
国家	24	コーチ	28	避ける	58,121	～し難い	125	紙片	5
国会	147	コート	28	下がる	152	4月	70	司法	148
国家公務員	13	コーヒー	25	支える	92	四季	86	資本	120
滑稽な	75	コーヒーセット	35	指し示す	119	敷居	2	脂肪分の多い	50
骨折	143	コーヒーを入れる	82	差し出す	86	指揮官	113	脂肪分のない	50
コップ	23	～させる	115	市議会	147	搾る	128
コップ1杯の	27	5・50	～	作家	14	詩句	53	島	30
小包	35	～後	139	サッカー	33	試験	117	縞	152
固定した	48	合計	120	サッカー選手	156	試験する	80	姉妹	8
古典の	87	合計する	81	サッカー選手権	156	思考	85	シミ	82
事	37	5月	70	サッカーチーム	156	仕事	61,81	市民	16
今年	75	午後	46	殺人者	94	司祭	21	市民の	141
異なった	73	午後に	54,63	殺人の	76	四肢	43	仕向ける	124
言葉	79	五線譜	65	砂糖	47	詩人	26	氏名	118
小鳥	12	午前（中）	46	砂漠	30	システム	37	締めくくりとして	111
断る	121,138	午前中に	57,60,63	～様	157	静かな	92	示す	140
孤独	87	～後に	126	様々な	47	静かに	66	湿った	112
孤独な	48	5番目の	24	寒い	44,112	湿った	66	閉める	63
子供	3	ゴミ	82	寒気	143	施設	15	占める	136
子供部屋	2	ゴム	28	寒さ	44	視線	143	社員	13
粉々に	52	娯楽	38	さようなら	24	自然	59	社会	54,105
粉にする	128	娯楽施設	7	皿	23	自然の	137	社会主義の	147
この上なく	139	ゴルゴンゾーラチーズ	96	サラダ	26	～したい	84,108,122,125	社会福祉	136
この前の	71	ゴルフ	33	さらに	51	～したいと言う	122	車掌	94
好み	95	～頃	119	サラミ	96	～したいと思う	122	写真	41
好む	55	ゴール	156	サラリーマン	13	～したいと求める	125	写真の	141
このように	51			猿	12	従う	137	写真家	14
子羊肉	96	**[さ]**		サルデーニャ州・島	29	下着	28	写真を撮る	153
コピー	47	さあ	69	騒がしい	81	仕立屋	7	写真を撮る	82
コピーする	79	最悪の	51	3・30	23	下（の方）に	56	社長	83
コピーをとる	80	再開する	61	参加	145	シタビラメ	114	借金	120
拳	45	再会する	93	参加者	94	～したらよいのだが	155	斜面	36

日本語索引

す

語	頁	語	頁	語	頁	語	頁	語	頁
車両	31	賞賛する	55	汁	26	辞書を引く	127	準備のできた	76
車輪	151	正直な	22	知る	85	自身	62,72,141	準備をする	123
謝礼	120	少女	3	しるし	152	地震	112	純毛	28
シャワー	2	症状	143	印をつける	79	自信がある	123	ジュース	25
シャワーを浴びる	82	小説	53	城	10	事実	62	自由	105
シャンパン	25	小節	65	白い	12	事実だ	141	自由な	76
シャンプー	82	肖像画	4	白ワイン	25	自由に	46	自由に	90
シャンプーをする	82	招待	103	親愛なる〜	157	時代遅れになる	152	上院	147
シャープ	65	招待する	93	進級させる	146	実験	117	上院議員	83
市役所	9	省庁	147	神経	133	実験室	117	上演される	88
〜しやすい	73,125	象徴	152	神経性の	48	実行する	102	上演する	59,78
州	19,24	象徴する	140	信号	6,47	実際	84	乗客	94
週	46	商店	7	診察	146	実際に	110	状況	62
収穫	5	小テーブル	3	紳士	94	実質	37	定規	5
習慣	155	少年	3	寝室	35	実践	155	条件	45
習慣がある	125	消費	120	真実	62	実業家	13	条件法	157
週刊誌	47	消費者	94	真実の口	43	実現する	59,102	上手な	75
習慣づける	135	消費する	109	真珠	74	実は	62	状態	45,62
習慣的に	72	消防士	22	信じられない	77	実用的な	77	冗談で	72
習慣をつけさせる	124	照明	4	信じる	45,149	実を言うと〜	84,144	情熱	95
宗教	142	照明器具	4	新生児	3	自転車	31	情熱的に	66
宗教祭	71	証明書	73	神聖な	153	自転車競技	33	上品な	50
宗教の	153	正面	36	親戚	8	児童	3	情報	47
収支	120	正面に	36,119	親切	95	自動改札機	10	情報学	54
終止線	65	醤油	26	親切だ	77	自動車	31	情報処理システム	103
修繕する	63	将来（に）	64	親切な	22	自動車の	143	情報処理の	143
舅	8	勝利	156	新鮮な	50	児童文学	54	城門	10
姑	8	小旅行	103	心臓	133	自分自身の	141	条約	145
周辺機器	103	小旅行する	81	死んだ	76	自分自身を見る	62	女王	83
週末	46	職員	13	寝台車	31	自分の考えを言い表す	79	ジョギング	33
修理工	13	職業	22	慎重な	75	自分の身を置く	69	助言	79
修理する	63	食後西	6	神殿	10	ジプシー	2	助言する	127
守衛	22	食事	6	新年おめでとう	14	自慢する	55,122	女性	3
祝辞	71	食事の支度をする	82	心配	95	事務	61	女性客室乗務員	3
宿題	117	食事をする	82	心配させる	113	事務局	15	女性の	141
宿題をする	80	食事を出す	96	心配している	76,83	地面	30	女性用の	35
首相	83	食前酒	6	心配しないで	64	ジャガイモ	32	女優	14
手術	146	食堂	15	心配する	113,125,150	ジャケット	28	序論	117
主人	94	植物	5	心配だ	150	ジャム	26	人口	16
主人公	53	植民地	24	新聞	47	ジャンパー	28	人生	71
主題	53	職務	61	新聞記事	47	ジャンプ	143	迅速に	43
手段	62	食物の	153	新聞雑誌売店	7	ジャーナリスト	14	人体	43
主張	79	食欲（がある）	44	新聞屋	14	１０〜１９	23	人民	16
主張する	121,124	食料品	27	進歩	136	獣医	21	人民の	141
出産する	86	書斎	3	親密だ	77	１０億	23	人類	141
出身である	29	所在地	35	親密な	48	１０月〜１２月	70	ジーパン	28
出席	117	書式	73	信用	145	住所	35	ジーロディターリア	126
出席している	75	所持金	109	信用する	149	十字架	142	
出席者	94	所属である	108,142	信頼	145	従事する	102	[す]
出席する	145	食器棚	3	信頼する	149	１０番目の	24	酢	26
出世する	70	ショッピングセンター	7	心理学	54	十分である	55,111,150	推移	126
出泳	103	ショッピングをする	81	診療所	9	十分な	74	水泳	33
出発する	58,88,106	処方箋	146	シリアル	27	１０万	23	水源	34
出版	47	庶民の	141	CD	103	住民	16	吸い込む	96
出版社	8	署名	73	シートベルト	151	重要性	45	水上バス	31
出版する	78,79	所有（権）	120	字	157	重要である	107,108,111,150	スイス	36
首都	30	所有者	94	ジェスチャー	79	重要な	73	スイス人・の	13
主婦	3,13	所有する	93	ジェノヴァ	20,29	十六分音符・休符	65	彗星	116
主婦をする	81	処理する	63	ジェノヴァの	29	授業（時間割）	117	水星	116
腫瘍	143	書類	73	ジェルンディオ	157	塾	72	推薦する	54
主要な	73	ショルダーバッグ	28	時間	46	熟した	50	水槽	10,23
種類	24	ショー	78	時間厳守の	75	熟していない	50	水族館	10
瞬間	64	ショーウインドー	15	時間をかける	154	熟考	85	スイッチを入れる	93
賞	78	ショール	28	時間をつぶす	109	熟考する	137	水平線	59
紹介する	134	使用中の	92	時期	46	受動態	157	水曜日	60
小学校	72	〜しようとする	125	事業	61	授与する	86	推理小説	53
消去する	128	〜しようとも	156	事故	105	準急列車	31	数学	54
商業の	61	知らせ	47	時刻	46	順序	62	数字	57,115
商業の	148	知らせる	56,124,140	時刻表	141	純粋な	73	末っ子	8
将軍	113	知られた	76	自己紹介する	70	純白の	12	スカート	28
証拠	148	知り合う	70	地獄	142	準備	145	スカーフ	28
正午	46	私立学校	72	自殺する	133	準備ができている	75,76	姿	118
正午に	57	視力	118	辞書	5	準備する	128	姿を現す	105

194

隙間	36	〜する必要もなく	91	整理	62	絶対に	70	そのことを考える	137
スキャンする	128	〜する方が良い	112	整理する	127	絶望	44	その後に	111
スキャンダル	155	〜するほどの	144,146	清涼飲料水	25	絶望する	113	その通り	11
スキー	33	〜する前に	155	世	24	是非とも	120	その時（まで）	81
スキーをする	114	〜するまで	142,156	世界の	115	0	23	その前に	139
救う	133	〜するやいなや	142	背が高い・低い	49	善	95	そのような	72
少なくとも	51,52	〜するように	156	席	36	全員の	74	そのような種類の	24
スクランブルエッグ	96	座った	76	咳	143	全音	65	そのようなものである	72
スクリーン	103	座る	93,106	咳が出る	44	全音符・休符	65	祖父	8
すぐ近くに	155	スーツ	28	責任	44	前業	6	ソファー	3
すぐに	58	スーツケース	11	責任感のある	50	前進する	58,81,108	ソプラノ	66
優れた	14	スーパーマーケット	7	責任がある	74	全然〜ない	104	祖母	8
少し	51	スープ	26	石油	74	喘息	143	染まる	69
少しずつ	84	ズッキーニ	32	石油ストーブ	4	全体の	46,74	それぞれの	46
少しの	26	頭脳	118	〜せずにはいられない	125	全部	52	それで十分だ	55
少し前に	139	ズボン	28	世代	46	全部で	120	それでは	110
過ごす	134			説教	79	全部の	74	それどころか	110
進む	58,88,106	[せ]		石けん	82	前方に	56	それに反して	84
進める	56	背	45	摂氏の	112	前方に向かって	56	それは残念	64
勧める	124	聖〜	19	セット	52	全面的な	51	損害	154
スズキ	114	姓	118	説得する	124			尊敬	8
涼しい	50,112	性格	118	接続する	128	[そ]		尊敬する	44
涼しさ	44	正確な	77	接続点	36	ソ	65	尊厳	44
スタジアム	4	正確に	77,84	接続法	157	層	30	存在	71
スタッカート	65	生活	71	設備	37	草原	30	存在する	106,142
スタッフ	94	生活する	93	説明	79	荘厳な	77	損失	126
すっかり	51	声楽	78	説明する	156	総菜屋	7	ソース	26
酸っぱい	50	世紀	46	節約	120	葬式	71	ソーセージ	96
ステーキ	11	正義	44	節約する	81,109	装飾音	65	像	4
捨てる	94	清潔な	92	設立	37	掃除	82	象	12
ステーキ	26	制限	148	設立する	59,63	掃除機	93	増加	126
すでに	139	制限する	109	狭い	43	掃除する	82,134	臓器	133
ストライキ	120	成功	45	セメント	74	創設する	63		
ストライプの	97	成功する	44	セリエＡ・Ｂ	52	想像する	137	[た]	
ストレス	143	政策	147	台詞	78	そうだねぇ	16	タイ	65
ストレスの多い	76	制作する	71	セロハンテープ	5	相談する	127	体育	54
ストーブ	4	世話	37	世話	146	装置	37	体育館	4
砂浜	34	生産者	94	世話をする	45,60,133	早朝に	54	対応する	76
すなわち	84	生産する	71,148	１０００	23	そうできたらいい		体温計	82
すばらしい	6	性質	62,118	線	72	んだけど	64	退屈	95
すばらしい	16,22	聖職者	21	繊維	28	そうでないと	142	退屈させる	55
スパゲッティ	27,39	精神	118	船舶	35	挿入する	128	退屈する	55
スパゲッティーニ	39	精神的な	75	占拠	105	創立	37	退屈な	48
スプーン	23	精神の	153	選挙	147	即座に	58	待遇	155
すべて	84	政治	147	先月	139	即時の	87	対策	145
すべての	46	政治家	22	宣言する	140	即時便	35	滞在（許可証）	103
滑る	108,214	誠実だ	77	繊細な	75	測定	154	大使	22
スペイン	36	誠実な	50	洗剤	82	測定する	154	大使館	9
スペイン風邪	143	政治の	147	選手	156	側（面）	36	大木	16
スペイン人・の	13	せいぜい	52	先週	139	底	36	対象	62
スポンジ	82	製造業	15	専修学校	72	素ーく	155	大西洋	34
スポーツ	38	生存	71	選手権大会	156	そこ	38,56	体積	57
スポーツジム	4	成長	126	先生	21	そこの上に	38	大切だ	112
スポーツの	153	成長する	106,134	戦争	106	そこの下に	38	体操	33
スポーツをする	82	制定	37	洗濯（する）	82	そこらに	38	対置する	95
すみません	69	制定する	129	洗濯機	93	組織	16	たいてい	84
住む	93	晴天	112	選択する	80	組織する	63	体内に	56
スラー	65	生徒	21	洗濯物を干す	117	そして	110	タイプ	24
スリッパ	28	整頓された	92	先週	36	訴訟	148	太平洋	34
〜する	80	制度	148	センチメートル	27	逮捕する	128	タイする	136
〜する間に	142	青年	3	セント	31	育ちの良い	76	タイヤ	151
〜することがある	111	生年月日	46	戦闘	106	卒業証書	117	大洋	34
〜するしかない	83	製品	37	専念する	102	卒業する	60,70	太陽	116
〜するたびに	144	政府	147	洗面台	2	卒業論文	117	太陽道路	6
〜するつもりである	125	制服	28	専門家	94	ソテーする	96	太陽	137
〜する程度に応じて	144	征服	105	占領する	144	外から	56	平らな	48
〜するところだ	83	政府の	147	鮮烈な	12	外側の	51	大陸	30
〜するとよい	80	生物学	54	洗練された	73	外に	56	大量の	27
鋭い	48	正方形の	48	線路	6	その間に	110	対話	79
〜するにつれて	144	生命	71	セーター	28	その上	51,110	耐える	92
〜するにはあまりにも	146	生命力	118	税金	103	その内に	58	タオル	82
〜するのが好きである	84	正門	2	税金	120	その代わり	120	高い	48,97
〜するのに十分な	146	誓約	145	絶対的な	51	そのこと	133	高さ	27

195

日本語索引 ち　つ　て

語	頁	語	頁	語	頁	語	頁
宝	120	大学教授	21	父の	141	著者	14
宝くじ	38	大学の	153	地中海（の）	29	ちょっとおしゃべ	
互いに会う	70	大企業	15	窒息させる	114	りする	80
卓越	87	大災害	105	チップ	109	ちょっと待って	69
卓越した	22	大臣	83	秩序	136	著名人	16
たくさんの	27	大好きである	55	知的な	22	著名な	76
たくさんの人	84	大豆	32	地平線	59	ちらりと見ること	143
たくさんのもの	84	大聖堂	10	地方紙	47	地理	54
タクシー	31	だいたい	52	地方選挙	147	治療	146
タクシー運転手	15	大地	30	地方の	115	治療する	133
巧み	78	大邸宅	8	致命的な	73	賃貸借	120
蓄え	154	大統領	83	チャイム	2	陳腐な	73
確かさ	45	台所	2	茶色の	12	沈黙	155
確かに	70	台無しになる	133	着手する	59,108	チーズ	96
多少は	51	第二次世界大戦	106	着席する	60	チーム	156
助け	136	第二に	111	チャットする	128		
助けて	69	ダイニング	35	チャンス	64	[つ]	
助ける	127	大部分	52	チャンネル	47	通貨	31
尋ねる	127	代理店	15	チャンピオン	156	通過	126
戦い	106	代理人	21	チャーミングな	22	通関検査	103
闘う	77	ダウンロードする	128	注意	95	通帳	154
戦う	144	だから	110	注意して	82	通訳	13
たたく	97	ダカーポ	65	注意する	80,133	通路	6
正しい	44,77	抱く	44,92	注意深い	75	通話	115
ただ～だけ	52	AだけでなくBも	52	注意を向ける	86	遣う	109
立ち去る	88	打撃	143	中央	36	使う	135
立場	62	だます	53	中央の	51	仕える	61
立ち向かう	144	黙った	76	中華レストラン	15	つかまる	92
立って	45	黙る	53	中間の	51	つかむ	92
立てかける	127	だれ？	22	中学校	72	疲れ切る	113
建物	8	誰か	84	中古の	87	疲れた	76
建てる	63	だれも～ない	84	中国	36	疲れる	76,123
たとえ～でも	142	段階	57	中国人・の	13	使われていない	90
例えば	117	断言	79	中産階級の	141	月	46,116
棚	2	断言する	138	駐車場	2	つきあう	83
谷	34	ダンス	78	駐車する	102	月に二回	80
種	5	男性	3	昼食	6,82	次の	71
楽しませる	55	男性に	141	昼食に	33	着く	58,106
楽しむ	55,123	男性用ソックス	28	昼食をとる	96	突く	114
頼む	124	男性用の	35	中心地	30	机	3
タバコ	25	団体	16	忠実な	50	作り出す	63
タバコを吸う	96	暖房	4	中断する	63	作る	80
旅支度をする	81	ダース	27	躊躇する	129	付け合わせ	6
たぶん	70			中東	36	つける	116
食べ物	27	[ち]		～中に	119	告げる	139
食べる	60,69,96	血	133	注文	145	都合が良い	92
卵	96	治安	136	注文する	96	伝える	53,89
魂	118	地域	24	チュニジア	36	包み	23
たまに	80	小さい	15	チュニジア人・の	13	包む	135
タマネギ	32	ちえっ	64	チューリッヒ	29	続いて起こる	105
試し	117	チェックの	97	蝶	12	続き	62
試す	59,102	チェロ	38	長	113	続く	61,108
保つ	92	近い	51	聴覚の	153	続ける	61,123
頼る	80,149	近いうちに	24	長期休暇	89	翼	12
タリアテッレ	39	誓う	53	長期に	46	壺	4
タリオリーニ	39	近くに	56	彫刻	78	妻	8
戯れるように	66	地下室	2	彫刻家	14	つまり	84
単位	27	近づく	88	調査	117	罪	84
短期に	46	近づける	88	長所	87	積む	44,105
炭酸ガス入りの	50	地下鉄	31	朝食	6,82	冷たい	50
誕生	71	力	59,118	調子よく	49	つやつやした	92
誕生日	14,89	違い	85	調子悪く	49	梅雨	86
誕生日おめでとう	14	違う	73	調整する	59,63	強い	49
単数の	26	違う方法で	90	長調	65	強い	49,75,76
短調	65	地球	116	ちょうど	72,84	強く	51
タンポポ	5	蝶ネクタイ	115	注意クタイ	28	強く拒否する	122
題（名）	53	地区	30	長方形の	48	強く求める	120
第一に	111	知識	87	貯金	141	強く要求する	120
第一番目の	71	知識人	94	直接の	76	釣る	59
大運河	20,34	知人	16	直説法	157	吊す	134
ダイエット	6	地図	103	チョコレート	37	連れて行く	97
ダイエットする	82	知り合う	87	チョコレート菓子	37	積んだ	74,92
大学（院）	72	父	8	著作権	44		

[て]

語	頁	語	頁
手	45	手首	45
ティッシュペーパー	82	手数料	154
ティラミス	37	手帳	5
ティーカップ	35	鉄柵門	2
Tシャツ	28	鉄	74
ティースプーン	23	哲学	54
提案	79	手伝ってもらう	124
提案する	95,121	鉄道	31
定期券	141	手に入れてやる	118
提供する	86	テニス	33
定義する	129	テニスコート	35
抵抗する	144	テノール	66
帝国	24	手袋	28
停止する	103,126	寺	10
提出する	104	テラス	2
邸宅	8	テレビ	93
停留所	10	テレビカメラ	93
手紙	35	テレビの	143
敵	3	テレビ番組	47
適した	75,77	テロリズム	106
適用	155	手を貸す	86
適用する	104	点	72
		店員	7
		天気（予報）	112
		典型的な	73
		点検	105
		転校する	146
		天国	142
		天使	142
		展示	78
		天井	2
		点数	117
		点灯した	92
		天王星	116
		テンポ	66
		展覧会	78
		出店	3
		出会う	71
		出会う	70,93
		～である	9,106
		～であるけれども	155
		～であるように思える	107,108
		ディスク	103
		ディスコ	7
		ディスプレー	103
		ディフェンス	156
		DVD	103
		DVDレコーダー	93

出来事	105	～ときに	142	動機	62	成し遂げる	56	日没	46
～できる		徳	148	洞窟湖	34	ナス	32	日曜日	60
	78,85,108,112,125	特異の	73	道具	38	なぜ？	64	日刊新聞	47
デクレッシェンド	66	特に	84	同行する	88	謎	145	日中に	54
出口	2	特別な	73	動作	155	ナチュラル	65	～について	91
デザイン	152	時計	4	動詞	157	夏（に）	86	似ている	83
デザインする	78	都市	30	同時に	46,72	懐かしさ	95	～になる	71,83,106
デザート	6	年	46	同時の	87	夏の	87	～に乗って	138
デジタルカメラ	93	年老いた	15	どうぞ	11	～など	52	～に反して	91
～ですね	69	～として	91,136	銅像	4	7・70	23	2番目	24
デッキチェア	3	～としては	148	どうぞおかけください	113	7番目の	24	二拍子	65
～でできている	28	～としても	155	道徳	148	なに？	9	二分音符・休符	65
デパート	7	年はいくつ？	44	道徳的な	75	何か	9	二分の二拍子	65
出る	90,106	図書館	10	堂々と	66	何か～なこと	84	日本	36
電気	59	閉じた	92	どうにかして	62	なにの？	10	日本人・の	13
電気ストーブ	4	トスカーナ州	20	導入する	71	何の～もない	46	～に向かって	36,90,138
電気の・電子の	143	トスカーナ州の	29	動物（の子）	12	何も～ない	84	～にも関わらず	
電車	31	途中の	6	動物園	10	何を差し上げまし			91,142,155
電車を乗り換える	102	突起	72	同盟	145	ょうか	64	荷物	103
電子レンジ	4	特急列車	31	同盟を結んだ	147	～なので	142,144,146	入会	145
伝説	53	突然	58,87	動揺する	113	ナプキン	82	入学させる	146
電池	5	突然現れる	105	同僚	16	鍋	23	入学する	70
伝統	136	突然～する	123	道路（標識）	6	ナポリ	20,29	入国審査	103
伝統的な	153	突然の	87	読書	38	ナポリの	29	入浴（する）	82
電報	35	とても（近い）	51	独身の	76	名前	118	ニュース	47
電話（番号）	115	とても～なのて	146	独創的な	73	生クリーム	26	ニョッキ	40
電話局	9	留まる	91,106	独立	136	生の	56	～によると	91
電話する	80,127	とは言っても	110	独立した	73,77	生ハム	56	～によれば	108
電話の	143	トビウオ	114	独力で	26	波	59	煮る	96
電話料金	120	飛び込む	114	どこ？	58	並木道	7	庭	2
電話をかけ直す	127	飛ぶ・跳ぶ	108,114	～どころではない	125	涙	118	庭付き一戸建て住宅	8
データ	204	乏しい	74	土星	116	なめし革	58	人気のある	76
		止まった	76	どちらにしても	90	なめらかな	48	人間（の）	141
[と]		トマト	32	どの？	10	習う	123	人間性	118
～という	47	トマトソース	26	どの～も	46	～ならば	142,155	認識する	85
～という意味において	144	止まる	89	土曜日	60	慣れる	135	ニンジン	32
～という可能性	154	富	120	ドライブ	103	難解な	76	忍耐	44
～という観点から	77	富む	74	努力	87	南極	33	ニンニク	32
～ということ	139	止める	63	努力する	80	何歳？	44	任務	61
～という条件で	155	友だち	3	ドル	31	何時ですか？	10	任命する	94
～という点である	70	トラ	12	どれ？	9	南西・南東	33		
～という場合には	156	トラック	31	奴隷	94	何ですって	64	[ぬ]	
～というわけではない	154	トラットリア	15	ドレス	28	何でも	37	脱ぐ	69
～と一緒に	32,91	鳥	12	泥棒	94	何度も探す	116	盗む	92
トイレ	2	取り上げる	135	鈍感な・だ	75			布	97
トイレットペーパー	82	取りかかる	61	曇天	5	[に]		布地	28
塔	10	取り消す	138	どんな？	112	2・20・200		濡らす	134
党	147	取り去る	94,97	どんなに？	10	・2000	23	ぬるい	50
唐辛子	26	取り出す	97	どんな風に？	81	似合う	107		
等級	24	鶏肉	96			におい	44	[ね]	
統計学	54	トリノ	20	[な]		2階	2	根	5
搭乗券	141	トリノの	29	内臓	133	～に変わりはない	154	ねえ	69
登場人物	53	とりわけ	84	ナイフ	23	～に関して（は）	108	願っている	140
闘争	106	取る	60	内部の	51	苦い	50	ネクタイ	28
統治	147	トルコ	36	内容	47	2月	70	猫	12
統治する	136	トルコ人・の	13	直す	63	にぎやかな	124	ねたむ	74
到着	103	取ること	143	治す	133	肉	96	値段	109
投票	147	トルッテリ	40	泣く	124	にくい	11	ネックレス	11
投票する	94	トルッテリーニ	40	中に	56	憎しみ	95	熱する	96
逃亡	126	飛んでいく	108	中庭	2	肉体の	143	熱middle	
透明な	11	とんでもない	11	仲間	16	憎む	55	熱中する	74,102
トウモロコシ	32	トンネル	6	中指	45	肉屋	7	ネット	104
東洋の・の	21	トレヴィの泉	10	長い	43	～に加えて	91	ネットサーフィン	
登録する	79	トースト	27	長い間	46	荷車	31	をする	128
遠い	51	ド	65	長くなる	117	逃げ去る	58	熱	59,143
遠くに	56	ドア	2	長さ	57		58,106	熱意	95
遠ざかる	88	度合	57	流れ	126	煮込み	23	熱がある	44
遠ざける	88,92	ドイツ	36	流れ星	116	西（に）	33	値引き	109
通してくれませんか	69	ドイツ人・の	13	流れる	89,106	西の	51	値引きをする	81
通る	58,106	同意する	138	鳴き声	12	～にする	83	眠い・眠気	44
ト音記号	65	どういたしまして	11	泣く	57	～に沿って	90	眠らせる	93
～と仮定すれば	155	同一人物	133	投げる	94	似た	75	眠る	63,69,93
時々	80	同一の	73	～なしで	91	日常生活	87	寝る	

日本語索引 のはひ

念入りに	82	～の前に	90,126	8月	70	半分の	26	引き離す	116
年金	120	～のままでいる	83	8番目の	24	ハードディスク	103	引く	78,97
年金生活に入る	120	～のままにさせる	115,150	八分の六拍子	65	ハーモニー	66	低い	48
年に一回	80	～の周りに	90	八分音符・休符	65	場合	62	ひげ	43
年齢	118	～の右に	119	蜂蜜	26	バイオリニスト	14	悲劇	53
		飲み物	25	ハ長調	65	倍の	15	ひげを剃る	82
[の]		飲む	60,96	はっきりと	91	馬鹿なことをする	80	飛行	103
～の	28	～の向こうに	38	発見	136	漠然とした	77	飛行機	31
～の間	119	～の名目として	107	発する	80,116	バゲット	27	非公式に	141
～の間に	36,119	～のように	107	発信人	35	馬車	31	被告弁護人	21
～の後で	126		91,136,142,144,155	発送	35	場所	36	悲惨な	48
～の意見では	119	～のようにみえる	121	発達	136	バス	31,66	ひざ	45
～のいるところで	119	のり	5	発達させる	102	バスケット	23	ひざまずいて	45
脳	43	乗り物の内部	31	発達する	102	バスタオル	35	秘書	13
～の上に	36,90	～の理由で	107	発表（会）	47	バスタブ	35	ひじ	45
農業	61	乗る	60,90	発砲	106	バスルーム	2	肘掛け椅子	3
農業の	148	乗ること	103	発音	118	バター	26	非常口	2,28
農産物	37	呪う	87	発音する	53	場違いの	90	非常に	51
～の後ろに	90	～の割合で	138	発明	136	バッグ	11	被造物	3
納税者	94	ノート	5	発明する	116	バナナ	25	額	4,43
能動態	157	ノーベル賞	78	果てしなく	91	場面	78	浸す	128
農民	13			花	5	バラ	5	左（側に）	33
能力	118	**[は]**		鼻	43	バリスタ	7	左の	51
能力がある	122	葉	5	花柄の	97	バリトン	66	筆記試験	117
能力がない	122	歯	43	話	79	バルコニー	2	ひっくり返す	128
能力のある	77	はい	11	話す	53	バルサミコ酢	26	引っ越す	89,151
能力のない	77	肺	133	花火	59	バレーボール	33	引っ張る	97
～の終わりに	126	灰色の	12	花婿	3	晩	46	ヒップ	45
～の形をした	138	背景	59	墓地	7	番地	35	羊	12
～の代わりに	91	背後で	45	花嫁	3	晩に	54,57,60,63	羊飼い	13
～の監修によって	108	背後に	56	離れる	88	バーゲン	109	羊の肉	96
～の傍から	138	歯医者	21	鼻をかむ	69	バージョン	24	必要	45
残り	52	排尿する	135	羽	12	バーチャルの	92	必要がある	111,112,125
残る	109	配達	35	ハネムーン	103	パール	15	必要条件	45
～の際に	119	配達する	104	母	8	パイ	37	必要（性）	45
～の下に	90	配置	36	母の	141	パイロット	13	必要だ	150
～の指導の下で	108	配置する	95,127	歯ブラシ	35	パスタ	27	必要である	
～の正面に	119	敗北	156	浜辺	34	パスポート	73		45,107,108,135,153
～の印として	138	俳優	14	歯磨き粉	82	パッパルデッレ	39	必要とする	120
～の時点で	119	入り込む	58,106	ハム	96	パニーノ	26	必要な場合には	75,77
～の状態にある	83,106	入る	58,106	速い	87	パリ	29	必要な	45
～の末に	126	ハエ	12	速く	58	パルマ（の）	29	必要不可欠の	77
～の先端に	91	墓	71	腹	45	パルメザンチーズ	96	日付	46
望む	84,149	博士	113	払い込む	109	パレルモ	20,29	否定する	121,138,150
～のために	107,136	葉書き	35	払う	109	パレルモの	29	否定的な	77
～の近くで・に	90	吐き気	143	針	97	パン	27	人	3,16
～の中央に	119	掃く	134	春	86	パン粥	26	1缶・1袋	27
～の突き当たりに	119	博物館	10	晴れ（た）	112	パンナコッタ	26	一切れ・一続き	52
～の次に	38	博覧会	78	張る	117	パンフレット	73	1組の・1箱の	27
～のつもりで	136	激しい	43	春に	86	パン屋	7	等しい	73
～のつもりである	45	禿げた	49	破裂する	63,106	パーティ	38	等しく	51
～の手前に	90	箱	23	晴れ（た）	112	パーティする	81	一束	52
～の点へ・に	33	運ぶ	89	晴れ渡った	112	パーマ	152	人々	16
～の到着点で	119	歯ごたえのある	43	反映	62	パーマをかける	82	一房	52
～の時（に）	119	はさみ	5	半音	65			人前で	30
～の隣に	38	橋	10	半過去	157	**[ひ]**		一人っ子	8
のど	43	箸	23	ハンカチ	11	日	46	日なたで	116
のどが渇いている	44	端	36	犯罪	105	火	59	非難	79
のどの渇き	44	走る	108,114	反射	62	比較	85	非難する	121,144
～の中に	30,90	走ること	143	反射する	152	比較する	54	批判的な	77
～の半ばに	126	初め	64	反対	85	光	59	批判	45
～の名において	138	初めて	111	反対する	138	東（に）	33	批評家	14
ののしる	87	初めの頃は	111	反対の	51	東の	51	批評する	144
～の初めに	126	はじめまして	24	判断	45	引き受ける	118,121	響く	108
伸ばす	117	始める	61,86,106,123	判断する	138	引き起こす	86,105	皮膚	133
～の左に	119	恥ずかしい	123	半島	29	引き下ろす	97	暇な	76
～の負担で	91	恥ずかしさ	45	ハンド	11,151,156	引き返す	58	ひまわり	5
～の方に	38	旗	4	ハンドバッグ	11	引きずる	97	秘密の	145
～の外に	90	畑	30	ハンドル	151	引き出し	3,154	秘密の	92
昇る	58,106	果たして	70	犯人	94	引き出す	97,109	100（万・億）	23
登る	90	働く・働き	61	反応	155	引きちぎる	97	100グラム	27
上ること	126	裸で	49,76	ハンバーガー	26	引き止める	92	冷やす	96
～の前から	35,126	8・80	23	半分	52	挽肉	96	評価	45

198

日本語索引 ふへほま

評価する	138	風景	59	フライドポテト	32	兵士	22	ホテル	9
評議会	147	封筒	35	フライパン	23	平静	95	ほとんどいつも	80
表現（する）	79	夫婦	3	フラット	65	閉店	61	ほとんど〜ない	37
表情豊かに	66	不運	87	フランス	36	平方メートル	27	歩道	6
表明する	140	不運な	48	フランス革命	105	平面	57	ほどく	116
表面	57	フェットゥチーネ	39	フランス人・の	13	平野	30	ほどける	116
費用	109,120	フェデリーニ	39	振り向く	114	平和	105	骨	133
費用がかかる	106,109	フェリーボート	31	フリーダイヤル	115	ヘ音記号	65	炎	59
開かれた	92	フェルマータ	65	古い	15	部屋（番号）	2	ほのめかす	124,140
昼	46	増える	106,151	減らす	143	減らす	71,151	微笑む	57,80
広い	43	フォルティ	66	震える	44,114	ヘリコプター	31	ほぼ	52
ヒロイン	53	フォルティッシモ	66	振る舞い	155	変化	126	褒め称える	55
疲労	44	フォワード	156	振る舞う	102	別荘	8	ほら	69
披露宴	71	フォーク	23	触れる	62	ベッド	3	掘る	78
広げる	117	フォーマルな	141	フロント	9	別の	47	ホワイトハウス	8
広場	9	深い	48	分	46	別々に	90	本	5
広々とした	43	付加価値税	120	雰囲気	95	ベルギー	36	本社	15
広まる・める	117	不可能だ	112	噴水	10	ベルギー人・の	13	本棚	3
貧困	87	不可能な	77	ブカティーニ	39	ベルト	28	本当に	84
品詞	157	不完全な	77	武器	106	ベルリン	29	本当の	14,77
頻繁な	71	服	28	豚	12	便器	2	本人自ら	16
ヒーロー	53	複雑な	73	舞台	78	勉強	117	本能	118
微笑	155	複雑にする	63	豚肉	96	勉強する	54	ほんの数日	37
ビジネス	61	福祉	136	部長	113	勉強熱心な	75	本文	157
美術	78	副部長	157	仏教	142	弁護士	21	本屋	7
美術館	10	復習する	54	物質	37	ベンチ	3	翻訳する	71
美人	3	服従させる	95	物質の	137	便秘	143	ホームページ	104
ビスケット	37	複数の	26	物理学	54	便利な	92	ホームレスで	91
びっくりさせる	57	副部長	113	物理の	143	ページ色の	12	防衛する	144
びっくりする	57,106	含む・含める	135	舞踏会	78	ベアー	3	貿易	61
ビデオ	93	袋	23	ブドウ	25	ペダルを踏む	102	傍観している	83
ビデオデッキ	93	服を着る	69	ブドウの収穫	5	ペットボトル	23	防御	156
秒	46	服を脱がせる	134	ブドウ畑	30	ペルージャ（の）	29	冒険	136
病院	9	服を脱ぐ	69	部分（的に）	52	ペン	5	帽子	28
病気	143	不幸	87	部分的な	74	ペンキ	40	暴力	105
病気の	76	不合理な	73	部門	24	ページ	53	牧場	30
描写する	79	ふさわしい	73	ブラウス	28,35	ペースト	26	ボタン	97
病人	94	不在の	76	ブラシ	11			墓地	9
美容院	7	ふざける	57	ブランド	152	**［ほ］**		没頭する	102
ビル	8	不思議な	48	ブルスケッタ	27	保育所	72	ボトル1本の	27
ピン	23	無礼な	5	無礼な	75	法	157	ボローニャ	20,29
敏感だ・な	75	フジ	5	ブレーキ	151	ほうき	82	ボローニャの	29
便せん	35	婦人服	35	ブログ	104	方向	33	ぼんやりした	50
ビール	25	防ぐ	124	文	157	報告（書）	79	ボール	156
ピアス	11	不足	52	文化	78	報告する	53	ボールペン	5
ピアニスト	14	不足している	107,108	文化遺産	10	法人	15	ポケット	97
ピアニッシモ	66	不足する	89	文化の・文学の	153	宝石	11	ポスター	4
ピアノ	38,26	双子	3	文学	54	放送	47	ポスト	9
ピアノ協奏曲	78	不確かな	77	文学作品	53	包帯	146	ポルチーニ茸	32
ピエモンテ州	20	再び立ち寄る	58	分詞	157	方法	62	ポルトガル	36
ピクニック	103	再び始める	123	文章・文体	157	訪問	103	ポルトガル人・の	13
ピザ屋	15	二つの	46	文法	157	訪問する	102	ポロシャツ	28
ピッチカート	65	2人一組で	30	文法の	153	抱擁	155	
ピッツァ	26	負担	87	文明	78	放り出す	94	**［ま］**	
ビューモッソ	66	普段は	80	分野	24	法律	148	まあ	64
ピンク色の	12	復活祭	4	分類する	54	ほうれん草	32	毎〜ごとに	46
ビーマン	32	普通に	84	ブーツ	28	吠える	114	毎週	80
		普通の	73	プライド	87	他	43	理葬する	134
［ふ］		普通列車	31	プラグ	103	他に何も	84	毎日	46,80
ファ	65	不定詞・不定法	157	プラスチック	74	他の人・こと	84	毎日の	87
ファイル	104	付点音符	65	プラチナ	74	北西・北東	33	毎日曜日	60
ファウル	156	太い	43	プラットホーム	10	保険	145	マウス	103
ファシスト	147	太った	49	プリン	37	歩行者天国	6	〜前	139
ファックス	115	太る	83,106	プリンター	103	ほこり	82	前に	56
ファッション	152	船便	35	プレスト	66	誇りに思う	74	前に出る	81
ファルファッレ	40	船	31	プレゼントする	86	保護する	144	任せ・任せる	149
ファン	156	不平を言う	53	プロ	94	星	116	マカロニ	40
ファーストクラス	141	不便	105	プロセス	62	保証する	139,149	曲がる	88,108
不安	95	不満な	48,74	プール	4	細い	43	まく	117
不安な	48	踏切	10			保存する	128,137	枕	3
フィレンツェ	20,29	冬（に）	86	**［へ］**		北極	33	マグロ	114
フィレンツェの	29	付与する	104	ヘアピン	11	発作	143	孫	8
風変わりな	75	フライ	26	平穏な	92	欲する	84	まさか	11,69

199

日本語索引 み む め も や ゆ

語	ページ
まさしく	52
まさに	51
まじめな	50
まじめに	50,90
マス	114
ますます多く	51
ますます少なく	51
ますます良く	49
不味い	50
まず最初に	111
貧しい	49
混ぜる	128
また明日	24
また後で	24
瞬く間に	64
または	110
まだ	58
まだ〜ない	104
間違い	45
間違う・える	138
間違っている	44
待ち遠しい	125
町の	115
真っ赤な	12
まっすぐに	56
まっすぐの	48
全く同じ	75
全く〜ない	104
末ѥの	51
マッチ	11
待つこ	121,134,150
待つこと	103
〜まで	52,90,126
まとめる	129
窓	2
窓口	15
間取り	2
マドリッド	29
学ぶ	54
間に合う	81
マニュアル	47
免れた	76
マネージャー	156
マフラー	28
間もなく	58,139
間もなく出発する	88
守る	137
真夜中	46
真夜中に	57
マラソン	33
丸い	48
まるで〜のように	155
漫画	53
マンション	8
満足	95
満足させる	55
満足した	48,74

[み]

語	ページ
実	5
ミ	65
右（側に）	33
右の	51
ミサ	142
岬	34
短い	43
みすぼらしい	76
水	25
水色の	12
湖	34
水着	35
水玉の	97
水を浴びる	69

語	ページ
水を切る	128
店	7
見せびらかす	59
見せる	95
満たす	151
道	6
道の	115
道のり	103
導く	71
道を進む	81
見つける	116
密に	48
認める	138,139
見とれる	57
緑色の	12
見直す	54
みなす	137
港	10
南（に）	33
南アメリカ	36
南アメリカ人・の	21
南の	51
醜い	16
ミニスカート	28
身につけている	56
ミニバイク	31
ミネストローネ	29
ミネラルウォーター	25
身分証明書	73
身分の低い	76
耳	43
耳が聞こえない	75
明後日	75
未来時制	64
未来	157
未来の	87
ミラノ	20,29
ミラノの	29
ミリメートル	27
見る	62,140
見ること	143
見分ける	64
身をかがめる	69
身を隠す	105
身を引く	70
身を守る	144
民間の	141
民主的な	47
民事裁判	148
民族	16
民話	53
ミネストラ	26
ミートソース	26

[む]

語	ページ
向かう	58
昔	139
昔の	15
向かって行く	88
向かって進む	58
無関係の	73
向ける	58,119
一面で	148
無限の	43
向こうの	38
向こうへ	56
無視する	62
無地	152
無実の	76
無人の	26
息子	8
結ぶ	126
結びつける	116

語	ページ
娘	8
難しい	76,112,125
難しさ	44
無駄だ	112,150
無駄に	74,90
夢中になる	88
胸	49
村	24
紫の	12
村の	81
無理に〜させる	115
無理矢理	72
密	114
ムール貝	114

[め]

語	ページ
目	43
姪	8
明確にする	59
名刺	35
名詞	157
命じる	119,124
名声	87
明白だ	141
明白な	77
明白にする	56
名誉ある	76
明瞭な	77
命令	155
命令法	157
迷惑	95
迷惑をかける	148
メカジキ	114
目が覚める	69
眼鏡	11
眼鏡をかける	69
女神	142
メキシコ	36
メキシコ人・の	13
召し上がれ	14
メゾピアノ	66
メゾフォルテ	66
メッセージ	79
滅多に〜ない	104
メディカルチェック	146
メニュー	25
目端の利く	75
メモ	5
メモする	79
メモリー	103
メリークリスマス	14
メロディー	66
メロン	25
目を覚ます	93
目を閉じて	43
目を向ける	58
綿	28
面している	86
免除された	73
免除されている	73
面積	57
〜面で	148
面と向かって	57
メンバー	16
メートル	27

[も]

語	ページ
〜も	76
もう一度	80
もう一方の	47
もうける	109

語	ページ
もうこれ以上我慢できない	144
申し出る	122
もう〜ない	104
もう二度と〜ない	104
盲目の	76
木材	74
木星	116
目的	62
目的地	103
目標	62
木曜日	60
もしかして〜かもしれない	147
もしもし	16
文字通り	157
モスクワ	29
もたれる	127
持ち上げる	92
持ち主	94
もちろん	11,90
もちろん〜だ	84
持って行く	56
持っている	43
持って来る	56
もっと多い	26
最も大きい	50
最も高い	51
最も小さい	50
最も良い・悪い	50
持つ	92
モデラート	66
モデル	14
もとの	73
求める	120
戻す	127
戻る	58,106
モニター	103
物	37
物音	59
物語	53
物足りない	55
模倣する	54
〜もまた	52
〜もまた〜ない	104
桃	25
〜も〜も	110
〜も〜も〜ない	110
燃やす	134
森	30
門	2
問題	85
モッツアレッラチーズ	96

[や]

語	ページ
やあ	24
焼いた	50
八百屋	7
約10・100・1000	47
約〜	52
焼く	96
薬学	54
薬剤師	21
役所	9
役職者	83
約束	145
約束する	123,124,134
役立つ	135
役に立たない	77
役に立つ	77,135
役人	83
役割	61

語	ページ
火傷する	133
野菜	32
やさしく	51,66
養う	134
野心	85
安い	7
休む	81,93
やせた	49
薬局	7
やって来る	105
やっと	111
屋根	2
山	30
やめなさい	129
やめる	63,121
やり直す	63
軟らかい	50

[ゆ]

語	ページ
唯一の	26
憂鬱な	48
有益な	75
遊園地	9
夕刊紙	47
勇敢な	50
夕方	46,54
夕方に	57,60,63
優雅に	66
勇気	44
友好的な	22
有効な	77
有能な	76
夕食	6
夕食に	33
夕食をとる	82,96
友情	95
誘導する	71
有名な	22
優美さ	118
優美な	50
郵便局	9
郵便	143
郵便（番号）	35
郵便料金	120
夕べ	46
有名である	76
有名な	76
床	2
愉快な	22
雪	112
雪が降る	108,111,112
輸出	120
輸出する	109
譲る	118
輸送	31
ゆっくり	43,58
ゆっくりと	51,58
輸入	120
輸入する	109
指	45
指輪	11
弓	106
夢	87
夢を見る	80,121
由来する	105,106
揺らす	97
揺り動かす	89
許し	155
許す	121,129,150
USBケーブル	103
ユーザー	94
ユーロ	31

日本語索引 よらりるれろわを

[よ]

夜明け	46
良い	14,150
良い1日を	14
良いお年を	14
良い休暇を	14
良い旅を	14
良い天気である	112
宵の口に	57
良い晩を	14
用意する	86
容易な	76
要因	62
陽気な	22
要求	85
要求する	149
用件	61
ようこそ	24
用語	157
容姿	118
様式	78
養子にする	134
用事	61
要するに	84
要請	85
要素	24
幼稚園	72
洋なし	6
幼年時代	71
洋服ダンス	3
羊毛	28
ようやく	58
容量	57
よかった	16
ヨガ	33
預金	154
預金をする	81
浴室と台所	2
よく知られた	76
欲望	85
横切る	88
汚れ	82
予算	120
予想した	76
予想する	137,140
装う	152
予測	85
欲求	44
酔った	76
ヨット	31
予定	85
予定より早くする	102
与党	147
呼ぶ	127
読む	79
予約	103
予約する	102
余裕がある	109
より大きい	49
より多く	51
より劣った	49
より〜したい	84
より少ない	26
より少なく	51
より優れた	49
より正確に言えば	84
より高い・低い	49
より小さい	49
より調子よく	49
より調子悪く	49
よりむしろ	51
より良い・悪い	49
夜	46

[ら]

夜が明ける	112
夜に	54,60
夜になる	112
夜の	87
喜び	95
喜んで	11,82,90
喜んで受ける	118
よろしいですか	69
よろしく	69
弱い	49
弱く	51
4・40	23
4番目の	24
四拍子	65
4分の1	52
四分の二拍子	65
四分の四拍子	65
ヨーグルト	37
ヨーロッパ	36
ヨーロッパ人・の	21

[ら]

ラ	65
雷雨	112
ライオン	12
来月・来週・来年	75
ライター	11
ライバル	3
雷鳴	112
落第させる	146
ラザーニャ	40
ラジオ	93
落下	126
ラツィオ州	20,29
ラブレター	35
ラルゴ	66
乱雑な	92
乱暴な	75
ラヴィオリ	40

[り]

利益	154
理科	54
理解	87
理解する	64
リガトーニ	40
リグリア州	20
離婚	71
離婚する	134
利子	154
リスト	117
リズム	66,78
理性	118
理想	87
理想的な	77
リゾット	26
リタルダンド	66
リットル	27
立派な	16,22
立方メートル	27
率	57
利点	87
理髪師・店	7
リビングルーム	2
流行	152
流行する	88,135
流行の	152
リュックサック	11
理由	62
理由もなく	91
量	57
領海	24
両替(所)	120

料金	120
漁師	13
領収書	73
良心	87
領土	24
両ひざ	45
料理	6
料理する	96
料理人	7
旅行	81,103
旅行者	94
旅行する	102
旅行代理店	15
旅行中に	103
利用する	135
リラ	31
リラックスする	113
理論	85
リングィーネ	39
リンゴ	25
隣人	16
リンス	82
倫理	148
リーダー	103

[る]

ルオーテ	40
留守番電話	115
ルッコラ	32
ルネサンス	105

[れ]

レ	65
例	117
霊感を与える	55
冷静な	22
冷蔵庫・冷凍庫	93
レガート	65
歴史	54
歴史の	153
レシピ	6
レシート	73
レジ	15
レジ係	7
レストラン	15
レタス	32
列	72
レベル	57
レモン	25
レモンティー	25
煉瓦	74
煉獄	142
練習	156
練習をする	80
レンズ豆	32
連続した	48
レンタカー	31
レント	66

[ろ]

廊下	2
ろうそく	4
労働者	13
労働の	148
浪費する	109
老齢の	49
6・60	23
録音・録画	47
6月	70
6番目の	24
ロシア	36
ロシア人・の	13
ロゼワイン	25

ロッキングチェア	3
肋骨	133
路面電車	31
論拠	148
論争	79
ロンドン	29
ロンバルディア州	20,29
論文	117
論理的な	77
ローストした	50
ローストチキン	96
ロースト肉	26
ロープ	97
ローマ	20,29
ローマ帝国	24
ローマの	29
ローマ法王	83

[わ]

ワイシャツ	28
ワイン	25
ワインビネガー	26
ワインボトル	35
若い	15
分かった	64
若者	3
分からない	44
分かる	64,139
別れる	70
脇腹	45,133
惑星	116
分ける	116
忘れる	54,121,122,140
わずかなこと	84
私の家に	8
渡す	104
笑い	143
笑う	57
割り当てる	86
悪い	14
悪い天気である	112

[を]

〜を恐れて	91
〜を介して	91
〜を記念して	136
〜を探して	138
〜を視野に入れて	138
〜を通じて	108
〜をなしですます	80
〜を除いて	91
〜を横切って	90

日本語索引 よらりるれろわを

著者紹介：
上野貴史（うえの・たかふみ）
1966年生。大阪府出身。広島大学文学研究科博士課程修了。博士（文学）。現在、広島大学 大学院文学研究科准教授。専門は、イタリア語学・言語学。
装丁：明昌堂
イラスト：藤井美智子

いつでもそばにイタリア語
－単語×文法で身に付く4500語－

| 検印省略 | © 2016年 10月 5日　　初版発行 |

著　者　　　　　　　　上　野　貴　史

発行者　　　　　　　　原　　雅　久
発行所　　　　　　株式会社　朝 日 出 版 社
　　　　　101-0065　東京都千代田区西神田3-3-5
　　　　　　　　　　電話　03-3239-0271/72
　　　　　　　　　　振替口座　00140-2-46008
　　　　　　　　　　http://www.asahipress.com/
　　　　組版 クロス・コンサルティング／印刷 誠宏印刷

乱丁、落丁本はお取り替えいたします。
ISBN 978-4-255-00951-3 C0087